社会福祉の情<ruby>こころ</ruby>

日本式福祉の「こころ」と
倫理の探求

SHIMADA Hajime
島田 肇
［著］

福村出版

はしがき

　多くの著作がそうであるように、著書は、著者があるひとつのテーマについて、ある期間、少なくともその精神を集中させ取り組んだ結果としてできあがったひとつの作品である。本書も、そうしたひとつの作品として、愚作ではあるがささやかに生まれてきた。

　社会福祉の教育や研究の場に身を置きながら、時として、その仕組みや機能について、あまりにも無知・無力で、あまりにも遠いところにいる自身に驚かされ、驚愕する経験が私にはある。そんなとき、現実に苦しみ、悩み、もがく者たちにとって、制度とは何か、仕組みとはどんな意味があるのか、自問を繰り返す日々が続く。本書の底を流れる心情は、そうした呻吟の果てに生まれたひとつの答えとしたい何ものか、なのである。

　本書の構成は、第1章から第5章までが、こうした心持ちに基づいた本書における主題をなす内容になっている。さらに第6章から最後の第9章までは、その執筆が行なわれた時代的影響を少なからず受けた内容になっており、特に、第9章は、当時、学部の改編後に、大学の講義で障がい者スポーツ論を授業するに際して、学生の参考になることを念頭に置き、不慣れなスポーツ施策について悪戦苦闘しながらまとめた思い出深いものになっている。

　本書は、数年にわたって研究した論文をまとめたものであり、この分野における多くの研究者のそれと比べると、はるかに見劣りするくらい粗末な内容ではあるが、自分史をたどるひとつの塚として、ここに世に送り出したい。

　　　　　　　　　　　　　　　　　　　　　　　　　　　　　　　　著　者

令和元年の年に 91 歳を迎えた母と
新しい門出を祝う息子夫婦に本書を贈る

第1章

福沢諭吉の被治者観と儒教
──社会福祉の論理と倫理の問題提起──

はじめに

　理論が、時として、いわゆる「たまねぎ理論」と揶揄されることがある。それは、変化への追随だけに翻弄されて、その生命とも言える哲学や理念が脆弱であるにもかかわらず、外枠にあたる理論や施策だけが重装備である様相（体系）を指してのことであろうか。こんにちの社会福祉理論が、そのように映し出されることがないよう、その核の部分だけは見失わないようにしなければならない。

　かつて、吉田久一は、社会事業の「論理」と「倫理」の課題について、社会福祉の持つこの両面性に関するテーマ性を示唆した（吉田 1967：10）。論理には、それを明確に裏づける倫理性がなければならない社会福祉体系の場合、この課題はとても重要ではあるが、これまで、この両者の関係分析は、あまり試みられていないように思われる。

　福沢諭吉は、日本の歴史を「日本には政府の歴史はあるが国民の歴史はない」[1]と表現した。日本国民としての魂や日本国民という自覚を持った市民が存在しない国家は、もろく流されやすい流島のようなものなのである、という意味であろう。

　わが国の社会福祉の新しい時代は、新世紀の初頭から起こる内的環境の変化によって、社会福祉やそれに関係する多くの人々をどこへ導こうとしているのか。時代に沿って主体的に動いているのか、あるいは流されているのか。あい

も変わらず、われわれは、その役割を問い直さなければならない状況に直面している。

本章では、社会福祉の論理と倫理の課題を考察するために、江戸末期から明治期後半にかけて生きた福沢の思想を通して、社会福祉の倫理について考える。時代は、それまでの儒教哲学を捨て、西洋文明の導入に走っていた。日本は、その過程のなかで、何かを忘れてきてしまったのではないかという視点に立ち、こんにちの社会福祉を考え直すヒントを探りたい。

そのためにまず、社会福祉が公的救済の時代に入る以前の私的段階において、儒教にたいする象徴的な二つの立場を見る。次に、福沢のなかにある「弱さ」観について考えるために、その思想的基盤である「被治者」観について考える。そして、幕末から明治初年の儒教的慈善と被治者観の関連性について考え、最後に、数人の儒者を参考に、儒教における福祉倫理観と公的救済思想について考察する。

第1節　福沢諭吉の儒教批判と中村正直の儒教受容

福沢が生きた天保5（1834）年から明治34（1901）年は、江戸時代末期[2]から明治期後半という、歴史的には簡単にひと区切りにできない激動の時代であった。この時期に、こんにちの社会福祉に相当する事象を捉えて、その哲学や理念を一様に把握することは容易ではない。しかし、この時期の日本国総貧困社会は、単なる社会的現象としてだけで捉えられることはなく、それにたいする個人的な道義や倫理観（あるいは宗教との深い関係から）と、それに基づく実践性を帯びた慈善と公的救済は、一対的なものとして理解されることが多かった[3]。つまり、慈善や救済は、現象にたいする思想と一体となって存在していたと考えられる。

吉田は、社会事業の基本的構成要素として、対象・主体・方法・思想をあげている（吉田 1974：18）。われわれが社会福祉の歴史研究を行なう場合、唯物史観的方法を採用することは基本としつつ、こんにちの社会福祉学研究のなかで思想（史）研究の後退性を認めざるをえない危機感も手伝って、本章では、儒教思想の社会福祉における位置づけに焦点を置いた[4]。その理由は、社会福

祉の思想研究（特に倫理研究）は、江戸時代の日常的思想である儒教[5]が、社会福祉が歴史的に登場する大正期後半の思想的礎となっていることを認識しないでは行なえない、と考えるからである。

1.　福沢の儒教批判[6]

　福沢が、文明化社会の構築を目指して、幕藩体制の教学であった儒教にたいする批判のなかから、封建的な社会風土を一掃しようと試みたのは、おもに 1866 年から 1875 年にかけて出版された諸書物においてであると考えられる[7]。福沢の儒教批判は、それまでの封建的な思惟範型（丸山真男）や視座構造（丸山真男）の解体に主眼が置かれているという指摘は、丸山などによって行なわれている[8]。しかし、われわれは同時に、福沢の儒教批判が、儒教によって強化された「日本文明の病理」（丸山 1986：74）である「権力の偏重」の排除をも意図していたのではないかと考えている。

　『文明論之概略』（以下、『概略』と言う）のなかで、福沢の行なった儒教批判は、随所[9]に及んでいるが、「儒学の罪」（福沢 1931：203）[10]と断定したほどの儒教にたいする怒りの理由は、儒教が、福沢の指摘する、「人間の交際」を妨げる障がいにとどまらず、あらゆる領域への悪として、福沢自身には映っていたからであると推測できる[11]。

　吉田の啓蒙期における福沢にたいする見方は、福沢が『概略』内で行なった儒教批判であるところの「儒教的仁政・仁愛思想の否定と自由主義的貧困認識の著しさ」（吉田 1994：98）という点にあった。のちに法制化される公的な救済は、「人民相互の情誼」という儒教的仁愛、共同体的扶助に大きく依存するかたちで整えられていくが、これは、当時の社会情勢や、福沢の儒教への姿勢とは逆に、儒教的慈悲の継続というかたちで行なわれる[12]。福沢の儒教批判による「儒教的仁政・仁愛の否定」（それは別の意味では、日本社会の定常思想への攻撃を意味していた）と、「ヨコの系列」（池田 1987：51）である地域的相互扶助（儒教的仁愛）に基づいた社会的貧困や、その下で窮迫する人々にたいする慈善や救済の実践とは、1874 年前後の時期で交差しながら、ひとつの歴史の変革のなかで思想的に継続矛盾したかたちで進められていった[13]。

　福沢は、『概略』（1875）に至るまでの著書（『学問のすゝめ』〔1872〕、『西洋事情』

〔1866-1868、1870〕）のなかで、イギリスやフランスの救済施設や施策の紹介を行なっている[14]。一方で、吉田が指摘するように、福沢は「救済における儒教的理的・静的認識を否定し、救済の多様性・流動性で捉えること」や「救済における個人的徳義より、組織制度や科学性の重要さ」（吉田 1994：98）を唱えていた。しかし、実際の社会では、幕末から明治初年にかけて、福沢が儒教の反文明的・尚古主義的体制を否定する反面、公的救済における手法では、儒教的慈悲・救済が持ち込まれるという様相が、歴史のなかでは混在していたのである[15]。

　こうした矛盾、つまり慈善・救済事業における儒教思想の継続と文明社会の儒教否定とが、同じ時間のなかで並行する現象のなかにこそ、置き忘れてきたこんにちの社会福祉の本質を探る鍵があるのではないかと考える[16]。

2. 中村正直の儒教受容

　福沢と同じ時代を生き、特に儒教にたいする姿勢として福沢と比較研究される人物に中村正直（敬宇）がいる。福沢と中村は『明六雑誌』[17]上で、ともに明治維新啓蒙期を代表する思想啓発活動を行なった。中村が福沢と大きく異なるところは、儒教にたいする受容の仕方であった。福沢が多くの点で儒教を批判・否定するかたちで文明開化を推し進めようとしていたのにたいして、中村は儒教思想との関係から西洋化を論じた[18]。こうした姿勢の違いは、明六社に属する多くの人々が、「富国強兵」を大きな目標として掲げていたのにたいして、中村は、「国民一人一人の道徳（具体的にはとりわけ仁愛と勤勉）の向上を強く希求し、その基礎の上に立って諸国家が争いをやめ、友愛の精神の下に互いに協和していくことを最高の理想」（荻原 1977：146）としていた点にも表れていた。

　社会が当時批判的であった儒教にたいする中村の姿勢は、市井三郎（1967：4）によれば、その「放伐論」に表れているという[19]。大政奉還（1867）による政権の移譲が儒教の放伐論によって述べられているこの文で、市井は、中村が神（ゴッド）も天も同じだとする態度を一貫して持ち、儒教思想を見捨てることなく社会を概観する姿勢が見て取れる、と考えているのである。また市井（1967：4）は、同じことが『西国立志編』の緒論にある「天ヲ敬シ人ヲ愛スル

之誠意ニ原キ、以テ能ク世ヲ済ヒ民ヲ利スル」（中村 1868：54）という見地にも
表れていると指摘している。

　吉田久一は、中村の儒教的仁愛とキリスト教的近代的慈善の方向が「訓盲
所ノ事ニツキ問答」（以下、「問答」と言う）といういち文に表れていると指摘す
る（吉田 1994：99）。それは、「人民ノ有志者ノ願ニ任スルトキハ、建築等ノ費
ヲ政府ニテ助力スルニモセヨ、吾輩ノ如キ者ハ一文半銭ノ月給ヲ仰ガズ、人力
車夫ノ費用ヨリ会集ノ節折ニフレテハ飲食ノ費ニ至ルマデ皆自腹ニテ備弁スル
ナリ。如之金銭ヨリモ貴重ナル光陰ヲ之ガ為ニ抛却シテ悔ザルコトナレバ、政
府ヨリ言バコレ等ノ人ノ願ヲ許スハ、公利・公益ハサテ置キ、無月給ニテ人ヲ
使ウ徳用ハ現アタリニ見ユルコトナリ」（『東京日日新聞』1875 年 9 月 12 日）の箇
所である。また中村は、この問答のなかで、こうしたボランタリズムな姿勢に
よって戦闘的に社会に意見し、文明化により忘れ去られようとしている人と人
との結びつきに亀裂が入ることを警告している。そうした姿勢が、中村に「自
分サヘ利益ガ有レバ夫デ沢山ナリ、他人ノ事ハドウデモ宜シイ、前ニノメツテ
モ後ニ転ンデモ委細構ハスト。又或ハコツソリト世ヲ渡ルヲ以テ大智恵トシ、
寄ラズサハラズニ荊棘中ヲ行クヲ無上ノ貧符トセリ。今迄ノ日本ニ公利ノ興ラ
ザリシハカクノ如キ人民ノ多キニ由ルナリ」（『東京日日新聞』1875 年 9 月 12 日）
と言わしめたのである。

　中村のこうした姿勢は、「敬天愛人説」（1868）にはすでに表れている。中村
はここで、キリスト教における神を儒教の観念によって理解しようと試みてい
る（高橋 1966：60）。「蓋民人知相愛。則彼此協力。小大同心。智恤愚。強扶弱。
富済貧。衆不暴寡。邦國如一家。而福利崇焉。民人不知相愛。則務自私己。不
恤他人。互相羨望[20]。各立私黨。邦國蕩散。而禍基成矣。或曰。天豈不可愛
乎。人豈不可敬乎。曰。敬愛。不可相離。天者。尊乎人也。故敬為主。而愛在
其中。人者。與我同等也。故愛為主。而敬在其中」は、まさにその点について
述べている箇所である。

　福沢と中村の儒教にたいする姿勢の違いは、それをひとつの行動原理とする
社会福祉やその対象についても同じかたちで表れている。例えば、福沢は『概
略』のなかで、慈善事業の限界を指摘し、「（救窮の仕組みは）仁者が余財を散
じて徳義の心を私に慰るのみのことなり。施主の本意は人のためにするに非

ず、自からためにすることなれば、固より称す可き美事なれども、救窮の仕組
愈盛大にして其施行愈久しければ、窮民は必ずこれに慣れて其施を徳とせざる
のみならず、之を定式の所得と思ひ、得る所の物、以前よりも減ずれば、却て
施主を怨むことあり」（福沢 1931：159）（カッコは筆者による）と指摘する。一方
で中村は、前述した「敬天愛人説」のなかで「民人知相愛。則彼此協力。小大
同心。智恤愚。強扶弱。富済貧。衆不暴寡。邦國如一家」として、仁愛の徳を
称えている。福沢と中村の、「窮」あるいは「貧」等といった「弱さ」にたい
する「救窮」「協力」という姿勢の違いが、「上下」や「協力」による構造的な
パラダイム思想の相違に表れていく。

　福沢の唱える文明化＝儒教批判は、そのまま慈善の軽視につながるとは考え
られない。しかし、基本的に「人対人」のあいだでしか行なえない慈善、それ
を典型として体系化している社会福祉の体系は、中村の「民人知相愛」、つま
り仁愛の思想により近似していることは間違いないと言えよう。

第 2 節　福沢の「被治者」観と「弱さ」思想

1. 福沢の「被治者」観

　福沢の儒教にたいする手厳しい批判は、福沢自身の生活体験によって身につ
いた信念のようなものであった。福沢が、門閥制度を「親の敵」としたその背
景には、幼くして失った亡き「父親」にたいする深い愛情があったと推測で
きる[21]。同時に、福沢の弱者にたいする視線を養ったのも、幼き頃の母親の
影響が大きかったと考えることができる[22]。

　吉田は、福沢が、『西洋事情』のなかで、「自由人権観、貧困観、救貧法観、
救貧施設観、相互扶助観」を紹介していると指摘する（吉田 1994：98）が、福
沢が西洋の病院や貧院、盲院、痴児院、あるいは救貧法とその効能について触
れたのも、福沢自身のなかにある両親からの潜在的な影響が弱者層への配慮と
なって表れたものと考えることができる。

　福沢が、『概略』のなかで指摘する、わが国の天然の悪弊である「偏重の
禍」、つまり「権力の偏重」を実感するのも、「ちから」の強いものと弱いもの
とのあいだにある「権力不平均」（『概略』）な平衡感覚を養ったその生い立ちと

は無関係ではないであろう。福沢は、人間の交際のあらゆる場面、例えば、男女、親子、兄弟、長幼、家内、師弟主従、貧富貴賤、新参古参、本家末家等のあらゆる関係のなかに権力の偏重は存在すると指摘し、「人間の交際あれば必ず其権力に偏重あらざるはなし」（福沢 1931：183）と考えていた[23]。この偏重は「全国人民の気風」（福沢 1931：185）であるが、わが国の場合、上下主客内外といった「治者と被治者」の関係が、文明の二元素と言えるほどに分かれると考えられた[24]。しかも「一も独立して自家の本分を保つものなし」、つまり「一つも独自性をもった元素にならずに、……しかも一方に偏重した関係のままに磁石のように吸いつけられてそのまま固定してしまう」（丸山 1986：89）のが日本の特色であると福沢は指摘している。

　われわれは、福沢による極度の儒教批判の背後に、「下・客・外」に位置づけられる弱者としての被治者である福沢自身が、絶えず両親や自分の姿としてそこに映し出されてくる社会があったからこそ、その社会にたいして否定的な態度をとり続けたと考える。そこでは、治者は常に「諸価値を独占し被治者をコントロール」（丸山 1986：104）し、能力有る被治者はその能力にもかかわらず、「一切の社会や文化の問題にたいする傍観的態度」（丸山 1986：104）をとらざるをえないのである。こうした不均衡に治者に権力が集まる不健全な状況が、社会のあらゆる場面に見られる日本社会を、丸山は「日本文明の病理」と呼んでいる（丸山 1986：74）。

　人間は、個々に見ると、決して強や弱、あるいは貴や賤ではないが、「『権力の偏重』という人間交際の構造」（丸山 1986：94）のなかでは、その構造が「価値の問題」（丸山 1986：76）として捉えられてしまう結果、上下・主客・内外といった力関係が生じる。したがって、その関係性のなかでは、常に弱い者、傍観者、お客様等といった被治者が、儒教社会における構造的特色である偏重的立場に立つ者として表れてしまうのである。

　そして、福沢は、こうした「下・客・外」に立つ被治者を、時代的にある意味で象徴している貧困問題のなかで取り上げ論評もしている[25]。

2.　福沢の相対的「弱さ」思想

　福沢は『概略』のなかで、同権論を論じる文明開化の時代にあって、現実が

あまりにも乖離している状況にたいし、「権力不平均の厭う可く悪む可く怒る可く悲む可きを悟る」（福沢 1931：249）と言っている。福沢の抱く弱さにたいする感覚は、実態を直視した積極的な意味合いのものではなく、極端に不均衡な強さへの偏重の反動としての相対的な感覚である。それが「貧富強弱は人の有様」（福沢 1942：22）であり、「実態概念ではなく関係概念」（丸山 1986：79）であることは明らかであるが、特徴的なのは「日本の社会の構造法則として、上下の事実上の関係が同時に価値の関係になる」（丸山 1986：97）点であった。

　「下・客・外・弱・貧」が有り様であり関係概念である反面、価値関係として位置づけられてしまうわが国の場合、治者としての「上・主・内・強・富」は絶えず存在することになる。しかも関係概念としての一定の有り様は、時代によってますます拡大し、様々な様相を見せることが予測できる。問題は、そうした関係性のなかで、価値を決める基準の置かれる場所であろう。どこに価値を置くかの問題である。福沢の場合、古くさい教えのなかに求められる古くさい価値基準に縛られる限り、自らの立場は何も変わらないことへの憤りが、儒教批判となって表れたと考えられる。そして、この治者・被治者のあいだの価値の関係は、こんにちのわが国の社会福祉における当事者性あるいは社会に蔓延る様々な力関係にも大きく影を落としている。

　関係概念に縛られる価値の関係、しかも何らの独自性を持たないというわが国独特の治者・被治者関係には、個々に立つ基準、独立した価値基準こそが重要な視点になってくる。阿部志郎は、こんにちのわれわれに課せられた課題として、「精神的拠り所をどこに見出すことができるのか、大変に難しい問題に直面している」と述べた（阿部「地域で連帯し、分かち合う」『福祉のこころ』〔ビデオライブ講義〕）。われわれには、時代の変化にもぶれない価値の基準や倫理基準（原理）を、絶えずこんにちの社会あるいは社会福祉のなかに見出す努力の必要性が求められている。社会福祉の存在意義、独自の役割を考える場合、その価値や倫理（原理）の明確な位置づけこそが重要になってくるからである。

　福沢は、儒教を否定することで、自らをも巻き込んだ権力を偏重したわが国の社会病理を抹消しようとした。しかし、それは同時に、自らの拠って立ってきた反動的立脚点である「弱さ」観をも見失い、思想的な拠り所をなくしてしまう虞をも孕んでいた。それは、福沢の思想基盤があくまで儒教倫理に置か

れていたからにほかならないからである。

　自己否定と発展、そして儒教否定と西洋化とは、福沢にとって同時進行的であり矛盾した自己同一観のあるひとつの仕事であった。これと同じ状況は、戦後の日本社会にも見られ、わが国独自の社会福祉倫理（原理）は、次第にその影を薄くしていった。

第3節　儒教的慈善と被治者観（倫理と日本社会の構造的偏重）

　わが国の社会福祉の構造的前提は、「受け身」あるいは「対象」と、「働きかけ」あるいは「被対象」の二者関係である。そして社会福祉の思想的な存立根拠は、要保護、要救済、要支援、要予防等といった「対象」の置かれた状況を前提として成り立っている反面、理論やその具体策は「被対象」の視点から論じられてきた。この対象・被対象の関係は、そのまま被治者・治者の関係に置き換えても間違いではない（対象→被治者、被対象→治者）。そして、この「対象」「被対象」が価値の視点から語られるとき「弱者」と「強者」といった関係が表れ、倫理の視点が求められる状況が生じる。

　社会福祉の課題は、ながらくこの当事者関係が価値関係と一体的に、しかも大きな前提として論じられてきたことにあると言っても言い過ぎではない。しかし、この価値の問題は、例えば、社会福祉の対象（者）はなぜ「弱者」で、社会福祉の提供側はなぜ「強者」なのか、人が人を援助するという行為はなぜ社会的に評価されるのか、差別はなぜ起きるのか等々については、ながらく放置されてきた課題としてこんにちまで来ている。本質論よりもあり方論が優先してきたように思われる。

　吉田は、わが国の近代社会事業を理解する際の基点として、「倫理のカテゴリーである儒教的慈善思想」の重要性を指摘し、その特色として、①家族制度、②村落共同体上の救済、③惰民排斥、労働重視、防貧、④鰥寡孤独への救済、⑤備荒制度、⑥徳治主義、志士仁人、郷党による慈善、等をあげている（吉田 1974：46）。儒教的慈善とは倫理観に基づいた慈善行為のことで、倫理と実践が一体として機能していた状況下での社会福祉実践のことを意味している。元来「慈善的動機と救済的動機は一種の対立概念」（吉田 1974：48）であっ

た。われわれが江戸幕府の教学である儒教によって、こんにちの社会福祉事業や思想の基盤が整備され、発展してきたと考察することは、やや拙速すぎるかもしれないが、われわれのなかにある社会福祉実践の源となる観念が、その元始を儒教倫理に求められるのではないかという指摘も、「仁」[26]や「誠」[27]、「敬」[28]といった思想からは理解できる。

　他者にたいする飽くなきおもいやこころの動きが、社会福祉実践の根本にあることを否定することはできないであろう。そうした心内の感情が思想や学問の対象として成立しているのが儒教であるとするならば、それがそのまま、例えば、救済や慈善行為として表されること、つまり倫理と実践との一致した状態が社会福祉の根源である。別な言い方をすれば、儒教の教えが社会福祉の哲学・理念の重要な一端を担っていると考えることに大きな困難はあるだろうか。ただそこに求められる課題は、倫理の持つ価値基準と社会の価値水準との整合性の問題だけである。こんにち的な課題で言うならば、理論や政策で覆われて見失いかけている社会福祉の核の部分（倫理や原理）の確認が重要である。

　福沢が生涯を通して持ち続けた儒教思想への打倒姿勢は、その裏側には、「親の敵」として福沢の死の直前まで悠然として存在した封建的体制（そしてこんにちもなおその一部が存在する）、さらには病理としての権力の偏重、そして、その下にいる被治者としての自分自身、あるいはそれを容易に受容できないでいる自分の姿があった。もとより福沢が否定した儒教の対象は、その模倣的な教育方法であったが[29]、それは変化を嫌い他を認めない保守的な社会の防御手段としてのそれであったと考えられる。福沢が、儒教の持つ「被治者にたいする思想」に気がついていたか否かは定かではない。しかし、例えば、『西洋事情二編巻之一』「貧民救助の為に財を費す事」では、「貧民へ職業を授けて之を勤めしむるは、仁愛の主意について、且亦経済の要諦なり」（福沢 1958：522）とするくだりなど、明らかに儒教倫理に基づく貧者への姿勢が見て取れる。否定しても否定しきれない儒教的倫理観が、被治者としての福沢の内には存在する。そう考えると、福沢は儒教批判を通して、そうした日本人のこころのなかにある（そして福沢自身のなかにもあった）エートスを捨てる必要性があったのか。時代のスピードとあせりとも見える西洋化への姿勢は、時間をかけて根付いた日本的精神を宿した「自然秩序思想」（丸山 1998b：254）の教えを置き去り

にしてしまったのではないだろうか[30] ということである。

　日本の「自然秩序思想」である儒教では、位階的社会が秩序立てられており、そのなかで被治者は職分の観念として「分限」思想によって位置づけられていた[31]。「分（身の程）を知れ、自己の社会的境遇・地位に安んじてその業をはげめ」（丸山 1998a：102）という分限思想は、被治者をして被治者たらしめ、「下・客・外・弱・貧」をしてその位置からの脱却を許さなかった。丸山の指摘する通り、この思想が儒教において最も強固な理論的基礎づけを持つものならば、福沢の思想的宿敵はまさにこの分限思想であると言えなくもない。

第 4 節　儒教における福祉的倫理観と公的救済思想

　儒教に学ぶ諸思想のなかで、ここでは「誠」について取り上げる。「誠」の精神は、江戸時代における儒教思想においては、ひとつの変容したかたちとして理解されている[32]。そして江戸末期、佐藤一斎（1772-1859）が「自己の確立」を理解する仕方として、「敬」と「誠」を分けたところで完結された（相良 1966：156）。

　「誠」の思想は、「敬」を重視するそれまでの儒教倫理にたいして、それを批判する勢力として抬頭してきた。それは伊藤仁斎（1627-1705）や山鹿素行（1622-1685）によってもたらされたと理解されている（相良 1966：100）。

　仁斎において誠は自他との関係のなかから捉えられ、「自他の合一」が「忠信」の概念となって表現された。そして、この「自他の合一」は三輪執斎（1669-1744）[33]、細井平洲（1728-1801）[34] 等へと続いていく。

　また、素行の場合、「誠」は「已むことを得ざるの謂」「不得已して必ず相そなわるの情」と理解され、その精神は、「押さえても押さえても内から湧き出てくる」心持ちであった。これは、そのままのかたちとしてではなく、「誠中心の儒学を否定する主張のなかに、逆に、誠中心の儒学を理解する手掛かりがえられる」（相良 1966：169）かたちで荻生徂徠（1666-1728）とその弟子太宰春台（1680-1747）等による「表と裏」「外と内」「事と心」の一致、つまり「事をなして其心なきは誠にあらず。心ありて其事をなさざるも、誠にあらず」として理解された。

「誠」の思想は実践との一体を通して理解される傾向を持っていた。それは片山兼山（1730-1782）において傑出し、「行為における怠慢なさを以て誠をとらえる」（相良 1966：199）姿勢は、一部、時代的には重なる執斎等に表れていた陽明学にも見られる。陽明学は実践性を重んじる学問であり、「誠意」を重視していた。この陽明学が、「誠」重視の儒教を推し進めたとする見方は相良も指摘するところである（相良 1966：180）。

陽明学派の大塩中斎（平八郎）（1793-1837）は、他者への「忍びざる心」に生きることをもって他者との一体感（致良知）を表し、「無私」こそ誠意であるとした。また吉田松陰（1830-1859）は、誠は私心をなくして実行することで初めて可能であり、「至誠に生きる」とはそのような状態を指していた。

実践学としての社会福祉のなかで倫理の問題を考えるとき、「内外一致」を説く「誠」の倫理は考察に値すると考える[35]。内面の心と外界への行ないが一致（倫理と論理の一致）した状況が社会福祉実践には見られ、本章でわれわれが指摘する、ひとつの課題状況である、社会福祉のある種の空洞化（制度優先）を考察する際の素材を見出すことができると考えるからである。

実学について福沢は、『学問のすゝめ』初編のなかで、「専ら勤むべきは人間普通日用に近き実学なり」と述べている。それにたいし丸山の、福沢が実学を重視した真のねらいは「学問と生活との結合」（丸山 1995：113）である、とする指摘に注目したい。学問の理論や哲学がどのようなかたちで生活に活かされるか、生活の課題にたいして学問がどのような効力を持っているかの追求こそが、実学としての西洋文明主義に大きく傾斜した福沢の儒教排斥姿勢の裏にはあった。

儒教の持つ（福祉的）倫理性とその社会的効用としての社会的救済は、倫理の実効性あるいは知行合一した行為と考えることができる。しかし、倫理はあくまでも個人的な問題であり、救済は非個人的な行為である。吉田は、「もともと慈善的動機と救済的動機は一種の対立概念で、近代においては公私分離原則として、国家責任と私的社会事業に分離をみる」（吉田 1974：48）とする。日本的（儒教的）慈善事業が、個人的倫理と公的救済との未分化の形態をとることは吉田によって指摘されているが（吉田 2003：57、2004：186）、その延長線上にあるわが国の公的救済事業は、それでは思想的に私的慈善思想の側面をも同

時に備え持っているのであろうか。

　明治期に生まれた救済事業が社会事業に脱皮するのは大正期に入ってからであるが、われわれが本章で考えた視点は、社会福祉思想において「内なる個としての『慈善』と統一国家の責任としての『救済』」（吉田 1994：89）の乖離を思わせる状態であり、明治期からこんにちまで続いているテーマのひとつでもあった。時代的外圧の要請によって公的に取り組まなければならなくなった救済制度は、内面の成熟、改革を待たずに制度的哲学としての説明責任を課された。その際、公的救済の理念を、未成熟なそれまでの私的慈善で確立しようとすると、どうしても無理が生じる。その傾向はいまも改善されずに続いているように思われる。公的救済事業の思想的背景として吉田は、惰民観に立つ救済観、自由放任論ないしマルサス的救貧法批判観、自由民権論からの公的扶助論、社会政策学者や新官僚の影響（吉田 1960：94-95）等を指摘する。こうした個（私）から国家（公）への移行期に表れる思想的影響には、例えば、福沢の被治者観に根ざした儒教批判や、中村の仁愛に根ざした儒教受容それぞれを土台とした西洋化指向によるところが大きいが、うわべだけの装いは脆くて綻びが生じるのも早い。今からでも、日本人のこころや思想に立脚した社会福祉思想の見直し、樹立、そして研究等が時代に追いつくことを期待したい。

おわりに

　本章は、社会福祉の倫理について考えることを主題とした。高沢武司は、歴史考察の遅々とした、しかし着実なる進歩のなかにこそ研究の神髄があると指摘している[36]。社会福祉の倫理に関する考察は、こんにちの立ち止まることを知らない研究の姿勢からは、目にとまらない程の速度の課題なのかもしれない。

　本章で行なった考察は、福沢諭吉と儒教との関係を糸口とする、ひとつの未完の試行である。以下では、次のステップへの踏み台となる、本章における収穫をまとめることでおわりに代えたい。

　①こんにちの社会福祉のなかで、その倫理とはいったい何かを考察する必要が、かなり急がれる課題として課されているのではないか。

②その倫理の内容、価値基準は、時代によって影響を受けるものなのか、否かの考察が必要ではないか。

③日本的な社会福祉の「国民化」にとって、倫理の視点は重要な事柄ではないのか。

④時代の変化は、それが早ければ早いほど見失うものも多い。江戸末期から明治期における社会福祉思想を考える場合、その流れの急速な只中にこそ「日本的な」神髄、あるいはその核たる中軸を見出すヒントが隠されているのではないか。

⑤福沢の儒教批判は福沢研究においては重要な柱のひとつになる。社会福祉の思想研究のなかで福沢を取り上げる場合、儒教批判の裏にある被治者観を通して見える福沢の「弱さ」思想が、重要なポイントになるのではないか。

⑥丸山の指摘した日本社会の持つ「日本文明の病理」構造（福沢の言う「権力の偏重」）は、こんにちの社会福祉の構造を考える上で重要なヒントを与えているのではないか。

⑦人間の内にある他者にたいする感情こそが、社会福祉実践の根源的な思想あるいは社会福祉の倫理なのではないか。日本人のなかにある根源的な思想や倫理観に基づいた社会福祉理念の研究が重要である。

⑧儒教思想には、社会福祉の思想・倫理の研究にとって、多くの考察に値する課題が含まれているのではないか。

註

⑴ 福沢諭吉（1931：192）。福沢は、「日本には政府ありて国民なし」（『概略』192頁）、「日本にはただ政府ありて未だ国民あらずと言うも可なり」（福沢 1942：41）と言っている。丸山は、福沢の基本命題のひとつとしてこの内容を解説し、明治維新期におけるわが国の切実な課題であったと考えている（丸山 1986：98-99）。

⑵ 吉田久一は『新・日本社会事業の歴史』（2004：127）のなかで、幕末を1833（天保4）年から1866（慶応2）年までと考えている。

⑶ 例えば、1837年に起きた大塩中斎の乱は、天保の大飢饉（1833-1839）に起因する人民の困窮救済を行なうための大塩の仁愛思想を実践したものであったし、1858年に自害した

大原幽学においても、先祖株組合創設等によって荒廃した農村の改良を目指したが、理想との狭間に自らを追い込むこととなった。また 1859 年の安政の大獄で処刑された吉田松陰の行動も、ペリー来航に触発された至誠の実現によるものであった。

(4) 吉田久一は『社会事業理論の歴史』(1974：15) のなかで、社会事業の研究方法として、五つのポイントをあげている。それは、①研究視点の設定、②現象認識の方法、③把握した現象の全体社会との関係づけ、④思想的意義づけ、⑤表現の仕方、である。

(5) 丸山真男は、江戸時代に広まった儒教を、封建社会の「思惟範型」と「視座構造」という二つの形態で捉え理解している (丸山 1996a：140)。その上で福沢諭吉の儒教にたいする批判姿勢を 1881・1882 (明治 14・15) 年を境として、前半期の「イデオロギー暴露」の時期と後半期の「歴史的社会構造との照応性提示」の時期に分けて分析している。

(6) 佐伯知弘によれば、「福沢諭吉研究のほとんど全てにわたって、『福沢諭吉の儒教批判』に関する考察が見られる」(佐伯 1983：288) という。佐伯は、特に、丸山真男による論文「福沢諭吉の儒教批判」「福沢における『実学』の転回」「福沢諭吉の哲学」「日本政治思想史研究」等は、福沢の儒教批判という観点から行なわれているとしている。

(7) この点は、丸山真男による「この時代 (『西洋事情』『学問のすゝめ』『文明論之概略』等のいずれも一世を震撼した代表的名著を以て啓蒙思想家としての彼の地位を不動ならしめた時代) に於ける諭吉の活動が儒教に対する闘争を最大の課題とし、いな殆ど唯一の目標としていた」(丸山 1996a：142) という指摘から考察した。

(8) 福沢が、儒教の教えが「生理的」なまでに日常にしみ込み、「儒魂の不滅」を実感しなければならなかったのは、死の 4 年前であった (「半信半疑は不可なり」(三十四)『福翁百話』)。

(9) 例えば、岩波文庫版『文明論之概略』(1977 年 9 月 10 日、第 35 刷) では、80 頁 3 行〜81 頁 15 行、123 頁 12 〜 14 行、129 頁 3 〜 6 行、155 頁 3 行、201 頁 11 行〜204 頁 1 行。

(10) この箇所で、福沢は「斯の如く古を信じ古を慕ふて毫も自己の工夫を交へず、所謂精神の奴隷 (メンタルスレーブ) とて、己が精神をば挙げて之を古の道に捧げ、今の世に居て古人の支配を受け、其支配を又伝へて今の世の中を支配し、洽ねく人間の交際に停滞不流の元素を吸入せしめたるものは、之を儒学の罪と云ふ可きなり」と指摘する。

(11) 佐藤貢悦は、福沢の儒教批判に関して、「否定的言辞のほとんどが儒教の政治思想の領域に関わるところでなされており、換言すれば儒教道徳思想に関する批判は、政治思想と分かちがたく結びついている」と分析している (佐藤 2004：57)。

(12) 小川政亮 (2007：135) は、「人民相互の情誼」の実体的な意味内容は、「前近代的な地縁的親縁的共同体的扶養と、それを契機としての共同体的統制の強化」である、と指摘している。あくまで法的な義務として、「国家財政に負担をかけないため国に対して人民が負う義務」(小川 2007：135) であった。しかし、本章の趣旨に沿って考える場合、「人民相互の情誼」はあくまでも「個人の道義心」(吉田 1960：62)、つまり「志士仁人的救済を意味するもので、主として儒教的系譜から出発しているもの」(吉田 1960：62-63) であ

る。

(13) しかし池田敬正は、「幕藩制国家にとって代わった天皇制国家の統治の正当性を説明するため」に、新政府は天皇の「愛民」と「仁政」を強調したが、これは儒教的徳治主義に基づいていることを意味すると指摘している（池田 1983：14）。つまり、新政府は、西洋文明の積極的な導入の一方で、明治維新期の国家体制を儒教を土台とした「政治的慈恵」（池田）で整えようとしていたことを意味している。したがって、その下で行なわれた貧困者への救済も儒教思想に拠っていたとしても不思議なことではない。

(14) 例えば、遣欧使節団の一員としてヨーロッパを訪れたときの日記『西航記』（1862）では、病院、養老院、養幼院、養啞院、養育院を紹介（1862 年 3 月 17 日）したり、養盲院・養啞院・養癩院の見学（同年 4 月 22 日）、養啞院の見学（同年 6 月 30 日）をしている。また『西洋事情』のなかでも、病院、貧院、啞院、盲院、癲院、痴児院、救窮法、相対扶助の法、等の紹介が行なわれている。

(15) 1874 年の恤救規則のなかで「鰥寡孤独老幼疾病廃疾」や「人民相互の情誼」といった儒教思想が取り入れられ、この施策の重要な位置を占めていたことで「儒教的慈悲・救済が持ち込まれ」たと考えるわけであるが、池田敬正は、「地域的な相互扶助の公共的制度化として……（恤救規則）は出発しなかった」（池田 1983：13）（カッコ内は筆者による）と考えている。つまり、この法制では儒教的な共同体的扶助の体制は取り入れられたが、公共的な仕組みとしては実らなかったのである。また、池田は、同稿のなかで、恤救規則が天皇の慈恵としての性格を持っていることも指摘している（池田 1983：12）。

(16) 池田敬正は、「幕藩制権力の全面否定の下で成立した天皇制国家は、……地域的相互扶助の公共化あるいは国家制度化を阻止してしまった。このことが、日本型救貧法制である恤救規則に、……地方自治体の義務救助主義を内包させなかったのであり、あわせて成立したばかりの天皇制国家の救済構造の特質をもたらす」（池田 1987：53）と指摘している。これは、「日本においても成立してきた"ヨコ"の系列の救済制度が、生まれたばかりの明治の新政府によって解体せしめられる」（池田 1987：51）ことを意味していた。

(17) 『明六雑誌』は 1874（明治 7）年 3 月に創刊され、1875 年 11 月に第 43 号で終刊となっている。『明六雑誌』は明六社によって発行され、設立当初の社員は、西村茂樹、津田真道、西周、中村正直、加藤弘之、箕作麟祥、箕作秋坪、福沢諭吉、杉亨二、森有礼の 10 人であった（山室・中野目 1999：444）。『明六雑誌』は、第 1 号誌上にあるように「事理を論じ、あるいは異聞を談じ、一はもって学業を研磨し、一はもって精神を爽快にす。その談論筆記するところ積て冊を成す」（山室・中野目 1999：26）ことを掲げて始まった。

(18) 荻原は、「敬宇は、道徳観においても政治観においても、儒教の理想主義を徹底して保持するとともに、ある面では大胆に近代思想を採用し、儒教的伝統とも明治啓蒙的近代とも別の新たな思想を形成していった」（荻原 1984：154）と評している。

(19) 市井によれば、中村の「放伐論」に該当するいち文とは、「人主（君主）ハ天ノ置ク所ナリ、何ノ為ニシテ之ヲ置クヤ。曰ク天下ノ為ニ置クナリ。……而シテ何ヲ以テ天之其ノ

人ニ命ズルヲ知ルヤ。曰ク諸ヲ天下民心之向背スル所ニ験シテ知ル。苟モ其ノ徳盛ニ業大ナルハ、民心ノ向フ所ナリ、因テ之ヲ立テテ君ト為ス。其ノ徳衰ヘ民離ルルニ及ブヤ、因テ之（君位）ヲ奪フ。……天ノ放伐ヲ命ズル所ハ人心ノ同ジク放伐ヲ欲スル所ナリ」（市井 1967：4）である。

(20) 原文では、「羨」ではなく「言」偏に「山」という文字が使われている。

(21) 例えば、『福翁自伝』「成長の上坊主にする」のなかで「父の生涯、四十五年の其間、封建制度に束縛せられて何事も出来ず、空しく不平を呑んで世を去りたるこそ遺憾なり」をはじめ、「門閥制度は親の敵」では、「封建の門閥制度を憤ると共に、亡父の心事を察して独り泣くことがあります」等、その一端を窺い知ることのできるところがある。

(22) 『福翁自伝』「幼少の時」（兄弟問答）によれば、福沢の母は「えたでも乞食でも飄々と近づけて、軽蔑もしなければ忌がりもせず至極丁寧」で、また「乞食の蚤を取る」では、慈善心の表れる行ないが記されている。

(23) 丸山は、権力の偏重は「実態概念ではなく関係概念」であり、「特定のある人間が権力の偏重を『体現』しているのではなく、上と下との関係においてである」と述べている（丸山 1986：79）。われわれはこの関係概念を「構造的関係」と考えたい。

(24) 小澤栄一は、『概略』が日本の文明史の先頭に位置するという史学史的意義を有するのは、「歴史の領域を治者から被治者すなわち人民一般にひろげ」（小澤 1970：5）たことと、被治者と人民一般とを同じレベルで扱っているところにあるとしている。しかし、『概略』が書かれた 1875（明治 8）年当時、被治者を人民一般として考えることができたか否かは疑問である。丸山の言うように、関係概念としての権力の偏重によって、被治者という下・客・外の関係が、国家とのあいだに一般人民を作り上げていたとは考えにくい。国家と一般の人民とのあいだに、治者と被治者といった明確な関係が表れるのは、もう少し後の産業革命期である 1894（明治 27）年以降であろう。

(25) 福沢には、貧困問題を扱った論文・論評が数点ある。それは、例えば、①「貧人救助の為財を費やす事」『西洋事情二編巻之一』、②「貧民教育の文」『福澤文集巻之二』、③「貧書生の苦界」『福翁百餘話』、④「貧富苦楽の巡環」『福翁百餘話』、⑤「貧富論」『時事新報論集三』、⑥「貧富智寅の説」『時事新報論集五』、⑦「貧民救助策」『時事新報論集五』、⑧「貧富論」『時事新報論集六』等である。

(26) 例えば、中江藤樹（陽明学者）は、『大学解』のなかで、人間に内在する「親愛の根源」を「仁」と捉えた。浅見絅斎は、「仁」の理解を「忍びられぬ、いとうしうてならぬ、大切でならぬ」おもいを「愛之理」すなわち「仁」として理解した。浅見は『仁説問答師説』のなかで、「仁」とは、「親には孝、君には忠、恥ずかしいことには汗、哀しいことには涙」となって表れるとした。

(27) 山鹿素行は「誠」を「已むことを得ざるの謂」（押さえても押さえても内から湧き出てくる）「内からの必然」（相良 1966：79）として理解した。細井平洲（1783）は、他者にたいする姿勢の在り方として「内外一致」（表裏のなさ）を唱え、天地より受けた誠を「自

他一体」とした。そして、その誠の思想は「他者を大切に思い入れて生きること」とした。大塩中斎は、「他者への忍びざる心」に生きることを「良知」（是非善悪を知る働き）として捉え、この「良知を致す」ことが誠意であると考えた。

(28) 「誠」の思想は幕末の時代に流布した点に特徴があるが、「敬」の教えは幕初から幕末まで流れた儒教の思想であった（相良 1966：165）。伊藤仁斎は「敬」を「天・鬼神・君・親などを敬う」の意味として理解した。荻生徂徠は「天・鬼神・君・上・父母」を尊崇する心として理解した。仁斎と徂徠の違いは、徂徠が「天を敬する」（敬天）ことを強調したところである。

(29) 丸山は、福沢の儒教の古典解釈のなかに「『御手本の通り』といっているように既成の『模範』を設定して、その模範に近づいていこうとするような教育のやり方への対決」があり、「典型的にはそれが儒教の教育観に現れているのですが、批判の対象はもっと広く模範主義教育一般なのです」（丸山 1986：144-145）と指摘している。

(30) 丸山は、「儒教の歴史は書かれた日本の歴史と同時に始まると言っても過言ではない」（丸山 1998b：173）と述べている。

(31) 丸山は、分限的思想こそが自然的秩序思想である「朱子学的自然法のうちに最も強固な理論的基礎づけをもっている」（丸山 1998a：103）とする。

(32) 相良亨は幕初からあった「敬」を重視する儒教の仕方は、陽明学の抬頭を契機とした「誠」の精神によって"変容"を見たとする（相良 1966：165）。

(33) 執斎の誠は「人欲の私」の撤去された状態、「純一無雑」であった。人欲は自他を隔てるものであり、誠は自他を合一する特性であるとした（相良 1966：187）。

(34) 細井平洲において「誠」は「生得の心」に表れている。細井は「生得の心」が備わっている実心において「誠」を理解した。例えばそれは、「人といふ者は、うわべ繕ひ有るは、実心のないからの事、実心の有時は繕ひ餝りはないが、我実心の誠を以てものを取扱ふ、是が天地の間に住み居る人の生得、其生得を守て行のが人といふ者」（平洲先生諸民江教諭書取）のなかにも著されている。「生得の心」である実心には「うらおもてのない」内外一致した他者にたいする姿勢があると平洲は理解した。天よりもらい受けたる「誠」の心、つまり「親を大切と実心の心がけがあれば」（平洲先生諸民江教諭書取）、他者を大切にして生きる他者（親子・兄弟・朋友）との「交わり方」の教えを行なうことができる。

(35) 丸山によれば、「『実学』という言葉を盛に主張したのは、儒教思想のなかでも抽象的な体系性を比較的多く具えている、程朱学（宋学）」（丸山 1995：111）である。

(36) 「たとえば、時には、阿呆といわれても臆せず、岩手山の藪だらけの広大な裾野を一周するような気持ちで、夏休みを各国、各地の公文書館や資料室などに潜り込んで過ごす『贅沢』を味わっても、何人かの大学人には許されるのではないか。ひたすら頂上を極めることだけが好ましいわけでは無いはずです」（高沢 2007：100）。

第２章

大塩中斎の実践倫理

──社会福祉の論理と倫理の考察──

はじめに

　日本国内を襲ったたび重なる大きな災害は、いま、多くの国民に様々なもの
を見せつけている。それは、平穏な日常では忘れられている事柄であり、人に
よっては、生涯気づかずに過ごしてしまうことであるのかもしれない。しか
し、こうした事態のなか、日本国政府の示した言動は、国民ひとりの命よりも
大切な何かがあるかのような痴態であった。

　いつの時代にも災害は、その時々の空気を震撼させ、多くの人々を苦況に追
い込んできた。そして、その都度、人間は、そこから多くのことを学び、続く
出来事に活かしてきたはずである。しかし、今回の国の対応は、そうした歴史
からの教えを、ほとんど知らないかのような醜態であった。そこには何かが欠
落していた。

　過去に幾度も災害はあった。江戸末期（あるいは幕末）、1833（天保4）年頃か
ら1839（天保10）年にかけて起きた天保の飢饉と、それにたいする江戸幕府
の対応は、その後の日本を大きく変える契機にもなったと考えられている[1]。
当時、災害にたいする江戸幕府の処方とそれにたいする国民の怒り、そして、
その怒りに向けられた権力の脆弱さは、江戸幕府の無力さを露呈することと
なった。そのときの幕府にも何かが欠けていた。

　本章では、社会福祉の論理と倫理の課題考察を念頭に置いて、その概念分離
がまだ行なわれていない時代状況を江戸幕末期に設定した。吉田久一は、この

時期の社会福祉事業を儒教的倫理的慈恵の段階として位置づけている。わが国における社会福祉事業が、公的救済施策として行なわれ始めるのは明治期からであるが、本章では、それ以前の幕末期[2]における私的な徳あるいは儒教的仁愛の様相を、一揆や打ちこわしといった民衆運動のなかで考察することから始める。そして、天保の大飢饉を背景として1837（天保8）年、大坂で起きた大塩中斎（平八郎）の乱のなかから、大塩の仁愛に基づいた実践倫理について考える。さらに、この実践倫理を道徳との関係から考え、両者の位置関係を考察し、最後に「社会」と「福祉」について見てみたい。

第1節　民衆運動[3]に見る自立的倫理観の拡大──公的救済以前の救済

「無據天下のためと在、血族の禍をおかし、此度有志のものと申合」（致し方なし、天下のためとおもい、血族への禍をもあえて犯し、この度有志のものと申し合わせた）。これは1837（天保8）年2月19日、大塩中斎らが幕末への助走の契機[4]ともなったと言われる乱（大塩平八郎の乱）を起こした際の檄文[5]の一部である。江戸期265年のあいだで、国内に発生した一揆や騒擾は、3000を超えるとされている（青木 1968：3）。その多くは、農民を主体とするものであったが、幕末以降明治期の初め頃までは、その時代力学も加わって、反体制勢力層が役割の一部を果たす（青木 1968：3）こともあった。大塩の乱もその亜流の出来事として考えることができる。

　江戸時代後期の百姓一揆等を見ても、そのひとつのピークである天保期（1830-1843）[6][7]以降の幕末期、国内に発生した一揆・騒擾は、その原因の多くが、米騰や凶作、飢饉等といった、生活苦や生活不安に結びつきやすい食物にまつわるもの、幕政の不正に対する怒り（世直し）の点にあることが理解できる（章末の表2-1を参照）。一揆が、その指導者や関係者にたいする厳罰処分であったことからもわかるように、まさに「命がけの行動」（青木 1968：3）であり、一揆を起こすも起こさざるも、農民の生命がかかっていたことは事実であった。安丸良夫は、民衆運動の原動力として、「民衆のなまの欲求や情念」「民衆の客観的存在に規定された情念や欲求」を指摘する（安丸 1970：392）が、こうした、言葉にならないおもいや理屈ではない感情が、過去にも多くの歴史

を動かしてきた。矛先のはっきりしない欲求や情念のおもいは、農民の怒りに
似た感情やその具象としての運動に繋がり、その繰り返しのなかから多くの共
感者を生んだ。そして、それらの人々をも巻き込んで国民意識にまで昇華して
いく過程こそが、この時期に大きな時代のうねりをもたらしたと考えられる。
安丸は、「広汎な民衆が一揆に参加する一般的、基礎的条件は、民衆相互間に
おける共同の利害の形成とその意識化」（安丸 1970：394）だとしている。一揆
の多くの主体者である農民は、学問や教養を備えた人々ではない場合が多い。
しかし彼らは、いち労働者としての自覚と自負心を持ち、「基本的生産者であ
る自己にふかい誇り」（安丸 1970：397）を持っていた。そうした「みずからの
日常生活さえも裏切っていっきょにふくれあがった農民の誇りと確信」（安丸
1970：397）こそが、一揆という行動であると考えると、前記した大塩中斎の檄
文の心情に近いものを感じる。したがって、農民のそうした行動には確たる自
信、正義感が根底にあり、その感情は、農民というよりは、ひとりの人間のな
かにある直観的な倫理観といったほうが適切であるかもしれない。そして、こ
の場合の倫理観は、自負を持った農民が、年貢や諸役負担等をこなすために出
精や倹約、家睦等の努力に基づいたものであり（深谷 1979：69）、「成長過程に
ある小百姓層の主体的な倫理意識」（深谷 1979：69）であった。社会的な貧困に
たいし、幕府による救済が望めない状況の下で、「やむにやまれぬおもい」で
行なった行為は、自助そのものであった。家族の幸せや地縁による共同体的繋
がりによって結ばれた全体的幸福を願う感情がそこにはあった[8]。一揆の動
向が「一村限」を超えて、組織化、大衆化する特徴を持ち、その過程で「村々
への廻状による動員という方法」（深谷 1979：77）がとられたのもそのためで
あろう。ペリー来航に際し、対外的な危機意識から、海防策を幕府に訴えた
菅野八郎のように、「孝」や「信」といった彼自身の「経済基盤である農業経
営から得た」（庄司 1970：453）儒教思想を、「人間・社会・歴史・自然を貫徹す
る『天地之定理』」（安丸 1970：430）として基礎づけ、一揆の実践倫理とする者
もいた[9]。一揆の対象になる事象が、役人や商人の不正や悪行、非違、苛政、
飢饉や困窮にたいする役所の無策、そして、その背後にある幕藩制国家等に向
けられているのはそのためであろう。それは、「領主は、『御救』を中核にした
『仁政』を遂行するはずであるという『仁君』幻想、ないしは領主に『仁政』

を実行させうるはずであるという『仁政』強制幻想」（深谷 1979：85-86）があれば、なおさら過激であった。長く続いた封建的な力関係から、自立に向けた農民が「みずからの道義的な高さ」（安丸 1970：398）を信じたがゆえの運動であったのである。農民の感情も儒者の理屈も一体となった論倫（論理と倫理）合体状況（論理と倫理の一相）がここには存在している。

　たったひとりの農民の抱いた政治にたいする不審や怒りが、時代の意識にまで昇華するには、目に見えない時代の力、その背後にある多くの貧に苦しむ人々の呻吟に似た感情が存在すると考えられる。天保期以降 1866（慶応 2）年頃までの一揆や騒擾の発生件数は 345 件、天保期が特に多く、そのうち 148 件（4 割強）が発生している（谷川 1968：797）[10]。黒正巌は、天保期の百姓一揆の原因として、次の点を指摘している（黒正 1959：144）[11]。

1. 凶作不作を中心として
   (1) 飢饉のため生活出来ざるが故
   (2) 商人又は富豪が不作に乗じて米穀を買い占め米価騰貴したるが故
2. 運上の新設、幣制の攪乱、専売制度等による誅求
3. 役人、村役人の失政、非違

黒正も指摘しているが、天保期一揆の過半数が、凶作・不作・飢饉に関連して起きていることに注目したい。飢えに苦しむ農民が、その直接の対象として抗争の標的に選んだのは商人や富豪であった。それは、この時期が、貨幣経済、商品経済への転換期として位置づけられ（黒正 1959：144）つつあることのひとつの証とも言える。農民はいわば「本能的に暴進」（黒正 1959：145）したのである。それは、まさに理屈ではない命をかけた暴進であった。「飢え」が慢性的に拡大していた背景が幕末期には存在し、多くの農民がそれを実感していた（飢えの一般化）。米を作る側の農民が米に貧窮するという不可思議な現象がそこには存在するが、飢饉はその飢えを倍加させることとなっていたのである。

第2節　大塩中斎の実践倫理

　天保期以降の幕末にかかる社会的背景[12]やその背後にあって見えない時代

の流れは、大塩の乱をどのように導いたのか。それとも大塩の内なる力によってそれはもたらされたのか。大塩の乱が他の一揆や騒擾と異なり、「救民」旗を掲げて蜂起した点や、蜂起に際し記された檄文、そして蜂起より4年前に著された『洗心洞箚記』のなかに、その要因を読み取ることができる。

　大塩の乱は、一日と続かず、乱そのものによる死傷者はわずかではあったが、大坂市内[13]の至る所に火矢や砲磔玉を乱射したため、兵火による火災は多くの市民に甚大な被害を与え、その影響は想像を超えるものがあった。乱の際、掲げられた旗幟のひとつに「救民」旗があった[14]。百姓一揆の多くが、地域的繋がりのある人々が、自らの生活と地縁者のそれとの共同体的幸福を目指した「自己救済性」を持っている行動であるのにたいして、大塩の乱は、そのもっぱらの目的が「他者救済」に置かれていた点が異なっている。國府犀東が指摘するような社会主義者として大塩の行動を論ずる視点もあるように（國府 1896：171-184）、その言動は社会性を帯びていた。その理由は、大塩自身が、大坂町奉行所に在職し、民衆にたいする無限責任（宮城 1978：46）を負うべき立場、いわば公民であったということや、大塩の陽明学者としての学識がそのようにさせたとも考えられる。私財である書籍を売り払って得たおよそ650両もの金を賑恤のために費やしたり、自著『洗心洞箚記』を出版する折にも、書肆にたいして、販売して得た利益は、中国からの舶来書物の翻刻に使用し、広く読者に還元してもらいたい旨を述べている[15]などから、大塩の欲のない公共的視点を窺い知ることができる。

　また、「天命を奉じて天討を致す」と締めくくられた「檄文」[16]には、人民を苦しめ悩ます役人や金持ちにたいする怒りが多く記され[17]、乱が天下国家にたいする欲心によるものではなく、ただ「民への弔（あわれ）み」の「誠心」のみによっていることが記されている。この「誠心」は、儒者山鹿素行や細井平洲の唱えた「誠」の内容に近く、大塩の場合、「致し方なく」蜂起した「無私な心」であることを意味していた[18]。百姓一揆の原動力が自立へ向けた主体的な倫理観であるとするならば、大塩のそれは、儒学（陽明学）の教えに基づく「知行合一」、つまり、政治は「鰥寡孤独におひて尤あわれみを加ふへくは是仁政」（最も憐れみを加えるのが仁政の基）であり、それに沿わないものは「道徳仁義を不存拙き身」（道徳仁義を知らない卑劣なもの）として見過ごすことができな

い倫理である。大塩のこうした心情や「こころうち」には、儒学の理屈と一体となった、あるいはそれを超えた、大塩自身の強い正義感が表れていると考えられる。自分や家族、門弟の利害、一挙によって被害を被るであろう一般市民のことをまったく無視した言動は、私心がないという理由だけではとうてい許されるものではない。しかし、あとがない困窮逼迫した状況を面前にした大塩は、内なる心から湧き出る「やむにやまれぬおもい」によって自らの背が押されるのを強く感じたに違いない。

　さらに、乱首謀者としての大塩の言動をより確信的なものにしたのは陽明学者としての側面である[19]。『洗心洞箚記』（以下、「箚記」と言う）は、大塩が41歳の時（天保4〔1833〕年）に刊行された書物である[20]。相良亨も「『箚記』によって、奸吏奸商に天誅を加えるべく立ち上がらないではおられなかった中斎の思想的背景を知ることが出来る」（相良 1980：725）と指摘するように、そこには大塩自身の備忘、自戒、門弟への啓発を促すことを目的とした文言が記されている[21]が、陽明学の教えに基づいたこれらの内容には、4年後の乱を予告するかのような記述も見られる。それは本著のなかに見える「太虚」→「無心」→「適用（道徳功業）」（実践）という構図である。「箚記」から学ぶことができる陽明学者大塩の思想には多くのものがあり、それに関する研究も行なわれているが、ここでは大塩の「知行合一」の点を考えてみたい。大塩は「箚記下 78」のなかで「知行合一の本体」について触れている。「知行合一の本体」とは、陽明学の祖王陽明の語録『伝習録』（巻中）に出てくる、「是を以て言へば、以て知を致すはこれ必ず行に在ることを知るべく、行はざるはこれ以て知を致すと為すべからざるや明かなり。知行合一の体、益ます較然たらざらんや」の教えである[22]。「知」と「行」とは本来一体のものであり、「知」っていれば行なうことができ、「行」なうことで知ることとなる。「行」には読書や学問思弁も含まれ、人間の生命という時間的な制約を超えた限りない広がりを持った体験が可能であると考えられた。大塩は、書物等で学んだことを、自分の生活や自身の問題のなかで考え行なう姿勢を陽明学から学び、実践を志向した（箚記下 122）。それはつまり、知識は人間にとって、日常のなかで起きている様々な事柄に活かされなければ意味がない、知識は活かされてこそ学ぶ価値があるし、「学」とはそもそもそのようなことである、と考え貫く姿勢であ

る。一方で大塩には、相良も指摘しているように、「太虚」や「明体適用」という二つの大きな思想柱があり、大塩独自の解釈がそこには表れている。それは以下のような点である（相良 1980：726）。すなわち、太虚とは天、「天は吾が心なり」（箚記上 2）である。大塩は、自らの心が、太虚に帰することを願った人であった（箚記上 59）。それは、心と天と太虚が同一線上にある、万物一体の世界を意味することでもあった（箚記上 2）。太虚はまた「人欲を去」（箚記上 115）ることであり（無心）、それは同時に「非常の事も亦た道なるを知る」（箚記上 116）ことでもあった。さらに太虚は「良知」でもあった（箚記上 48）。王陽明は、「良知」を天とも言い換え同意義化して捉え、「致良知」の学が陽明学の別名とされるほど（福永 1980：643）、良知の教えを特に重視していた[23]。そして「明体適用」とは、明体が帰太虚（無心）、適用は道徳功業の意であって、「内面の確立とともに、それが具体的な実践に生かされてゆかなければ真実でないという意味」（相良 1980：726）である。つまり、無心な行ないこそが万物を成し（箚記上 40）、道徳功業になって表れる。「心太虚に帰せんことを欲する者は、宜しく良知を致すべし」（箚記上 48）なので、心が太虚であればその行ないは致良知、つまり道徳功業である。無私な欲のない行ないは道徳功業であると同時に、それにより太虚な心をも知ることになるという「知行合一」[24]に近い内容になるのである。「知行合一」に至る「太虚」「明体適用」に則った行為は、道徳功業で無心な汚れのない直道な行ない、と考えることができる。「箚記上 2」にも記されているように、「天とは吾が心なり。心は万有を葆含（ほうがん）すること、是に於て悟るべし」、すべては吾が心のなかに存在し、あらゆるものが吾が心のなかで一体になる（万物一体）（主客合一）考えが、また同時に、他者の痛みを自らの痛みとして感じる心にも繋がっていたのであるが、この場合の心とは、虚なる心である（箚記上 126）。乱との関係で見ていくと、「箚記上 89」では、「無声に聴き、無形に視る」という『礼記』の教えに触れ、「臣の無声に聴き、無形に視て以て君の悪を逢ふる者は天下に多し。此れ慨くべきなり」と記し、天保期当時の社会状況を暗に憂えたり、「箚記下 20」では「徒らに人禍を怖れ、終に是非の心を昧（くら）ますは、固より丈夫の恥づる所にして、何の面目ありてか聖人に地下に見（まみ）えんや。故に我も亦た吾が志に従はんのみ」とした箇所は、決起へ向けた大塩の意思を感じさせる。さらに「箚記下 114」で

は、「死は本と悪むべき無し。人の死を悪む所以のものも、亦た其の欲を以てなり」として、心太虚な者には死は恐怖ではないという意思表示が見える。そして最後の「箚記下138」では、清初の儒学者湯斌（1627-1687）の著『湯子遺書』（巻一）を用いて、「其の言（湯先生）を信ぜずして誰をか之れ信ぜん。故に口に良知を説くと雖も、之を致さざれば、則ち但に湯先生に叛くのみに非ず、罪を王子（王陽明）に得ん。罪を王子に獲ば、則ち是れ亦た孔孟の罪人ならんのみ」（カッコは筆者による）と、大塩の乱への決意表明とも読めるいち文が記されている。

　世の中が百姓一揆の頻発で不安定になり、それに追い打ちをかけるように、飢饉の発生によって政治的に動揺する様は、大塩の身辺でにわかに自身の生活にも危機迫るものがあった。例えばそれが、大塩の個人的な出来事への鬱積によるものであったとしても[25]、また、たとえそれが、大塩の個人的な人間性に起因するものであったとしても[26]、乱そのものは他者に向けられた無私で太虚によった倫理的行為（慈善）として理解することができるのではないだろうか。

第3節　心情発現としての「倫理」と社会規範としての「道徳」

　大塩の「無私な欲のない行ない」は、自身の内なる心の姿の発露として考えることができる。この内なる心は、その発現としての行為それ自体が公共性を持つほどに、また客観的であるほどに純粋性を増し道徳的となる。倫理と道徳とは異なり、前者が内なる心にたいする規範、後者はそれが表れた外的な行為にたいする規範であると考える。丸山は、日本「神話」の問題性を語るなかで、建速須佐之男 命（スサノヲ）[27]の「動機の潔白」性を「『一すじの心情』以外の動機」（ことごころ）がない点から説明している（丸山 1998b：65）。丸山は、「キタナキ心」なく「キヨキ心」による「心情の純粋性」を絶対的基準とする基盤が日本にはある（丸山 1998b：66）と指摘しているが、「無私な欲のない行為」は、丸山の言う「心情の純粋な発露」（丸山 1998b：65）と同義で、そうした無私な内なる心に導かれた欲のない大塩の行為は、潔白で「一すじ」な倫理によっていると考えてもよいのではないだろうか。人間の持つ内面性に深

く心を傾け、「やまとだましひ」や「たおやめぶり、めめしくはかない心」（丸山 1998a：212）にこそ、人間心情の本質を見出したのは本居宣長であった。宣長は、「物に触れて感動する精神をば『もののあわれ』」（丸山 1998a：213）とし、「人間の魂の最も純粋な姿態」（丸山 1998a：213）として尊重しているが、大塩の檄文に出てくる「誠心」は、日本人としての大塩の心、それはつまり、「人間の自然の性情の動きのナイーブな肯定＝やまとごころ」（丸山 1998a：209）に近いものかもしれない。そう考えると、この心は、儒教的というよりむしろ国学的な心情と言ってよい[28]。

　倫理と道徳との違いは、倫理が人間の内面性を基準としているのにたいして、道徳は社会との関係性のなかから考える点に特色がある。道徳は、「社会と個人との関係を基礎として成立する」（渡部 1955：170）のである。孟子は、「父子・君臣・夫婦・長幼・朋友」を五倫とし、人倫の最も重要なものとして位置づけた。このように道徳、関係性のなかで位置づけられる特色がある。杖下隆英は「論理は規範」（杖下 1970：70）であり、また「倫理もまた規範」（杖下 1970：76）であると指摘する。しかし、倫理における規範は自己の内なる基準、つまり、百姓一揆の多くの首謀者に見られる自立的倫理や、大塩の場合の他者救済倫理、あるいは「やむにやまれぬおもい」といったものと深く関係している。一方で論理における規範は、社会（あるいはその背後にあって時代とともに変遷する価値観）との関係が深く根強いために、公共的・客観的・不動的である。道徳もまた社会との関係のなかで位置づけられているため、客観的規範性が強く求められる。大塩の起こした一挙は、大塩の内なる心情においては倫理的なものであったが、行為による社会への影響を考えると道徳的ではない。もし、大塩の倫理と当時の社会の道徳とが近似していたら、乱ではなく、もっと社会に受け入れられたはずである。吉田久一は、「慈善・救済思想の近代化の萌芽とは、幕藩体制の教学であった近世的儒教的仁政・仁愛思想から、統一国家の救済思想、そしてボランタリーな慈善思想を創出することである」（吉田 1994：89）とするが、大塩自身の儒教的な個人的仁愛に基づく社会的効果を目指した行為は、この分岐点を象徴する典型として理解することができるのではないだろうか。しかし、救済には公的な内容が求められるので、高い規範性、客観性、道徳性、公共性を持ったものでなくてはならず、内なる個としての私

的な慈善とは異なる。大塩の場合、あるいは大塩の生きた時代には、まだその混同があった。

第4節 「社会」と「福祉」

　吉田は、社会や社会問題と福祉との関係の重要性を指摘した。社会福祉は、その大前提として、「社会」、そして社会を構成する「生きた人間」あるいは「生きている人間」としての生活者という存在があり、その生活者が抱える生活問題に対応する事業として存在している。したがって、学問的には別としても、実践性を重んじる社会福祉を「社会」と「福祉」とに分けて考察することは、あまり意味がないと言っても言い過ぎではないであろう。この社会福祉が、組織性・専門性・社会性を備え事業として成立するのは明治期に入ってからであり（吉田 2004 : 186-190）、幕末期からやや遠い。吉田は、「社会福祉改革の中で『社会福祉サービス』が単なる『福祉サービス』の方法となり、『社会性』が薄くなりがち」（吉田 2003 : 8）であるとして、近年の「社会」と「福祉」を分離して考える傾向を以前から危惧していた。また、古川孝順は吉田とは別の角度から、社会福祉のL字型構造の説明として、社会福祉は一般社会サービスを補充・代替する機能を持ち、その部分は近年拡大傾向にあると指摘（古川 2003 : 74）したり、社会福祉の「一般社会サービスとのコラボレーションを視野に入れて展開される」（古川 2009 : 42）部分を福祉施策として位置づけ、福祉政策のブロッコリー型構造（古川 2009 : 43）として説明しているのは、社会を離れたこんにちの福祉と一般社会サービスとの関連性の拡大に注目している。吉田も古川も、社会と福祉の乖離した状況は確実に視覚に入れている。論理と倫理の課題も行き着くところ、この「社会」と「福祉」を分けて考察する点と脈略を同じにしていると考えられる。つまり、社会福祉事業においては、特に倫理のない論理は意味がないと考えるように、「生きた人間」の姿が見えない福祉には、その存在意義が問われ続ける、ということである。両者に共通している点は「こころ」の欠落である。そして、そのこころを持つ「生きた人間」の消失である。大塩中斎の行動は、大塩の内心のこころを実践というかたちで表現したもので、そこには未発達な社会福祉論理の萌芽を見ることができ

る。大塩の生きた時代では、大塩自身のなかの社会（問題）と（大塩の）福祉とが未分化なかたちで一体化していた。大塩は、その混沌とした自身のなかにある状況を乱というかたちでしか解決に導けなかったのである。こんにちのわれわれが社会福祉を学ぶ上で、本章のなかでその倫理性と論理性を分けて考える意味を指摘したのは、「こころ」について改めて学ぶ必要性を信じたからである。論から学へ学問が進化し、細分化されてきた社会福祉は、いつ頃からか「こころ」について学ぶことを、どこかへ忘れてきてしまったのではないだろうか。「福祉のこころ」や「福祉の思想」と言い換えてもよいが、「こころ」について学ぶことがこんにち皆無に等しいと憂慮している。「こころ」は目には見えない。目には見えないが確実に存在する「こころ」に、われわれは再び向き合わなければ、これからますます、多くの人々に、社会福祉を学ぶことを困難にしていくのではないだろうか、と考えている。

おわりに

　童謡詩人金子みすゞ（2004）は「星とたんぽぽ」と題する詩のなかでこう謡った。『青いお空の底ふかく／海の小石のそのように／夜がくるまで沈んでる／昼のお星は眼に見えぬ。見えぬけれどもあるんだよ／見えぬものでもあるんだよ。散ってすがれたたんぽぽの／瓦のすきに／だァまって／春のくるまでかくれてる／つよいその根は眼にみえぬ。見えぬけれどもあるんだよ／見えぬものでもあるんだよ。』

　見えないものにたいするまなざしはどこかうつろである。しかし、その視点の先には、ぼんやりとかもしれないが何かが映っている。歴史にたいする姿勢は、どこかこれに似たようなものがあるように感じられる。社会福祉における倫理や思想の重要性は、吉田久一によって示唆された。本章では、幕末期における大塩中斎の行動を通して、大塩の乱に象徴される実践と倫理の一体化した現象を見た。大塩が示そうとした、眼には見えない自身の内から湧き出る心情としての救済意識は、乱というかたちで表象された。外部に表れる救済行動は、法律や制度となって進化発展するが、そのおもいとしてのこころは、いまだこんにちまで、人間の内部にとどまっていて、われわれには共感しきれてい

ない。われわれの社会には、社会福祉事業を、思想的にあるいは「こころ」の側面から支えられるものが存在するのであろうか。思想的・哲学的な基盤を持たない社会あるいは社会福祉事業やその体系は脆い、のではないだろうか。論理と倫理という枠組みは守りながら、その関係性や倫理・思想の中身についての時間をかけた考察が、こんにち求められているのではないか、と考えている。

註

(1) 大口勇次郎は、遠山茂樹が明治維新の叙述に先立って、天保期は維新に登場する社会的政治的諸勢力がほぼ出そろった時期であり、かつ天保期の政治過程には維新の「政治的本質の原型」が認められ、天保期をいわば明治維新の起点だと評価している（遠山 1951：21-22）点を指摘する（大口 1976：326）。

(2) 本章でも前章（註2）同様、1833（天保4）年から1866（慶応2）年を幕末の時期とする。

(3) 民衆運動については、安丸良夫（1970）「民衆運動の思想」『民衆運動の思想』が参考になる。

(4) 遠山茂樹は、明治維新成立の基本的契機について、幕末あるいは天保期の意義としては、維新を生起せしめた国内的条件が整った時期として捉えるか、欧米列強の外圧によってその環境がもたらされたとするのかについては議論があると指摘している（遠山 1951：22）。また楢林忠男は「この騒乱（大塩の乱）は幕政の荒廃をあばき、江戸幕府衰亡の遠因を作ったという点で、その社会的意義は大きい」（楢林 1968：539）（カッコは筆者による）と指摘している。

(5) 「檄文」は1836（天保7）年11月29日頃（大塩が挙兵したのは翌1837年2月19日）に書かれた　もので、そのきっかけは江戸廻米令が出たことにあるとされている（宮城 1978：49）。「檄文」全文は、幸田成友（1942）『大塩平八郎』に掲載されている。またその現代語訳は宮城公子（1978）『大塩中斎』に詳しい。

(6) 青木は江戸時代を前期、中期、後期に分け百姓一揆を考察している。天保期は江戸時代後期にあたり、1787（天明7）年、1836（天保7）年、1866（慶応2）年が一揆発生のピークであると指摘している（青木 1966：117）。

(7) 天保期の飢饉の状況を記す資料としては高瀬保編（1995）『富山藩天保の飢饉留記』がある。本書の原文は、前田文書『天保78不熟飢饉略記』（富山県立図書館蔵）で、凶作飢饉による庶民の惨状が克明に記述されている。

(8) 1853（嘉永6）年、盛岡藩で起きた大規模な一揆（三閉伊一揆）の指導者のひとりであっ

た栗林村命助が、獄中（1857-1864）から家族に宛てた覚え書きないし書簡をまとめた『獄中記』（安丸 1970 に収録）には、ひとりの農民が「勤労を中心とした倫理的生活」（深谷 1979：242）に裏打ちされた「ふつき」（富貴の実現）生活へのおもいが、しみじみと記されている。

(9) 菅野八郎は、1866（慶応2）年に岩代国信夫・伊達両郡に起きた百姓一揆の指導者と目された人物である（庄司 1970：449）。八郎の父和蔵は、儒者熊坂定邦に学び、己の思想を、学問としてのそれではなく「農民としての知行合一」（庄司 1970：451）に求めた人で、八郎は、そうした父からその言動を通して多少なりとも儒教思想は学んでいたと思われる。

(10) 青木虹二によると、天保年間（1830-1844）は江戸時代で最高の一揆件数をみた年代である（青木 1966：117）。

(11) 黒正は『百姓一揆の研究』（1928）のなかで、百姓一揆発生の素因として、①地方的人情気質、②領主の更替、③小藩に分裂して反目する事、④領主の不在勝ちなる事、⑤学問が普及せず人知の低き事、⑥貧富の懸隔の大なる事、⑦僻遠にして山地多き事、⑧不健全なる人口の組み合わせ、等を指摘している。①地方的人情気質は、百姓一揆発生の最も大なる意義を持つ素因であり、社会素質構成の重要なる要素として掲げ、百姓一揆が頻発している地方には旧家名族が多い、としている。また浪人が多い地方にも一揆多発の素因があるとも指摘している。②領主の更替は、農民が旧領主との関係が良好の場合、その離別を哀惜し、同時に新領主に対して親愛の念を欠くことで不平集積のきっかけとなり、一揆の素地になる、としている。③小藩に分裂して反目する事では、小藩が遣り繰り融通の余地が窮屈であり、その結果農民に誅求することとなったり、小藩では武士の数が少なくて、多数の農民を弾圧するのに窮することが多いのが素因になる、としている。④領主の不在勝ちなる事では、その結果制令が行なわれず、武士が領主より機敏なる裁断を受けることができないことや、領主の不在をいいことに役人が専横を極め、人民の反抗を買うことになるのが素因になる、としている。⑤学問が普及せず人知の低き事では、盲目的絶望的暴動によって主張を貫徹しようとする傾向があるのは、学問人知の低級なる地方である、としている。⑥貧富の懸隔の大なる事では、農民が武士や富豪から二重の圧迫を受けることが一揆の素因である、としている。⑦僻遠にして山地多き事では、僻遠のため交通が未整備で、その結果、武士の威令監視が行き届かず、農民の排他心が強く、かつ小地域の者が団結しやすい、としている。⑧不健全なる人口の組み合わせについては、男子が多く、男女人口の組み合わせが不健全な地方には一揆が多発する、としている。

(12) この時期の政治・社会は、中瀬寿一（1993）「大塩事件・天保改革当時の"構造汚職"──"大塩中斎生誕 200 年"によせて──」によって「官・財癒着、賄賂政治、構造汚職」と端的に表現されている。

(13) 大坂市内といっても一部の地域で、具体的に大塩一党がたどった進路については、幸田成友（1942）『大塩平八郎』や宮城公子（1978）「大塩中斎の思想」に詳しい図が収録さ

れている。

(14) 一挙では、「天照太神宮」「湯武両聖王」「八幡大菩薩」、大塩家の家紋である「五七の桐」、それに「救民」等の旗幟が掲げられていた。大塩は、「箚記上124」でも触れているが、「民を視ること傷めるが如し」（視民如傷）という孟子（離婁篇下）の教えをわがものとして重視していたと考えられる。「救民」旗はまさにその象徴であろう。

(15) 『洗心洞箚記』（後の自述）に記されている（福永 1980：366）。

(16) 「檄文」が書かれたのは、1836（天保 7）年 12 月頃と推定されている（宮城 1978 の「年譜」）が、同年の 11 月 29 日には幕府より大坂町奉行所にたいして江戸廻米令が出され、大塩はそのことに激怒したと伝えられている。その理由は、折からの凶作続きで大坂市内でさえも乞食、行き倒れ等が続出するなか、他所への米の積み出しは禁止されていたが、そのため京都その他の惨状は悲惨極まりないものであった。そこへの江戸廻米令は、天皇のいる京都への米出荷を禁じているにもかかわらず江戸へ米を送ることには納得できない、という怒りであったと思われる。

(17) 「三都の内大坂の金持共年来諸大名へかし付……天道聖人の御心に難叶御赦しなき事に候」の箇所。

(18) 第 1 章を参照。

(19) この時期の大塩の言動を革命的な精神との関係から論ずるものもある（黒正 1959：156、山縣 1994：59）が、大塩自身がそれほどまでの変革の意志で蜂起したと考えることには疑問が残る。そのおもいはむしろ、百姓一揆を起こした農民が置かれた立場のように、より市民的、より嘆願的、より感傷的なものであったと考えられる。

(20) 大塩は生前、この『洗心洞箚記』の他にも『儒門空虚聚語』（二冊）、『洗心洞学名学則并答人論学書』、『古本大学刮目』（七冊）を家塾にて刊行している。

(21) 大塩は「箚記」の冒頭「箚記自述」のなかで、「余が箚記は、借して河東の読書録、寧陵の呻吟語、及び寒松堂の庸言等に倣ひ、目の触るる所、心の得る所有る毎に、之を筆にして以て自ら警め、又た以て子弟の憤悱を発するを助くるのみ。故に子弟、転写の労を省かんが為に、胥謀って諸を梓に上し、家塾に蔵して世に公にせずんば、則ち安ぞ之を許さざるを得んや」と記している。

(22) 『伝習録』（巻中）「答顧東橋書（顧東橋に答ふる書）」（答人倫学書）10 – Ⅱ に記されている（近藤 1961：242）。

(23) 王陽明は、「良知」を他にも「道心」「天理」「太虚」「心の本体」「未発の中」「同上」「中和」「寂然不動」「是非の心」「常覚常昭」「流行不易」などと言い換えている（福永 1980：643）。

(24) 大塩は、知行合一と同じ意味として「心得躬行」（箚記上 172・下 118）という語句を記している。書を読み、学び、そして考え、日常に活かす、という意味である。

(25) 大塩は、38 歳で、与力職を退くまでに大きな三つの転機があったとされている（宮城 1978：7）。それぞれの転機で大塩は悩み、もがくなかで儒学に出会い、さらに陽明学を知

り、そこに救いを求めたのである。しかし、現実の社会は、陽明学で学ぶものとは大分違い、大塩の言動は酷評の対象でしかなかった。

(26) 幸田成友（1977）『大塩平八郎』によると「平八郎は激し易き人である。勢いに乗じては金頭をわりわりと頭から嚙み砕くような人である」といった、人間大塩平八郎を知らしむる記述がある（幸田 1977：100）。

(27) 「イザナギは、三貴士を生んだ際に、天照大神に高天ヶ原、月 読 命 に夜の食国、タケハヤスサノヲノ命に海原の統治を命ずるが、スサノヲは、海原を治めず亡母（イザナミ）のいる根の堅州国に行きたいといって泣きわめいてきかないので、追放される。そこでスサノヲは、行く前にアマテラスに事情を話していこうといって、高天ヶ原に参上する」（丸山 1998b：64）。

(28) 丸山によると、国学における倫理は、常に儒学倫理との闘争関係のなかから捉えられ、それは、①先天的自然的事実の尊重、②人間の具体的＝現実的把握、③自己の心情にあくまで忠実な態度、として理解された（丸山 1998a：209-211）。ここまできてわれわれは、第1章において、社会福祉の思想・倫理研究における儒教研究の必要性について論じた点の若干の修正をせざるをえない。

表 2 − 1　1833 〜 1866 年間の百姓一揆・騒擾

年号	年（西暦）	月	国名	地名	原因・要求・参加人数等	形態
天保	4 (1833)	4	尾張	中山道筋	材木一件	暴動
		7	陸前	苅田郡 8 村	米払い出し、1000 人	強訴
		7	石見	安濃郡	米価引き下げ	不穏
		8	陸中	大槌通	飢饉、米買占、500 人	打毀
			摂津	兵庫湊	米騰	打毀
			羽後	秋田町	米騰、800 人	打毀
			陸奥	青森町	米騰	打毀
			丹波	柏原領	幣制びん乱	暴動
		9	播磨	東部地方	米買占、7000 人	暴動
			越前	今立郡	米騰	打毀
			信濃	児玉新田	凶作・夫食要求	強訴未遂
		10	常陸	志筑領 25 村	凶作・減免	越訴
			越後	魚沼郡	田地受作の件、1400 人	強訴
			肥後	天草郡	相続仕法復活、500 人	打毀
		11	若狭	遠敷郡	凶作、米買占、300 人	打毀
			安芸	広島町	米騰	打毀
			越前	三国町	凶作、米騰	不穏
			越前	敦賀町	米騰、張札	不穏
			下野	烏山領 9 村	凶作、米騰、200 人	打毀
			三河	設楽 4 村	村役人直訴	越訴
			備後	神石郡	苛政、100 余人、	不穏
		12	能登	鹿島郡	米騰	不穏
			摂津	安部村	凶作、庄屋非違	打毀
	5 (1834)	1	陸中	八戸領	減免、6000 人	強訴
		1	羽後	前北浦	米騰、家口米仕法反対、2000 人	強訴
		2	羽後	奥北浦	郡方廃止、諸役廃止要求、銀山廻米反対、3000 人	暴動
			羽後	湯沢町	米騰	不穏
			讃岐	宇多津村、外	米騰	打毀
			陸奥	5 戸通	重税反対、2000 人	強訴
		4	武蔵	今宿村	穀物売渡し要求	打毀
		5	安芸	海田村	直訴計画	越訴
		6	武蔵	騎西、外	凶作、米騰	打毀
			遠江	見附宿	米騰	騒動

年号	年（西暦）	月	国名	地名	原因・要求・参加人数等	形態
天保	5（1834）	8	下総	銚子町	凶作、米騰、6戸打潰	打毀
		11	淡路	れき田村	直訴計画	越訴
	6（1835）	4	安芸	大崎島	出訴、600人	強訴未遂
			美濃	梅津郡61村	水害、不正工事から屯集、4000人	打毀
			大和	宇陀郡	不明	打毀
		8	羽後	能代町	物価騰貴、300人	打毀
	7（1836）	3	大和	多武峯領	一揆	不明
		4	陸前	渡波村	米騰、数百人	打毀
		6	陸前	名取、柴田郡	流木伐出の中止要求	強訴
			加賀	金沢町	米騰、500人	打毀
			信濃	飯田町	米騰	打毀
		7	越前	勝山領	米騰	打毀
			伊勢	射和村	米騰、50人	打毀
			加賀	高浜村	米騰、200人	打毀
			相模	大磯宿	米買占	打毀
			伊豆	下田町	米騰、4戸打潰し	打毀
		8	加賀	能美郡	米騰、500人	打毀
			甲斐	都留、山梨郡	米騰、絹価下落、3万数千人	暴動
			信濃	稲荷山村	米騰	打毀
			駿河	駿府町	米騰、7戸打潰	打毀
			下野	佐野町	米騰、6戸打潰	打毀
		9	三河	岡崎領	米騰、証文破棄、5000人以上	暴動
			豊前	中津領	飢饉、年貢免除	強訴
			陸奥	高杉組	凶作、検見皆引、200人	強訴
			摂津	大阪町	米騰	打毀
		10	信濃	馬込地方	減免、借金の件、30人	強訴未遂
			駿河	岡部宿	米騰、500人	打毀
			駿河	島田町	米騰、上築地付おそう	打毀
		11	越後	下奥野新田	米騰、200人	不穏
			越後	中之島組	米騰	不穏
			盤城	三春領	米騰、米無心、60人	不明
			陸中	安俵通	銭札通用反対、数千人	強訴
			上野	大間々入18村	物価騰貴、1200人	暴動
			美作	真庭郡	凶作、飢饉	強訴未遂

年号	年 (西暦)	月	国名	地名	原因・要求・参加人数等	形態
天保	7 (1836)	11	武蔵	多摩郡	穀屋打毀の張札	不穏
			武蔵	榛沢、旗羅郡	救助要求	不穏
			山城	京都町	凶作、米騰	強訴
			安芸	竹原町	米騰、1000 余人	打毀
		12	上野	吾妻郡	凶作、一揆の張札	不穏
			羽前	村山地方	米騰、夫食不足	不穏
			越後	魚沼 20 余村	凶作、700 人	暴動
	8 (1837)	1	越前	丹生郡	酒屋打毀の張札	不穏
		2	羽前	白岩郡	凶作、米騰、数百人	暴動
			周防	三田尻地方	飢饉、役人の非違	暴動
			摂津	大阪町	大塩平八郎の乱	叛乱
		3	駿河	富士郡	米金借受強請	強訴未遂
			大和	多武峯領	米銀の貸与、500 人	強訴
			越後	魚沼郡	凶作、飢饉、請負免除	打毀
			近江	甲賀郡 24 村	米、酒屋打毀の張札	不穏
			摂津	大阪町	米騰	打毀
		4	越後	巻村	米強奪	不明
			河内	富田林付近	飢饉、屯集	不穏
			陸前	石巻町	米騰、70 人	打毀
			備後	三原町	大塩乱の影響、800 人	暴動
		5	播磨	西村	凶作	打毀
			美濃	岩村領 52 村	新法に不満	愁訴
			大和	松山町付近	米騰	打毀
		6	越後	蒲原郡	新潟倉庫打潰計画、千余人	打毀未遂
		7	摂津	能勢 15 村	米騰、500 人	暴動
		8	下野・上野	小俣、小友村	米騰、貧農 160 人	不穏
		12	信濃	飯山領	郷方役人の非政、3000 人	打毀
			石見	浜田領	不明	暴動
	9 (1838)	1	肥前	松浦郡	飢饉、重謀	逃散未遂
			三河	幡豆郡	代助郷重謀、数千人	強訴
		3	安芸	広島町	銀札潰し	不穏
		5	佐渡	200 余村	奉行の恩赦、10000 人（佐渡一国騒動）	打毀
		9	肥前	松浦郡 36 村	再発、2800 人	暴動

年号	年 (西暦)	月	国名	地名	原因・要求・参加人数等	形態
天保	9 (1838)	11	近江	蒲生郡 8 村	換地、屯集	強訴
	10 (1839)	2	相模	高座郡 3 村	困窮、用人排斥	愁訴
		7	越前	三国町	米騰、3 戸打潰	打毀
		11	武蔵	多摩郡 11 村	返納金延期	越訴
	11 (1840)	2	羽後	仙北郡	余米徴収反対、300 人	打毀
		12	羽前	庄内領	領主国替反対	勝訴
	12 (1841)	2	肥後	人吉領	商品作物収税反対、10000 人	打毀
			肥前	天草郡	相続仕法復活、15000 人	打毀
		5	日向	嵐田村	質地取戻し、244 人	不明
		7	摂津	桜井谷 3 村	代官・家老の不正	不明
		秋	肥前	松浦郡 29 村	9 年の再発、庄屋に不服	強訴
	13 (1842)	1	阿波	三好郡	凶作、専売反対、900 人	暴動
			阿波	美馬郡	凶作、専売反対、800 人	暴動
			阿波	阿波郡	凶作、専売反対	暴動
		2	上野	恋越村	年貢不納同盟	越訴未遂
			相模	平間村	用金拒否	不明
		7	岩代	会津郡	前代官の不正	愁訴
			土佐	名野川郷	大庄屋の非違、329 人	逃散
		9	筑前	博多町	幣制紊乱	不穏
		10	近江	三上山地方	検知反対、12000 人	強訴
	14 (1843)	2	肥後	天草郡	土地請返し、村政経理の立ち会い、数千人（9 月・12 月再発）	打毀
		4	岩代	耶麻郡	下男夫役割符の免除要求	不穏
		11	大和	添上郡	綿不作	強訴
			信濃	南山郷	所領替	越訴
			対馬	佐護郷	隠地摘発、苛政	強訴
弘化	元 (1845)	1	肥後	天草郡	対銀主反感	打毀
		4	羽前	天領 73 村	庄内藩への知行替え反対（大山騒動）	暴動
	2 (1846)	春	上野	大間々町	町役人の不正、94 人	騒動
		7	美濃	多良 9 村	役人の罷免	打毀
		8	常陸	高部村	庄屋の不正、30 人	強訴
		9	安芸	山県郡	扱芋専売反対、1500 人	強訴
	3 (1847)	2	近江	蒲生郡 3 村	国替、年貢据え置き	越訴
		4	駿河	三保村	代官の横暴	越訴

年号	年 (西暦)	月	国名	地名	原因・要求・参加人数等	形態
弘化	3 (1847)	閏5	遠江	浜松領	水野氏の国替えを機に不満爆発、用金の不当申しつけ反対	暴動
	4 (1848)	1	肥後	天草郡	対銀主反感、15000人	暴動
		10	陸中	野田通、外	重税反対、12000人	強訴
			盤城	楢葉郡	年貢米の土地払い要求	愁訴
嘉永	元 (1848)	2	飛驒	大野郡、外	元伐稼平等割要求	越訴
		7	越中	富山町	用金賦課	打毀
	2 (1849)	1	播磨	小田、住吉村	竜野桝重課、300人	強訴
		10	安芸	広島町	預切手差支え	打毀
	3 (1850)	8	豊後	別府地方	米騰	打毀
			豊後	別府町	米騰	打毀
		11	信濃	伊那郡	入会地諸木払下反対	強訴
			大和	平群郡32村	凶作、破免直訴	越訴
			武蔵	神奈川宿	米騰	不穏
	4 (1851)	2	備中	門田村	山開発歎願	越訴
		4	因幡	佐治谷、外	難渋、屯集	不穏
		12	筑前	吉木村	大庄屋の非違、数百人	強訴
			備中	新見町	銀札騒動	騒動
	5 (1852)	2	岩代	掛田村、外	貧農借金党の総連組	打毀
		10	安芸	玖波村	水害、救助要求	強訴未遂
	6 (1853)	5	陸中	野田通、外	重謀、専売制反対、8500人	逃散・越訴
		7	陸奥	五戸通	重謀、高割投銭反対、3000人	強訴
			遠江	中泉代官所	代官手代、郡中惣代の非違	越訴
		8	越後	栃尾郷	重税反対、10000余人	打毀
安政	元 (1854)	6	越後	栃尾郷86村	紬買占反対、3000人	打毀
		7	駿河	小島領吉原村	渡世難渋、31人	強訴未遂
			加賀	宮越町	町役人の不正、	打毀
			越後	寺宿町	米騰、津留要求	騒動
		11	備前	岡山地方	札つぶれ	強訴未遂
		12	紀伊	有田郡	みかん問屋統制	打毀
	2 (1855)	3	武蔵	足立郡4村	地頭用人の不正	強訴
		11	豊前	時枝領14村	謀税免除、数千人	暴動
	3 (1856)	6	備中	邑久郡17村	服装差別、部落民2000人	強訴
		11	下野	黒羽領	米払下相場の不当つり上げ	強訴

年号	年 (西暦)	月	国名	地名	原因・要求・参加人数等	形態
安政	4 (1857)	1	遠江	盤田郡 73 村	分一税増徴反対、1400 人	強訴
		3	信濃	竹佐村	庄屋反対、81 人	越訴
		4	尾張	小牧宿助郷 51 村	宿役人の不正	越訴
		8	伊予	松渓関 4 村	庄屋非違	強訴
		12	摂津	桜井谷	代官非違	打毀
			伊豆	熱海村	網子騒動	不明
	5 (1858)	1	三河	有海村	庄屋に不満、35 人	強訴
		7	越中	泊地方	小作料減免、600 人	不穏
			加賀	金沢地方	米騰、2000 人	不穏
			加賀	鶴米地方	米騰、数百人	打毀
			越中	新川郡、外	米騰	打毀
			越中	井波・福光	米騰	打毀
			能登	宇出津村、外	米騰	打毀
			越中	氷見町	米騰、30 余戸打潰	打毀
			越中	富岡町	米騰、数十戸打潰、800 人	打毀
			越中	魚津町	米騰	打毀
			能登	七尾町	米騰	打毀
			紀伊	尾鷲町、長島町	米買占	打毀
		8	能登	輪島町	米騰、7 戸打潰	打毀
		10	越中	新川郡	小作料減免、600 人	強訴
		11	薩摩	加世田郷	在郷武士に反感、6000 人	強訴
		12	和泉	大島郡 41 村	凶荒、苛政	強訴未遂
			三河	設楽郡 19 村	不作、郡代非違	強訴
			遠江	長上郡	年貢割当につき	強訴未遂
	6 (1859)	7	上総	茂原村	米騰、300 人	打毀
		10	上野	桐生町	糸価暴騰	不穏
		11	上野	桐生地方	機業衰微	越訴
			山城	京都町	生糸暴騰から困窮、100 人	打毀
		12	信濃	南山地方	減租、1600 人（南山一揆）	強訴
万延	元 (1860)	2	伊予	俵津浦	庄屋、組頭非違	不穏
		閏3	伯耆	米子町	家賃不払い	騒動
		4	丹波	多紀郡	減免、質入物返還、2000 人	強訴
		6	羽前	東根地方	米騰、安米、1100 人	打毀

年号	年(西暦)	月	国名	地名	原因・要求・参加人数等	形態
万延	元(1860)	7	美濃	群上郡	生糸専売反対	強訴
		8	丹波	福知山領	産物会所反対、18000人（市川騒動）	暴動
		9	羽前	寒河江領	不作、米騰、数百人	不穏
		10	信濃	竜江地方	小作料減免、	不穏
			河内	石川郡3村	凶作、米納要求、100余人	強訴
			伊予	川之江村	小前騒ぐ	不明
		11	備中	吉備郡	100人	越訴
			三河	川合村	米商に反感	不穏
			丹波	船井郡	米価引き下げ、質入物返還、2000人	打毀
			遠江	周智郡46村	凶作、救助米、1500人	強訴
			大和	生駒郡9村	小作料の件	不穏
			丹波	保科氏領15村	用銀重謀（五千石騒動）	打毀
			備後	福山領	米騰	不穏
		12	筑前	遠賀郡12村	現穀米、救金拝借、500人（島郷騒動）	不穏
			河内	丹南領	凶作、減免	強訴
			因幡	長瀬村	借米強訴、400人	打毀
文久	元(1861)	1	紀伊	阿田和村	493人	強訴
			上野	桐生新町	米騰	不穏
			上野	太田宿	糸高値、7戸打潰	打毀
			下野	足利町	糸高値、4戸打毀	打毀
		2	摂津	熊野田町	村役人の非違、172人	打毀
		5	越後	松之山郷	米騰、米買占、数百人	打毀
			淡路	津名郡	庄屋の不正、300人	打毀
		9	相模	藤沢宿	米騰	不穏
			越後	小千谷町	伝馬負担増加	強訴
	2(1862)	3	丹後	宮津領	物産御改法反対	越訴
			伊予	小藪村	特権問屋反対	打毀
			伊予	吉田村	池の築造反対	強訴
			日向	木の脇村	開田一件	不穏
		10	上野	高崎町	伝馬負担増加	強訴
			伊賀	上野町	米買占、困窮	不穏
	3(1863)	3	盤城	守山領7村	増助郷減免	強訴未遂
		5	羽前	置賜郡35村	増米、知行替反対	越訴
		11	豊後	日田郡	役人の非違	不明

年号	年（西暦）	月	国名	地名	原因・要求・参加人数等	形態
元治	元（1864）	1	備前	下津井村	村役人の不正	強訴
		6	日向	江田村	徒党、家巻き	打毀
		8	常陸	那珂郡	激派への不平、世直し	打毀
			近江	北庄村	米買占	打毀
			但馬	朝来郡	小作料取り立て苛酷	打毀
			美作	真島郡	軍夫出役に不満	逃散
			武蔵	神戸村	減免、重課	強訴
		11	山城	木津郡	郷入用免割りに不満	打毀
		12	美濃	武俵郡	年貢の件	不明
			大隅	大島郡	砂糖総買入反対（犬田布一揆）	暴動
慶応	元（1865）	1	山城	木津郷	再発	打毀
			盤城	植田村	こんにゃく運上に疑惑	不穏
		3	信濃	上穂村	米騰、300 人	打毀
		5	信濃	飯田地方	米騰、1500 人	打毀
			信濃	駒場宿	米騰、300 人	打毀
		6	伊豆	三島宿	米騰	打毀
			相模	藤沢宿	米価引下	不穏
		8	越後	直江津町	米騰、11 戸打潰	打毀
		9	盤城	白川郡	こんにゃく税反対	打毀
			信濃	水内郡	麻紙専売反対	打毀
		11	三河	設楽郡 6 村	不作、減免	強訴未遂
		12	隠岐	周吉郡 11 村	凶作、米騰	打毀
			豊後	佐賀関	貧民騒擾	打毀
	2（1866）	1	盤城	白川郡	再発、こんにゃく税	打毀
		2	越後	頸城郡	米騰	打毀
			尾張	名古屋町	物価騰貴、150 人	不穏
		3	信濃	水内郡	桑騒動	暴動
		4	常陸	那珂郡	商家おそう	打毀
		5	播磨	20 か村	不明	不穏
			摂津	難波、木津	米騰	打毀
			和泉	下条大津	米騰	打毀
			大和	生駒 4 村	米騰、60 人	打毀
			河内	国分村	米騰、数百人	打毀
			上総	木更津村	米騰	打毀

年号	年（西暦）	月	国名	地名	原因・要求・参加人数等	形態
慶応	2（1866）	5	越前	丸岡領	不明	強訴
			信濃	飯田町	米騰	打毀
			摂津	兵庫湊	米騰、41戸打潰、2000人	打毀
			摂津	西宮町	米騰	打毀
			摂津	池田町	米騰、18戸打潰	打毀
			摂津	大阪町	米騰、885戸打潰	暴動
			和泉	境町	米騰	打毀
			和泉	貝塚町	米騰、9戸打潰	打毀
			相模	藤沢宿	米価引下	不穏
			武蔵	江戸	米騰	打毀
			武蔵	品川宿	米騰、24戸打潰	打毀
		6	武蔵	名栗村、外	米騰、生糸改所反対、10000人（武州一揆）	暴動
			岩代	信達180村	蚕種、生糸新税反対	暴動
			羽前	長崎村	穀屋おそう	打毀
			上野	多胡郡、外	武州一揆の影響	暴動
			但馬	村岡領	軍夫役忌避	強訴
			下総	千葉町	米高値	強訴未遂
			越後	塩沢町	米不足	強訴
		7	陸前	栗原郡	凶作、重税、4000人	暴動
			伊予	大洲領	商人の暴利反対、3000人	暴動
			越後	魚沼郡	7品運上品替、縮課税反対	打毀
			羽前	村山郡	米騰、2000人（兵蔵騒動）	打毀
			石見	石見銀山領	戦争による混乱	暴動
			陸中	釜石村	米騰、200人	打毀
			陸中	気仙沼町	米騒動、6戸打潰	打毀
		8	石見	浜田領数十か村	戦争による混乱、藩札引替	強訴
			豊前	小倉領	戦争による混乱	暴動
			近江	愛知川宿	米騰、400人	打毀
			盤城	梁森村	助郷重課	越訴
			信濃	筑摩郡	米騰、米買占	打毀
			武蔵	入間郡16村	農兵新設令反対	強訴
			下野	今市宿	不明	打毀
			伊勢	津町	米商人おそう	打毀

年号	年（西暦）	月	国名	地名	原因・要求・参加人数等	形態
慶応	2 (1866)	9	羽前	鶴岡地方	減免、救助、1000 人	不穏
			武蔵	江戸	米騰	不穏
			陸前	登米町	米騰	不穏
			豊後	臼杵町	米買占	打毀
		10	信濃	飯山領	凶作、米騰、数千人	不穏
		11	三河	刈田領	凶作、用水堀割反対、数千人	不穏
			美作	津山領	凶作、用水誅求、2000 人	強訴
			美作	勝山領、外	凶作、苛政、400 人	打毀
			越後	新津地方	米安値売渡し、1400 人	不穏
			越後	水原 80 村	上の波及、2000 人屯集	強訴
			上野	利根入村々	困窮、400 人	不穏
		秋	下野	那須郡	減免	強訴
		12	豊後	国東郡	古市、今市おそう、1000 人	打毀
			美作	勝北郡	人夫、入用銀割当反対	強訴
			陸中	和賀郡、外	重税、未納分免除、数千人	強訴
			備中	倉敷村	米騰	打毀
			美濃	恵那郡	減免、千余人	強訴
			豊後	大野郡	凶作	不明
			越後	刈羽郡 7 村	天領から長岡領への移管反対	越訴
			武蔵	笠原村	米騰、米貸下	強訴
			河内	津田村	本丸山に屯集	不穏
			淡路	湊浦	貧民一揆	不明
			伊予	千町山村	藩の山林濫伐	暴動

《出典》谷川健一（1968）の巻末資料「百姓一揆小年表」より作成

第3章

社会福祉の情

——「他者」に向けられた「あはれをしる」こころ——

はじめに

　前章では、幕末期における個人的倫理と本来、公的性格を持つ救済の未分化な状況を、他者救済性を持った大塩中斎（平八郎）の乱や大塩の思想のなかに、実践倫理というかたちで捉え考察した。大塩の行動には、大塩自身の社会の不正や問題にたいする真摯な社会改良精神が表れていると同時に、いまだ構築されていない「仕組みとしての社会福祉」の理念が混在するかたちで含まれていた。しかし、そこでの考察でより重要であった知得は、大塩の儒教による学問的素養や公僕としての職責遂行を内から支えていた何者かの存在、そして、その力によって「他者」を「自己」よりも優先させたその精神の所在への感触である。本章では、それを「こころ」というかたちで捉え考えてみたい。それは、倫理よりも深い日本人の魂の層に触れる問題であるのかもしれない。日本的な社会福祉（あるいは日本式社会福祉）について考える場合、「日本人のこころ」というものが存在するのであれば、その「こころ」によって、こんにちの社会福祉理論は何らかの影響を受けているはずであると考えることができる。そして、その「こころ」は、ひとつの形態として社会福祉というかたちで表れているのであり、他のあらゆる場面にも、少なからず影を落としていると予想できる。こうした日本人のこころの本流にあって、外部からの何らかの侵入がある場合、それを日本式に修正する底力のようなものを、丸山真男は、「執拗低音（basso ostinato）を奏でる古層」（丸山 1996a：181-184）として表現し

55

ている。本章では、社会福祉の論理と倫理の課題をあくまでも視野に入れながら、倫理を底から支えている社会福祉の日本（人）的「こころ」（丸山の言う「古層」）について考える。そのためにまず、①日本の最も古い古典である古事記のなかで、そこに描かれている「他者」にたいする「こころ」について見てみたい。そして、②この「こころ」とは、どのような心持ちを意味しているのかについて、本居宣長の「阿波礼（あはれ）」から考え、さらには、③宣長の著した『紫文要領』『石上私淑言』から、「あはれ」と「こころ」を考察し、最後に、④宣長の「もののあはれ」感を基にして、日本的な社会福祉について考える。

第 1 節　古事記に見る「他者」に向けられた「こころ」

　大塩の行動に表れていた「他者」に向けられたこころの動きとは、どのような内容のものなのであろうか。大塩に発露した心情を支える倫理を揺り動かしている日本人のこころの層には、どのような魂が隠されていたのであろうか。以下では、712（和銅 5）年に選録されたわが国最古の典籍である古事記（フルコトフミ）（以下、「記」と言う）に表れるゆらぐこころの流れのなかから考えてみたい。われわれは、この記のなかにおいて、「他者」にたいする純粋なこころのゆらぎを読み取ることができる箇所を三ヵ所見出すことができる。「純粋」と言ったのは、同書の、特に天皇記（記は、神代記としての上巻と、天皇記としての中・下巻から構成されている）に多く表れる「人間的な愛の精神」（倉澤 1963：314）である私的な「恋愛」の対象としての「他者」ではなく、「社会性を持ったこころの動き」の対象としての（あるいは「エロス」でなく「アガペー」の対象としての）「他者」という意味である[1]。独占を主目的として対象を拘束する意味合いを含み向けられる私的な感情の投影ではなく、むしろ、対象の置かれた状況にたいし、自己の欲を超えた（忘我）ところに表れる公共的な感情の流露のことをここで「純粋」と言った。

　最初は、スサノヲノミコトが、出雲の国に降り、大蛇を退治する神話の箇所である（本居 1968a：39）（神代七之巻 - 八俣遠呂智の段）。スサノヲノミコトが、鳥髪の地で、河上から箸が流れてくるので、のぼり尋ねてみると、老父と老婆

が、これからヤマタノヲロチに食べられようとしている童女をはさんで泣いている。そこで、その理由を「汝ノ哭ク由者何ソ」と問う場面である[2]。次は、オホアナムヂノカミ（オオクニヌシノカミ）が、兄たち（八十神）と、稲羽之八上比売と結婚したいために、稲羽に向かっている箇所である（本居 1968a：425）（神代八之巻－稲羽素兎の段）。オホアナムヂノカミが、八十神にだまされて痛み苦しんでいる兎にたいし、「何ノ用ニ汝ハ泣キ伏セル」と尋ねる場面である[3]。三ヵ所目は、ホオリノミコトが兄のホデリノミコトの鉤を失い海辺で憂い泣いているところへ、シホツチノカミが、「何ソ、ソラツヒコ之泣キ患ヘタマフ所由ハ」[4]と、その理由を尋ねる箇所である（本居 1968b：240）（神代十五之巻－綿津見宮の段）[5]。いずれの場面にも共通して出てくる描写は「流涙」である。涙の感情表現が、多くの場合悲しみや憂いであり、ここに登場するスサノヲノミコト、オホアナムヂノカミ、そしてシホツチノカミは、その憂いや悲しみのなかに置かれた対象にたいして「こころ」を寄せているのである。津田左右吉は、「公共的生活の無かった我が上代人の間にも、幼稚で素朴な私人的感情を歌った民謡は太古からあった」（津田 1977：57）とするが、スサノヲノミコト、オホアナムジノカミ、シホツチノカミ等のこうした「こころ」の流れが、個人の「幼稚で素朴な私人的感情」であると同時に、しかし、その流涙に向けられた「こころ」は、生きる上での苦しみや悲哀に向けられた、素朴ではあるが高尚で、勇敢かつ公共的な目線に立った、弱さに寄り添う真に強い「こころ」であると考えられる。

　言うまでもないが、神代記が、「神々の世界に秩序があることを物語る」（武田 1977：393）ために記されたものであり、記に登場する多くの物語も後の世に加筆された部分が多くあることは研究者によって指摘されている（例えば、津田 1948：340）。スサノヲノミコトの悪にたいする武勇伝も、オホアナムヂノミコトの情け深き振る舞いも、またシホツチノカミのホヲリノミコトへの智の教授も、いずれも秩序ある神の世界を示す上では重要な意味を持っていたと考えられる。そしてまた、続く中・下巻に展開する生きた人々の世界を表した天皇記にあっても、こうした人間味のある出来事は、社会の秩序の重要性を示す上で大きな役割を持っていたのではないだろうか。

　大蛇を退治してクシナダヒメを娶るスサノヲノミコトにしても、兎を助けヤ

カミヒメを娶るオホアナムヂノカミにしても、またホオリノミコトが失った鉤を返し、兄ホデリノミコトを懲らしめる場面にしても、「少弱者が最後には勝利を得る」（津田 1948：466）ことを意味していた。このことは記の撰者が描いた生きた人間世界に理想とした社会の姿であり、幼稚かもしれないが、倫理に基づいた他者への一途なこころの存在を証明する上で重要であった、と考えられる。

　日本人の精神が、その立地的環境を原因として、異国からの大きな影響を受けることなく「在った」ことが、長く公共的精神や連帯感情の発達を阻み、政治的にも経済的にも、「国民精神」を惹起するような状況に至らしめなかったことは、津田の研究からも学べるところである。その証拠に、「他者」しかも公共と言えるほどの広がりを持たない「個」としての「他者」に向けられた私的な感情の発露は、わが国の場合、あらゆる領域（特に文学の世界）に多く散在する。前記の神代記に登場するいずれの者も、個としての心情の発露で見た場合は、こんにちも同じ体験が「哀感」という点では、無限の広がりを持ってわれわれにも伝わってくる。しかし、その哀感も、公共という観点で見てみると、21 世紀のこんにち、悲しみを多く体験した人々を前にして改めて感じることは、いまなお公的体験には十分に至ることなく、個々に漂い、われわれは連帯の体験ができないでいる、と思わざるをえない[6][7]、ということである。

第2節　「物に感ずる」＝「情の深く感ずる」＝「あはれをしる」

　日本式社会福祉の原型は、なにも古事記や日本書紀（以下、「記紀」と言う）の世界にまで遡らなくとも、明治期から大正期にかけて、その原型を探ることはできよう。その原型は、日本人のなかにある何ものかによってかたち作られ、それを本章では「こころ」として捉え、その「こころ」について考えることが本章での目的である。宗教[8]でもなければ文化でもなく、もちろん法的大系をも持たなかった日本国にあって、いったい何を、その精神的機軸に据えて社会福祉の支柱を考えたらよいのかが、ここでは課題となる。

　国学[9]と儒教の場合を持ち出すまでもなく、歴史的に日本は、外からの侵入にたいしては、絶えず何らかの心的な反応を表してきた。そして、その時々の一時点をして、絶えず日本的なものを創造してきた[10]。例えば丸山は、国

学の思想的特質を論ずるなかで、その倫理観について、外来思想である儒教との相違として、三つの本質的な国学の要素を指摘している（丸山 1998a：209-211）。それは、㋑先天的自然的事実の尊重、人間の自然の性情の動きのナイーブな肯定＝やまとごころ、㋺人間の具体的＝現実的把握、㋩自己の心情にあくまで忠実な態度、である。ここで対比された儒教の持つ説教万能主義・人間の類型化・外面的虚飾といった側面が、いかにも形式的で杓子定規な堅物として卑下されればされるほどに、国学が日本的なものとして浮上して見える仕掛けになっている。もちろんこれらをして、国学が日本的なものである、とは言えないことは言うまでもない。しかし、日本人の「こころ」を考える際の拠り所にはなる、とも丸山は述べている[11]。本章においても、「こころ」について考える場合、国学の持つ「人間の自然の性情」や「人間の具体的＝現実的把握」「自己の心情にあくまで忠実」といった丸山の指摘した側面は、とても重要な意味を持つと考えられる。なかでも「人間の自然の性情」は、国学の大成者宣長も特に重要視し、「情ハ自然也」（本居 2003：58）、「情ハ自然ナレバモトムルコトナシ」（本居 2003：59）として、自然に湧き出る情に着目し、「欲ハタダネガヒモトムル心ノミニテ、感慨ナシ。情ハモノニ感ジテ慨歎スルモノ也」（本居 2003：49）として、情[12]の存在を重んじている。そして、この情は、「はかなくしどけなくをろかなるもの也」（本居 2003：65）と考えられ、源了圓は「情は心の中核であり、この情あるゆえに、われわれは物事にふれるごとに感じ動かざるをえない」（源 1973：191）とした。さらに源は、この物に感ずるという作用を、「道徳的価値評価以前の、より根源的なもの」（源 1973：192）と考えた。われわれは、この「道徳的価値評価以前」の何ものかを本章で言う「こころ」として捉え、「情」と同義と考えたい。

　ここまできて思い出されることは、前章で見た大塩中斎の乱とその際書かれた檄文の一部である。大塩が「致し方なし」と判断し、乱を起こした理由を檄文で記したそのおもいとは、社会の不正や貧に喘ぐ市民の姿への「やむにやまれぬ」おもいであった。そして同時に、その際の無欲で湧きいずるおもいに基づく行ないは、真摯で一途な「こころ（情）」によって動かされたものである、とは言えないであろうか。こうした内なる「ひとすじの心情」をわれわれは倫理と考えたが、「こころ（情）」とは、この倫理を成り立たせている源泉にほか

ならない。そして、この「物に感ずる作用」は、そのままにしておくと「心の
うちにこめておけないような、やみがたく忍びがたい状態」（源 1973：193）に
なり、文芸作品は、それが「客観的な作用として外化」（源 1973：193）された
ものであると、源は宣長の考えを紹介している。

　宣長は、国学の四大人[13]として、国学史上最も著名な江戸後期の学者であ
る。本章でもすでに触れてきたが、宣長は、「物に感ずる作用」、つまり「物
に感ずるが、則ち物のあはれをしる也」（本居 2003：179）とし、「見る物、聞く
事、なすわざにふれて、情の深く感ずる事」（本居 2003：187）を「阿波礼（あ
はれ）」と呼んだ[14]。そして、この「あはれ」は、悲しみを表現する「哀」と
は限らず、「うれしかるべき事はうれしく、おかしかるべき事はおかしく、か
なしかるべき事はかなしく、こひしかるべき事はこひしく、それぞれに情の
感くが物のあはれをしる也」（本居 2003：189）なのである。ただ、「悲哀につい
てとくにいわれるのは、心にまかせない悲哀の場合の方が感情がヨリ深められ
るからである」（丸山 1998b：292）と丸山は指摘する。記に表れたスサノヲノミ
コト、オホアナムヂノカミ、シホツチノカミ等の他者の流涙に向けられた「こ
ころ（情）」は、「あはれ」を知るこころに満ち、そこから行なわれる営みがわ
れわれに共感をもたらす。その理由は、多くの人間が皆持っている、そして特
に、同じ歴史的・文化的な経験知を多く共有しているわれわれ日本人には、強く
その「あはれ」感に訴える力やその効果が表れるからにほかならない。そし
て、この「あはれ」感にこそ、日本的な社会福祉の「こころ」を探る手がかり
があると考えられる。

第3節　「あはれをしる」＝「こころ」の動き

　宣長によって表現された「あはれ」は、当初、歌のこころ[15]を表すものと
して紹介されている。『排蘆小船』は、宣長の初期歌論（子安 2003：348）であ
り、ここでは「歌は物のあはれをしるよりいでくるもの也」（本居 2003：176）
と述べられている[16]。そして、その歌は、すべてのこころ（情）ある者には
詠むことができる、とも宣長は述べている（「すべて世の中にいきとしいける物は
みな情あり。情あれば物にふれて必ず思ふ事あり。このゆゑにいきとしいけるもの、

みな歌ある也」〔本居 2003：177〕）。物・事に触れ、こころ（情）が動き、つまり「もののあはれ」を知り、そして歌が詠まれる。宣長は、「見る物聞く物につきて、哀れ也ともかなしとも思ふが、心のうごくなり、その心のうごくが、すなはち物の哀れをしるといふ物なり」（本居 2010：46）、また「歌は物のあはれをしるより出でき、又物の哀れは歌を見るよりしる事有り」（本居 2010：164）と述べている。こうしたこころの動きである「あはれをしる」について、宣長は、自著『紫文要領』⁽¹⁷⁾『石上私淑言』⁽¹⁸⁾のなかで詳細に述べている。

　宣長が、源氏物語の多くの記述が「もののあはれ」を示しているとして（「物語は物のあはれをかき集めて、見る人に物のあはれをしらするもの」〔本居 2010：109〕）、「あはれをしる」は、文芸作品によくそのおもいが表れると考えていた。しかし、相良が、「和歌を、政治道徳をふくむ人間世界のもろもろの営みのなかに位置づけることが彼の課題であった」（相良 2011：40）と指摘するように、宣長は、人間の営みを文芸の世界のみによって成り立つものとは考えていなかった。例えば、こんにちのわれわれをも感動させる歌を多く残している歌人のなかには、戦場では勇ましく戦い、群雄割拠して乱れた時代を生きた武人も数知れず、それらは権力を目指し、政に生きた人々であった。宣長は、「歌論が、基本的には広義の生き方の問題」（相良 2011：41）としていたのであり、「あはれをしる」もその同じ脈絡の上に位置づけていた。荒廃した時代にこそ、「こころ」への回帰のおもいは、より一層強くなることをわれわれは知っている。宣長が、「民をおさめ国をまつりごつ人は、なべての世の人の情のやうをくはしくあきらめ、物のあはれをしらではかなはぬ事」（本居 2003：289）と述べているのも、文学と政治との共通点に、「あはれをしる」のおもいがあることを指摘したものであろう。丸山によると、これは、「もののあはれを以て政治の要諦とした」（丸山 1998a：216）ことであり、「文学的精神を政治的価値基準から一旦解放しながら、進んで、今度は逆に政治的なものの本質を文学的精神のなかに求めていった」（丸山 1998a：216）ことを意味するのである。

　政治や人と人との関係のなかに「こころ（情）」を動かす場面・状況が多くあり、その事々に「あはれをしる」こころを感じ、それに基づいた営みをなすことは、いかなる立場にある人間といえども、人の常と言えるのではないであろうか。その常を常でなくしてきたのは、国民精神のなかから湧き出てきた特

定の宗教や精神的な支柱を持たなかった日本（人）の場合、外からの知識や習慣、仕組みといった、文明の影響によるところが大きかった。明治期はその影響を受けた時代の典型であると言える。宣長は、「日本人の生存を現に大過なく支えてきた秩序」（相良 2011：4）を神道に求めた。神の道を深く考えることを通して（宣長は歌論から神道論へと向かった）「神道の安心」[19]（本居 1934：87）という境地に至ったのである。この「安心」な心持ちが、日本人が古くから慣れ親しんだ自然（なすがまま）を尊ぶ神の道である。悲しむべきを悲しみ、喜ぶべきを喜ぶ、そうしたなすがままの安心した「神のしわざ」（相良 2011：299）こそが「あはれをしる」ことであり、神の道でもあった。日本人が古来、身につけ、外から侵されることなく持ち続けてきたこころのひとつ、そして、人が「自己」を忘れ「他者」にその気持ちを向かわしめる何ものか、それが宣長によって表現された「あはれをしる」とは言えないであろうか[20]。「自己と他者との同一視」（共感）から「他者」を客体として捉えだしたのは近代社会事業期に入ってからである。宣長は、「人の重きうれへにあひて、いたく悲しむを見聞きて、さこそ悲しからめと推しはかるは、悲しかるべき事を知るゆゑ也。是れ事の心を知る也。その悲しかるべき事の心を知りて、さこそ悲しからむと、わが心にも推しはかりて感ずるが物の哀れ[21]也」（本居 2010：96）と述べ、その感ずる心は「わが心ながらわが心にもまかせぬ物」（本居 2010：97）と、そのおもいのやるせなさを述べている。宣長は、ただ「善悪にかゝはらず、人情（人の情）にしたがふをよし」（本居 2010：63）とした（カッコは筆者による）。それは、例えば、スサノヲノミコト、オホアナムヂノカミ、シホツチノカミ等に表れた、流涙にたいする「あはれをしる」に基づく行ないや、大塩自身を他者に向かわせた理屈にならないおもいにほかならない。そして、その「あはれをしる」は、他者にたいする関わりや支援を動機づけている個人や社会的仕組みの根本的な土台をなす日本（人）的な古層の部分、つまり「こころ」やその動きを何よりも的確に言い表している感情なのではないだろうか。

第4節　「あはれをしる」こころと日本的な社会福祉

　ここまでの流れに沿って日本的な社会福祉（あるいは日本型社会福祉[22]）を考

えてみる。スサノヲノミコト、オホアナムヂノカミ、シホツチノカミや大塩の
とった行動が、「他者」にたいする「あはれをしる」こころに基づいた行ない
であり、その倫理は、「やむにやまれぬ」ひとすじの心情であると考えるのが
これまでの考察である。こうした「あはれをしる」こころが、こんにちの日本
の社会福祉のなかで、どのように位置づけられ表現されているのかを考えてみ
たい。

　阿部志郎は、社会福祉の哲学は、「苦しみの共有」と「分かち合い」によっ
て、それへの応答としての深い思索が行なわれる努力である（阿部 1997：9）と
考えた。そのためには呻吟に耳を傾け、その意味を学び考えることが大切であ
るとも言っている。スサノヲノミコト等は、予期しない他者の悲哀にたいし、
あえて関わりを持ち、分かち合った。この「分かち合い」は連帯を生み、また
連帯には「分かち合い」がなくてはならない。そして連帯は、「互酬」や「愛
他主義」（利他主義）を原理として成り立っている。「互酬」は「共同体を維持
する機能」（阿部 1997：92）であり、「アジアの共同体は互酬で成り立っている」
（阿部 1997：92）と考えられている。血縁や地縁による相互扶助とは異なり、未
知なる「他者」、あるいは隣人の抱く苦しみや憂、そして弱さにたいし、目を
逸らさず真摯に向き合い寄り添う姿勢が互酬や愛他主義を構成し、その礎の上
に「分かち合い」や「連帯」が広がる。阿部は、人間の強さとは「弱さを担
う」ことだと言った（阿部 1997：74）。「憂」に「人」が関わる有り様を「優し
さ」と表現するが、「他者」の存在を視野に入れ、その「他者」の苦しみや弱
さを互いに「分かち合い」、その苦しみや弱さをともに担うことが「優しさ」
を内包した「連帯」には必要なのである。こうした、とても困難な「連帯」や
「分かち合い」には、未知なる「他者」に視線を向けることが重要であるが、
これには大きな勇気が求められる。いや、求められるというよりもむしろ、自
覚なく「やむにやまれず」動かされる「あはれをしる」こころによった倫理の
力に導かれる、と考えたほうがよいのかもしれない。

　また、「愛他主義」（利他主義）や「互酬」を根本原理とする「分かち合い」
や「連帯」の当事者関係は、水平である。「他者」しかも苦悩のなかにいる未
知なる「他者」に目を閉ざすことなく向き合い手を差し出す、例えば、その流
涙に触れた際に揺らぐ「あはれをしる」こころに動かされた行ないこそが社会

福祉の行為であり、「分かち合い」や「連帯」の実践となる。そうした、苦悩や憂を分かち、弱さを担うともどもは、自ずと水平な位置関係に立たされるのである。その関係が水平でなければ苦悩をともに担うことは不可能であろう。したがって、その行為や実践は、「他者」の<u>ために</u>行為するという縦の関係ではなく、「他者」と<u>ともに</u>進められる横の関係であり、それが「分かち合い」や「連帯」の姿である、と考えられる。

　「あはれをしる」こころは、他者に目を向けさせ、そのことによって「他者」と繋がり「分かち合い」や「連帯」を生む。また、その「あはれをしる」こころは、「やむにやまれぬ」倫理に基づいており、その倫理の力が「他者」の抱く苦悩や憂、そして弱さをともに担う勇気や活力となる。社会福祉の行為や実践は、苦悩や弱さを抱える人間が、互いに「分かち合い」「連帯」し合う具体的な行為・実践のかたちである。このかたちが、最もこんにち的に表れているものにはボランティア活動があり、「やむにやまれぬ」倫理がボランティア精神、あるいは「共生」[23]の精神である。そして、ボランティア精神を成り立たせているものが「あはれをしる」こころである。われわれは、このこころの存在と、このこころの存在を（例えばボランティア活動のような）具体的なかたちで認識できる場所である地域（社会）に住み、そして、その地域（社会）を繋ぎ成り立たせている連帯感（もっと広い意味での社会的な連帯感も含めて）をより強固なものに育てていかなければならない。その理由は、こうした一連の繋がり（こころ－連帯－地域）のなかにこそ、日本式社会福祉の精神的な体系を見出すことができる、と考えるからである[24]。そして、こうした精神的な体系に関する考察こそが、こんにちの社会福祉にとって、将来に向け急がれる課題のひとつとして残されているのではないだろうか、と考えている[25]。

おわりに

　第1章・第2章の論考では、社会福祉の倫理を考え、そして本章では、倫理の土台をなす「こころ」についての考察を行ってきた。こうした課題に取り組むにあたっては、なお一層の議論考察が進められなければならないし、こんにちのように社会福祉の体系が精緻に展開している時ほど、改めて足下を見つ

める意味も込めて、こうした取り組みは重要になってきていると思われる。かつて、丸山真男が指摘したように、日本人の「『いま』中心史観」（丸山 1996a：201）は、少なくとも社会科学の世界では適切ではない。

　ここでは、最初に指摘した四つの問題について改めてまとめてみたい。

　①古事記に見られる「他者」にたいするこころについては、スサノヲノミコト、オホアナムヂノカミ、シホツチノカミが、偶然に接した他者の流涙にたいするその態のなかに、日本の古典に表れた悲哀に接した際の弱さに寄り添う日本人のなかにある「何ものか」＝「こころ」の存在を知ることができた。

　②①で確認された「何ものか」の存在である「こころ」については、国学者としての宣長が重用視した「情（こころ）」を見出し、その「情（こころ）」が、「ひとすじの心情」である倫理（やむにやまれぬおもい）を底から支える源であると考えた。宣長は、この「情（こころ）」の動くさまを「阿波礼（あはれ）」と呼んだ。

　③「あはれをしる」と「こころ」について考えた。宣長の著書に描かれた「あはれをしる」という自然なこころの動きこそが、神の道であり、日本人が古来、身につけてきた「こころ」のひとつであることを知った。こうした「あはれをしる」は、文学や政治、そして人と人とのあらゆる関係のなかに見られ、「他者」にたいする関わりや支援を動機づける土台を形成しているのではないだろうか、と考えた。

　④「もののあはれ」を基にして、日本的な社会福祉について考えた。日本には古の時代から、「あはれをしる」こころの動きに基づく他者との関わり方があり、それは悲哀という場面では特に顕著に表れた。しかし、その関わり方は、決して広い人間関係にわたるものではなく、地理的には近隣者というごく近い関係者間が主ではあった。同じ地域、同じ土地、同じ国土に住む日本人は、「分かち合い」や「連帯」という水平な関係によって「他者」の弱さを担い合う。ボランティア行動は、その行ないが、こんにち的によく表れた実践である。そして、「やむにやまれぬ」倫理は、ボランティア精神や共生（きょうせい）精神に見ることができる。

　本章では、社会福祉の論理と倫理という大きな課題を超え、「こころ」の領域にまで踏み込んだ。課題が大きくかつ難解であるがゆえに、おそらく管見との批判もやむをえない。

註

(1) 津田左右吉は、われわれの民族には「商業が進歩しないために市府も起こらず、戦争が少ないために城郭も発達しないので、民衆の間に公共生活の習慣が養われず、従って<u>公共精神</u>が発達しなかった」（津田 1977：33）が、「記紀の歌謡の中には、……公共的生活の無かった我が上代人の間にも、幼稚で素朴な<u>私人的感情</u>を歌った民謡は太古から有ったに違いなく」（津田 1977：57）と指摘し、社会性・公共性を持った「精神」や「こころ」と、私的な「感情」や「こころ」との存在区分を明確にしている（下線は筆者による）。

(2) 日本書紀（以下、「紀」と言う）では、神代上第八段で登場する（井上 1994：90）。

(3) 紀ではこの場面は登場しない。

(4) ソラツヒコ（虚空津日高）とはホオリノミコト（火遠理命）のことを指す。

(5) 紀では、神代下第十段で登場する（井上 1994：160）。このときシホツチノカミは「我、汝命ノ為ニ、善キ議作サム」と、弟のホオリノミコトにたいして使命感のような感情を示している。

(6) 2011年3月11日に発生した東日本大震災には当初、全国から多くの個人レベルのボランティアが参加していたが、それも長くは続かなかった。また集合体としての自治体レベルの支援は遅々として進まない状況にあった。個が公共に発展することがほとんどなく、また、広域な自治体規模からの支援もあまり行なわれなかった。

(7) 丸山（1998b：61）の言う「人格倫理」と「共同体的倫理」の乖離した状態。

(8) 伊藤博文は、1888（明治21）年6月18日、枢密院にて行なった明治憲法草案審議開会の演説のなかで、次のような指摘を行なっている。それは、「我国に在ては、宗教なる者其力微力にして一も国家の機軸たるべきものなし。仏教は一たび隆盛の勢を張り上下の人心を繋ぎたるも、今日に至ては已に衰退に傾きたり。神道は祖宗の遺訓に基き之を祖述すとは雖、宗教として人心を帰向せしむるの力に乏い」（瀧井 2011：18）。この演説によって伊藤は、皇室をもって日本の機軸に据え、明治憲法の必要性を説いた。わが国では、こうした、かつて宗教のような精神的な拠り所を否定した一時期があった。

(9) もともと鎌倉時代から続く日本学（倭学）の精神的伝統を継ぎ、徳川時代の中期に起こった国学は、特に賀茂真淵（1697-1769）のとき、儒教排斥の傾向が強まった（石田 1970：22）とされる。

(10) 「日本には復古史観もなければ、目標史観というのかユートピア思想もなく、絶えず瞬間瞬間のいまを享受し、その瞬間瞬間の流れにのっていく。したがって適応性はすごくある」（丸山 1996a：201）。

(11) 丸山は、「国学などは自分では『古層』の思想的自覚を以て自ら任じていたけれど、実際はたとえば、宣長学が徂徠学の刺激なしには考えられないように、純粋の『古層』とはいえないのです。ただ国学は『古層』を考察する素材としてはきわめて貴重な貢献をしました」（丸山 1996b：150-151）と述べている。

(12) 宣長は、「意」や「情」を「こころ」と訓読みし、「意」と「詞」、「情」と「欲」という対比のなかから、「こころ」の持つ本質性を強調している。例えば、「意」と「詞」については、「まず情をもとめ、さて詞をととのふる也。このときにあたって、情をもとむること先にあれども、じたい情はもとむるものにあらず。情は自然也」（本居 2003：58）とし、また「情」と「欲」については、「歌は情の方より出で来る物也。これ情の方の思ひは、物にも感じやすくあはれなる事、こよなう深き故に。欲の方の思ひは、一すぢに願ひもとむる心のみにて、さのみ身にしむばかりこまやかにはあらねばにや」（本居 2003：58）としている。

(13) 荷田春満、賀茂真淵、本居宣長、平田篤胤という系譜は、「維新当時、古道（復古神道）的側面のみを重視する平田篤胤の弟子大国隆正らよってつくられた」（源 1973：178）。

(14) 宣長の「阿波礼（あはれ）」については、1758 年、宣長自身によって記された「安波禮辨」がある。それによると宣長は、ある人に「物のアハレ」について問われ、「フト答フベキ言ナシ」と回顧している。宣長自身も「物のアハレ」については、明確な考えを持ち合わせていなかった。そして、「ナヲフカク按ズレバ、大方歌道ハアハレノ一言ヨリ外ニ餘義ナシ」「スベテ和歌ハ、物のアハレを知ルヨリ出ル事也」（本居 1969：585）とした。

(15) 子安宣邦によると、阿部秋生は「『物の哀れ』とは歌人であると自任する宣長において構成された『歌の本意』をなす概念だ」（子安 2010：220）と述べている、と指摘する。

(16) 『排蘆小船』（1757）には、「物のあはれ」という言葉は本文に一度出てくる（相良 2011：49）。

(17) 『紫文要領』（1763）は源氏物語論として 1763 年に著されている。

(18) 『石上私淑言』は、歌論『排蘆小船』（1757）の改訂版として 1763 年頃に著されている（相良 2011：37）。

(19) 宣長は、「神道の安心」について、「儒佛等の習気有ては、真実の道は見えがたく候故、是を洗ひすて候こと」（本居 1934：88）を第一義としている。

(20) 相良は、「『物の哀をしる』を人倫の場に持ち込めば、それが他者の情への同情共感として説かれることは、もっとも自然のことである」（相良 2011：109）と述べている。

(21) 子安宣邦校注『紫文要領』凡例によると、「宣長は『物の哀れ』『物のあはれ』あるいは『もののあはれ』と自由に表記している」（本居 2010：6）ということである。

(22) 「日本型社会福祉」という言葉は、1973 年の第一次石油危機以降の低成長期に閣議決定され、1979 年に発表された「新経済社会七カ年計画（答申）」のなかで使用された。ここでは、「緊縮財政・行財政改革・日本型社会福祉論」が以降の日本社会には重要な視点として取り上げられ、社会福祉のこれからのかたちが家庭や社会連帯の下で行なわれることの必要性が示唆された。

(23) 「共生」について高田真治は、社会福祉の「愛知的基盤」という観点から考察している（高田 1999：48-64）。高田によると、共生思想は、①「人とモノ」、②「人とイキモノ」という範疇に大きく分類ができる。さらに、①は「人と機械」（テクノロジー）、「人と自

然」（エコロジー）、②は「人と動植物」（ドメスティケーション）、「人と人」（ノーマライゼーション）に分けられる。社会福祉では、人と人の共生（ノーマライゼーション）が「共に生きる」という愛知的基盤を持つと説明している。

(24) 吉田久一は、日本型社会福祉を探る場合の方法として、①日本特有の文化的パターンから「日本型」社会福祉を検討する方法、②「日本型」機能主義に基づく地域福祉や各種の処遇方法を現在に適応するように再編しながら「道具立て」として使用する方法、があると考えた（吉田 1981：437）。本章における日本的な社会福祉を考察する方法は、①の方法に近い。

(25) 高沢武司は、社会福祉の論理と倫理の問題について、20 世紀後半からの変化を見ると「コミュニティの中に形成される倫理の『分母』となるべき共感によって合成された基礎的論理（知恵と倫理の複合体）」（高沢 2005：34）と指摘した。高沢がここで言う「基礎的論理」の背景には、20 世紀の最終盤から始まりこんにちに続く「再発見日本」という国民的風潮がある。

第4章

国家 (公) の成立と情 (私) の管理
——社会福祉の論理と倫理の様相——

はじめに

　本章では、まず第2章で行なった社会福祉の論理と倫理の考察について、簡単に整理することから始め、研究の継続性を確認しておきたい。

　江戸末期の1837年、大坂で起きた大塩の乱は、その首謀者である大塩中斎 (平八郎) の儒教 (陽明学) 思想に支えられて行なわれたものであった。それは、「無私な欲のない」純粋倫理的心情に裏打ちされた行為である。そして、この心情の根底には、天保期に続いて起きた飢饉や凶作等を原因とする人々の生活苦や生活不安に向けられた大塩の「やむにやまれぬおもい」を伴った他者救済性があった。われわれはこれを、「人間の自然の性情の動きのナイーブな肯定＝やまとごころ」(丸山 1998a：209) として理解し、論考では「あはれをしるこころ」として考察した (島田 2013：69-81)。

　大塩の行ないは、その心情の純粋性という点では倫理的であった。しかし、その行為は、社会への波紋や周囲の人々に及ぼす影響を考えるとそうではなかった。われわれは、大塩が、自身の「やむにやまれぬおもい」の発露として、社会的にはまだ他にとるべき方法が存在しないなかで行なったその行為を、実践倫理的行為と考えた。幕末の混沌とした時代的背景のなか、こうした行為は、他にも多く行なわれていたと想像できる。まだシステムとしての公的な救済手段が皆無な環境下にある社会は、多くの問題事象を前に、あまりにも無力であり、いち個人のなかにある、そうした様々な不安に向けられた倫理

的おもいだけでは、あまりにも微力であった。大きなひとつの問題事例にたいし、その解決策を探る行ないは、個人の、一見不道徳と思える行為によってしか打開策が見出せない時代的状況下で行なわれていた。社会的諸問題に向けられた個人的ではあるが社会性を帯びた倫理観と、システムとしての公的な救済等の論理とが、未分化なかたちで存在していたのである。

　本章は、これまでのこうした考察の沿革に位置し、ここでは、社会福祉の論理と倫理の分裂し始めた時期を明治後期に設定した。幕末から明治にかけ、わが国は、国家の建設とそのために必要な憲法の制定を急いだ。そこで、まず、その経緯の概略を押さえながら、わが国が、国家の概念理解の上で参考としたと思われるドイツ国家学の重要な理念的柱である有機体観に触れ、明治後期に至り考案されたと考えられる公的救済制度について、当時、わが国の救済行政を国家官僚として担った井上友一の著作『救済制度要義』(1909) を参考にしながら考えてみたい。そして、最後に、こうした考察を踏まえた上で、本章の目的である社会福祉の論理と倫理についてまとめ、次につながるヒントを探りたい。

第 1 節　国家理念の構想

　公的救済は、その主体的源としては国家が想定されている。国家による公平・公正な救済が、「救済」という機能の持つ本質であると考えられるからである。ここでは、国家という構想が、わが国では、いつ頃から具体的に考えられてきたのかについて考察してみたい[(1)]。江村栄一によると、「国家」に関する具体的構想は、幕末から明治期前半頃にかけて、その動向が顕著に表れ始めているようである。ここでは、江村 (1989) によって著された『幕末明治前期の憲法構想』[(2)] を参考としながら、国家構想の概略について見ることとする。

　幕末から明治期前半にかけてわが国は、こんにちのわが「国」を見る上で極めて重要な時間軸をそこに据えた。なかでも国家構想や憲法構想、国会構想等は、日本人がそれまでまったく経験したことのない概念的枠組みであることから、欧米諸国からの知識の吸収に大きく依存するかたちで、その考察は進められていった。国家の概念に関して見るならば、明治維新前年に著された二つの

国家構想である「日本国総制度」と「議題草案」が、わが国の国家構想案としては最も古いものとされている（江村 1989：447）。前者は津田真道、後者は西周によるものであり、ともに幕府護持をねらいとする内容になっていた（江村1989：447）。

　また同じ 1867 年には、坂本竜馬によって国家構想を記した「船中八策」[3]が起草されている。このなかで坂本は、上下両院の設置と憲法構想を描き、これらの八策を断行することで、国勢が拡張し世界と肩を並べることも難しくないと考えた。

　さらに時期を同じくして、海援隊の「檄文」が著されている。ここでは、「船中八策」よりも詳細に国家の中身が記されており（江村 1989：447）、近代的な国家構想が提起されていた（江村 1989：448）。それは人民主体による民主的国家統治の発想であった。

　1868 年頃には、坂本竜馬作とも長岡謙吉作とも海援隊作とも言われている[4]「藩論」の存在がある。このなかでは、国家は人民の意向に基づいて統治されるべきであるとする、これもまた極めて民主主義的な発想が見られた[5]。

　1989 年 5 月現在までに調査された大日本帝国憲法以前の憲法構想（ここで言う憲法構想とは、国家構想、国会構想をも含む）は 66 件に及び（江村 1989：438-441）、国内から世界に目を向け、国家や憲法、国会といった西洋の仕組みについて大いなる構想を抱いていた日本人が、少なくともこの時期、民間のレベルから輩出していることがわかる。しかも、それらの多くは、人民主体をその基本的な理念としている点に特色がある。

　一方、明治政府内では、同じ 1868 年、政治の最高官に就いた岩倉具視や三条実美、岩倉の下で制度立案にあたった江藤新平等によって、政体の確立とその基となる国体の必要性が主張され始めていた。「国法会議の議案」（以下、「議案」と言う）[6]は、江藤が、「国家の根本となる国法の箇条を国法会議の議案としてとりまとめたもの」（江村 1989：450）である。ここで言う国法とは、「今日の憲法よりも広い内容を持つもの」（江村 1989：450）であり「『根本法律、経綸立法、刑法、治罪法、税法、雑法』よりなるもの」（江村 1989：450）であった。また、この議案では、上院や下院についても述べられ、議院理念の考察も行なわれていた。1871 年の太政官制の改革後、左院[7]が置かれて以降は、下議院

の設立、「国会議員規則」の作成、国憲編纂作業等、国の体制づくりが進められていくが、1875年の左院廃止で行き詰まることとなった。

維新前後は、民間や政府機関によって、国会や国家、憲法等に関する議論や考察が盛んに行なわれ、少しずつその枠組みをあぶり出そうとしていることが、この時期に著された様々な文章から窺い知ることができる。こうした情勢にひとつの刺激剤となったのが、1874年に出た「民撰議院設立建白書」である。江村は、本建白書の歴史的意義を「自由民権運動の出発点」（江村 1989：452）としているが、民衆運動としての性格を持つ（江村 1976：2）この波動は、憲法成立のためには国会が必要であり、国会は国民の意思によって選ばれた人々によって設立されねばならない、といった気運をもたらしたと考えている。この時期の国会開設運動の潮流は、政府にたいする「国会開設建白書・請願書が137件（うち36件は原文不詳）」（江村 1989：456）提出されていることを鑑みると、少なくとも民間レベルで先行して進み、憲法制定、国会開設への国民的意識の高まりになったと考えられる。そして、その熱気は、国民を自ずと国家や国体といったさらに五里霧中な議論のなかに導びいていくこととなったと推測される。

明治政府は、1876年、左院からその機能を受け継いだ元老院が、勅命によって憲法編纂に着手し、1880年には「国憲」（第三次案）を完成させている（江村 1989：482）。しかし、その内容は民主的なもので、当時の明治政府が敷こうとしていた官僚体制からははずれる内容になっていた。その影響もあって、お蔵入りとなったこの案ではあったが、その内容が密かに遺漏し、世間を騒がせることもあった[8]。

翌年の1881年には、大隈重信等によって「国会開設奏議」が提出され、岩倉や伊藤博文等の政府を震撼させた。その理由は、この内容が、国会の早期開設（1881年度中に憲法を制定・公布）と英国をモデルとした議員内閣制の主張を行ない、藩閥政治を批判するという急進的な内容を持っていたからである（加藤ほか 1989：217、江村 1989：482-483）。結局、大隈は、「明治14年の政変」によって罷免され、明治政府は、1890年の国会開設とそのための欽定憲法公布を約束することとなる[9]。その結果として、憲法制定作業は、政府側の岩倉、伊藤、井上毅等によって進められることとなる。同じ1881年には、岩倉は、

明治政府の憲法起草の土台となる「憲法綱領」の意見書を作成し、のちに伊藤による明治政府の憲法政府草案の中身の基礎を作った[10]。そうした状況のなか、伊藤は、1882 年 3 月から「欧州各立憲君主国ノ憲法ニ就キ、其淵源ヲ尋ネ、其沿革ヲ考エ、其現行ノ実況ヲ視、利害得失ノ在ル所ヲ研究スベキ事」（江村 1989：485）を目的として、ヨーロッパに憲法視察へと赴くこととなった[11]。そして、そのとき、伊藤が欧州で知得した考え方が、国家を有機体と見る考え方であった。

第 2 節　「人体質」としての国家

　伊藤は、1882 年 3 月から約 9 ヵ月間にわたり、当時のドイツやオーストリアに滞在し、憲法のために調査研究を行なっている。その期間のことに関する研究には、多くの先行する文献があるが、ここでは、清水伸（1939）『獨墺に於ける伊藤博文の憲法取調と日本憲法』と、瀧井一博（1999）『ドイツ国家学と明治国制—シュタイン国家学の軌跡—』をおもに参考としながら見てみたい。

　伊藤は、ヨーロッパ滞在中、三名の学者から憲法学の講義を受けている。ドイツでは、ベルリン大学のグナイスト教授とその弟子モッセ、オーストリアでは、ウィーン大学のシュタイン教授から学んだ[12]。伊藤は、特にシュタインから大きく影響を受けた。その理由は、当時、明治政府が、国家建設、憲法制定において特に重要視していたのが、天皇の大権護持という視点であったからであり、ドイツ流の議会制を採用することでそれが可能となり[13]、なかでもシュタインの講義からは、その心髄を得ることができた、と考えられている。のちに伊藤は、「スタインを天皇陛下の名において最高の礼遇をもって迎え、制憲の師」（明治神宮 1980：359）とすることを日本政府に進言することまで行なっている[14]。このことからも、いかに伊藤が、シュタインに大儀を抱いていたかがわかる。

　伊藤を、これほどまでに感動させたシュタインの学識は、例えば、ヨーロッパ滞在中に受けた講義内容[15]にもあるだろうが、シュタインとの初対面の際（1881 年 8 月 8 日）、伊藤が聞いた「立憲君主国たるものの採る可き憲法上の大

方針」（清水 1939：58）に関するシュタインの所見によるところが大きいと思われる。このとき、伊藤の心を捉えたシュタインの学識への畏敬はその後も続き、「憲法的確信とも云う可き不動の理論」（清水 1939：59）を構築することへの自信を得たものと考えられる[16]。

　シュタインの講義は、1882 年 9 月 18 日から始められ、同年の 10 月 31 日まで合計 17 回行なわれている。本章の趣旨に沿ってシュタインの講義を見ると、以下の二点が注目できる。

　①国が人体質の性質を持っているとしている点。

　②国の強さは国民の豊かさに基づいているとしている点。

　シュタインは、9 月 18 日の講義のなかで、国の人体質としての要素（良知・意思・動作）を次のようにあげている。それは「良知ハ君主ノ存スル所、即チ我ト云フノ代名詞ヲ以テ邦國ヲ表彰スヘシ。故ニ國主ノ意思心志ハ邦國一切ノ動作を統一ニシテ、邦國人体質ノ思想ヲ表スル」（大博士斯丁「氏」講義筆記第一編、1882 年 9 月 18 日）と説明している点、そして、国主とは王室であり、王室は「國統一ノ義」を持っているとしている点、王室はわが国の皇室にあたるとしている点である。天皇大権の護持を構想していた明治政府側としては、天皇の立場は絶対とするこの考え方を喜んで受け入れたに違いない。

　また、シュタインは、13 回目の講義のなかで、国家の経済と国民の経済について、これらはまったく異なるものとして説明しながらも、「邦國ノ強、実ニ國民ノ豊富ニ存ス（国の強さは国民の豊さにある）」（清水 1939：316）と説明している。この時期、諸外国に様々な面でおくれをとっていたわが国は、強い国家を目指して多くの外国知識を吸収していた。富国は、わが国にとって最大の目標になっていた。そのためには国民一人ひとりが大切な要であり、そのひとりの国民をおろそかにする国家は、強くなるための条件が欠落することになる。こうした発想は、おそらく当時の明治政府の要人にはなかった考え方なのではないだろうか。

　国を生きた人体質の性質を持つものとして説明し、だからこそ、その国を構成する国民一人ひとりを大切なものとして考える発想は、シュタインの講義を通して、伊藤等の頭に吸収されていったと考えられる。1887 年 7 月にシュタインから講義を受けた海江田信義は、このとき受けたシュタインの国家に関

する講義の内容を絵に描き残している（瀧井 1999：224）。それを見ると、頭部には神祇官が置かれ、胸部には政府が置かれ、両腕には上院・下院、内務・外務、海軍・陸軍が置かれ、両脚の太ももには農務・商務が置かれ、膝から下に人民が置かれている[17]。そして、その図面の脇には、海江田によって、「上下血脈一徹。一身同體國ノ如し」と記されている。海江田の理解のなかには、国家を構成する各行政機関と国民とが、立場は異なるが同等の国家構成機関として描かれていたようである。確かに、シュタインは、国家がその意志を実現するためには、国君や立法部以上に行政が重要であると考えていた（瀧井 1999：195、197 参照）[18]。

　こうしたシュタインの、国を人体質を持つものとして捉え、考え、たとえその構成が、行政機関や軍組織等を中心とするものであっても、それらの機関同士がその意志を伝達し合い、それによって他の機関が動作するという、その働きや仕組みについて、具体的に説明しようとする試みは、こんにちのわれわれが、「公共」や「救済」の仕組みについて考えようとする際に、多くの示唆に富んでいる。

　シュタインは、伊藤等に、立憲制の説明を行なうなかで、憲法を最上に置き、その規定する内容にしたがって、国を構成する国君（君主）・立法部（議会）・施政部（行政）等がそれぞれの意志を伝達し合い活動するイメージを伝えようとしたと思われる。憲法は、そうした規矩の役割を持っていることを説明したかったのだと考えられる。

第3節　有機体としての国家の説明

　シュタインの講義録には、「有機体」という文言は見当たらない。しかし、シュタインの国家学者としての側面（シュタインの学問活動は多方面に及んでいた）からその言説を見るとき、つまり、大日本帝国憲法を作成する上で伊藤が吸収したシュタインの学識は、シュタインが生きた19世紀のドイツ国家学説である国家有機体説からの影響力が大きいと考えることに、さほどの難しさはないであろう。

　小林孝輔（1958）「国家有機体説小論—J・K・ブルンチェリの理論を中心と

して―」によると、国家有機体説とは、「国家の出現たるや人間の意思や創意から独立したものであり、国家は生命・運動・成長をそれ自身において主体的に営む自然体」と説明している。また、この考え方の萌芽は、古くは哲学者プラトンの時代にまで遡ると紹介している（小林 1958：304）。

　こうした国家有機体説は、19世紀のドイツ憲法学理論の礎を作り、わが国が大日本帝国憲法を起草する際、シュタインを通してその多くが伝えられた。そして、わが国最初の憲法における理念的土台のひとつに、この学説は据えられたのである。

　シュタインは、講義のなかで、「國必ス人體質ヲ具有シテ而して後チ方サニ能ク活動スルコトヲ得」（大博士斯丁氏講義筆記第十三（二）編、1882年10月24日）としている。三要素を持つ人体質については説明はあったが、シュタインが伝える国家の有機体としての性格は、国家の人体質についての理解を助け、その理解の過程でわが国に伝えられたと考えるべきである。

　嘉戸一将は、有機体に関する説明として、カール・シュミットによる七つの要素を紹介している（嘉戸 2010：11）。それは、①非機械的、②非外発的、③非上意的、④非強制的、⑤非原子論的・非個人主義的、⑥非分立主義、⑦人々の能動性や創意の否定、である。①非機械的とは、国家を道具とする考え方の否定、②非外発的とは、君主は国家より下であり、国家の機関となる、③非上意的とは、国家は支配者の命令ではなく、「全員の共同意思」に基づいて存立し、「下から構築される」、④非強制的とは、闘争や一方的な決定は否定され、討論や妥協などの自由主義的な政治が促進される、⑤非原子論的・非個人主義的とは、団体主義の賞賛のことであり、⑥非分立主義とは、連邦主義などが否定され、また多党制国家なども否定される、⑦人々の能動性や創意の否定とは、「あらゆる種類の歴史主義。政府中心主義・静観主義に奉仕」（嘉戸 2010：11）することを意味していた。つまり、「国家有機体説は国家の単一性を前提とする」（嘉戸 2010：11）ものであり、「中央集権制を正当化する立憲君主制のイデオロギー」（嘉戸 2010：11）だったのである。このことは、しかし、個の否定あるいは軽視に繋がる考え方でもあった[19]。

　国家の歴史や政治的な背景の異なるドイツ憲法学理論、そして、その理念的土台を、わが国がそのまま導入することに限界はあった。その上で伊藤等

は、シュタインの憲法学理論やその理念から、大日本帝国憲法を作成する上で利用できる中身だけを利用し、そうでないものは無視あるいはかたちを変えて導入しようしたことがあったと推測できる。シュタインが、伊藤からの日本への招聘にたいし、それを丁重に辞退した書面のなかでも、「各國の立法府は、其原由沿革を考究したる後に非ざれば、之を自國に適用する事なし」（明治神宮 1980：363）と述べているように、シュタイン自身も、憲法作成にあっては、国の歴史性重視を強調してやまなかった。わが国にもたらされた外国産の国家有機体理論、それによって枠組みされた日本の国家概念が、たとえ嘉戸の言う「逸脱した有機体説」（嘉戸 2010：15）による枠組みだけの「国家概念の迷走」（嘉戸 2010：15）であったとしても[20]、時の明治政府の要人等は、天皇を柱とした国家づくりという大役は、ひとまず果たした、と考えたかったに違いない。

第4節　国家有機体理論による公的救済

　国家有機体理論から少なからず影響を受けた大日本帝国憲法が公布された時代は、数年後から始まる日清戦争のための多くの火種を内包する社会状況下にあった。原始的蓄積の上に成り立つ産業革命[21]を経験していたわが国は、日本資本主義体制を確立しようとしていた。その経過のなかで生み出された貧困[22]という事態は、明治政府も無視することのできない社会的問題になっていた。

　吉田久一は、わが国の原始的蓄積期を 1873 年前後から 1894 年前後とし（吉田 1993：163）、そのあいだに生み出された貧困の要因を、貨幣制度の全国的統一、地租改正、旧武士の秩禄処分、官業払い下げ等と分析している（吉田 1993：166-167）。こうして生み出された多くの窮乏層は、特に地方の農村で著しく、かつその流出が、都市部の貧困層を拡大する遠因にもなっていた。1874 年には恤救規則が公布されていたが、この時期の下層社会を構成する多くの人々には、ほとんど無力であった。

　また、わが国の社会問題の起点とされる日清戦争（吉田 1993：224）以降、日露戦争あるいは国内でそのあいだに発生した濃尾大地震（1891）、三陸大津波

（1896）、東北大飢饉（1905-1906）等の天災が、国民生活をより窮乏に陥れ、日本社会を不安にさせた。それは、貧困という資本主義的必然の上に成り立つ、「軍需産業・準軍需産業の勃興、それに比し一般平和産業の縮小・不振、そこから労働者の転職・失業、そして国民生活に生活物資の騰貴と実質賃金の低下」（吉田 1993：239）といった、危うい社会状況を土台とする脆い日本型資本主義社会の重層構造からくる国民生活の危機である。日清・日露両大戦による国力の疲弊、国民生活力の低迷、天災が社会に及ぼした不安感等は、経済的沈静を招くことにもなった。

　こうしたことを背景に、明治政府も、社会的問題化していた貧困問題にたいし、1874 年以来の施策を見直さないでは済まされない立場に追い込まれていった。例えば、恤救規則適用の基準緩和（内務省 1897）、窮民法案の企画（内務省 1898）、罹災救助基金法の公布（内務省 1899）、感化法公布（1900）、地方局府県課における救済行政担当の嘱託設置（1900）等の取り組みは、こうした事態に対応したものだった[23]。

　この時期、明治政府内部で救済行政をおもに担当していたのが、内務官僚井上友一（1871-1919）[24]である。井上は、その学殖を、『救済制度要義』に著している。

　井上は、「近世の救済制度は風気の改良に重きを置き精神的要素の救済を以て寧ろ時弊根治の上策」（井上 1953：443）と考えていた。「社会の各員をして凡て貴賤貧富を問わず均しく道義の観念と相互の敬愛とを発揮せしめ」（井上 1953：447）ることを重要と考え、「公共的精神」（井上 1953：447）を最良の「社会問題の要」（井上 1953：448）だとした。

　つまり、「救貧なり防貧なり苟しくも其本旨を達せんと欲せば必らずや先づ其力を社会的風気の善導に効さゞるべからず」（井上 1953：2）と考えた井上は、1908 年、感化救済事業講習会の開催や中央慈善協会の創立に貢献（小川 2007：181）するなど、貧困にたいする国家の公的な義務救助を排し、自助を基調とした感化教育や慈善救済（事業）を奨励した。

　井上の救済哲学に国家有機体理論を感じる部分は、『救済制度要義』終盤に見られる、以下の箇所である。少々長い引用になるがここに記す。

　「吾人が我邦に於て社會の風化を目的とする諸般制度の整備を唱ふる所以の

ものは啻に國民各階級の間に於て融和協同の美風を成さんことを欲するのみに止らず更に進んでは社会の各階級を通じて良國民に必要なる一般風気の興起に努め以て國運の発達を翼けんとを期するに在り。夫れ<u>國家の興振は國民の實力社会の風気奈何に存す</u>[25]。殊に一國の文化に最尚ぶべきものは其國民が公共の道義に富み高尚秀美の生を全うするに在るや固より言を須たず」（井上 1953：453）（下線は筆者による）

　井上の発想は、まずは全体つまり国家（公）が優先し、そのためには良好な個（良国民）が多くなくてはならない、という点にあった。良好な個は、国家による上からの救済によって生まれるのではなく、個々の国民の内なる力が作るものである、と考えた。ところが、だからといって、国民一人ひとりを注視し、その憂いに手をさしのべるのではなく、あくまでも「公利公益より達観」（井上 1953：454）することは譲らない公僕であった。

　こうした救済行政における国家主義あるいは全体主義的傾向には、当時の時代的影響も色濃くあったことは否定できない。例えば、1904 年に起きた日露戦争を機に公布された下士兵卒家族救助は、国費によって軍人家族を救助することを内容とする公的救助義務主義（仲村・一番ヶ瀬・右田 2007：173）を採用していたように、同じ国民の救済でも軍人を優先した立法化などは、国益優先あるいはそのための体制整備に力点が置かれていたとも考えられる。

　しかし、井上は、「日本独自の救済制度」（吉田 2004：206）を考えていた。それは、国家による救貧は、日本の家族相助・隣保相助を傷つけるため、あくまで国の義務救助は否定し、それに代わり、日本的な国民の自助による方策を重要とする施策である。こうした井上の目線は、救済行政を司る官僚の視点というよりも、教育行政を担う官僚のそれに近いものを感じる[26]。そして同時に、まもなく登場する「社会連帯」の概念が、このときの「家族相助・隣保相助・人民相互の情誼」の軌道上にあるのではないかと考えると、この時期の井上等官僚による救済行政手法のもたらしたものは、結果として情（私）の誘導・管理にほかならないのではないか、とわれわれは考える。さらに言えば、この時期が、社会福祉の論理と倫理の分水嶺にあたるのではないかということである。

第5節　社会福祉の論理と倫理
（国家〔公〕優先主義と 情 〔私〕の誘導・管理体制）

　本章冒頭で触れた「個人的・社会的倫理観とシステムとしての公的な救済等の論理」は、国家という枠組みが形成される過程で分裂し、個人的倫理観は国家的共同体的倫理観に組み込まれ、「家族国家的有機体観」（吉田 1974：132）の下で次第に公的な制度枠組みとして理論化されていく、とするのがわれわれの考えである。それは、大日本帝国憲法構想の上で参考にされた国家有機体説を哲学的バックボーンに据えた国家概念を説明する際の国家行政側からの「公」思想を第一義とし、その立脚地から「私」を大きな前提とする「 情 」の管理あるいは誘導といった強引な手法が、救済施策のなかでとられたことを意味している。

　「家族相助・隣保相助・人民相互の情誼」に基づく救済場面は、それまでの日本社会では、地域や家族のなかで行なわれ（相互扶助）定着してきた伝統的な場面や有り様である。ところが、個人レベルでの脱出が困難かつ甚大な規模の貧困といった、公による要救済状況にたいし、また、その介入を検討するにあたり、国家がその伝統的な手法を改めて持ち出し強調する思惑には、国費による救済が惰民を生み、ひいては国民の「風気の改良」「精神的要素の改良」（井上 1953：442）を妨げる事態を危惧するという、国家あるいは官僚による、資本主義社会を背景に持つ権力集中志向の片鱗をそこに見ることができる[27]。このことは、国家概念を形成する際に用いられたドイツ国家学説の理念的支柱である有機体理論が、救済法立法化のなかでも援用され、「個人は全体の一部」の理解が、公的な目的のためには「国家という有機体は個々人を法的に誘導・管理することは許される」[28]という逆説的拡大解釈の下で法的拘束力[29]を持つに至った、という点にも当てはまる。

　貧困という社会的問題を前にして、国家が救貧立法化を行ない、その解釈に際し、国民個々の窮乏状態はお互いの「人民同胞の情」（小川 2007：134）によるべきであり、国家の責任において行なわれるものではない、とする立場をとることは、国家による救貧理論のいち個人の持つ救貧倫理への介入、あるいは管理・誘導[30]の色彩を持つ、家族と国家を一体と見なす 縦 説横説な発想とは

言えないであろうか。われわれが、社会福祉の論理（公的な支援の必要を裏づけるための理論的な説明）と倫理（劣弱な状態に向けられたいち個人の抱く「あはれをしる」こころおよびそれに基づく行ない）の分裂点を認めるのは、まさにこの地点においてである。

　われわれは、ここでは、個人の持つ倫理的救貧観が、国家による救済に取って代わられることを悪としているのではない。時代が、家族や隣人による 情 を礎とする日本式倫理観を否定あるいは置き去りにしているという点に警告を発しているのである[31]。

　また、やや視点は異なるが、吉田久一による次のような指摘もある。それは、社会事業（社会福祉の旧態）の「国民化」という側面からの課題である。

　吉田は、「家族制度・隣保制度の残存が、社会問題の国民生活的創出を阻害し、その対策である社会事業に国民的視点を与えることを阻んできた」（吉田1967：5）と、われわれが、本章で述べている 情 の存在が社会事業の国民化には望ましくないという考えを述べている。そして、「社会事業における第一次感情である家族制度や隣保制度を精算し、社会事業を論理的社会科学の時点（ママ）で受け止めること」（吉田1967：6）が、社会事業の国民化には重要であると考えている。

　社会福祉を 一般化し、国民生活のなかで根付かせ、ひとつの科学として昇華させることは、日本の他のあらゆる領域でも、求められた時代的状況はあった。明治期は、国家の政策として富国化が進められ、世界進出が叫ばれた時期でもあった。社会福祉も近代化、科学化、社会事業からの脱皮、学問体系化が、重要な課題として取り上げられる必要性が出てきた。その流れのなかで、私的感情や個人的なおもい等は、客観性、論理性、近代性、国民性といった諸科学の持つ諸要素とは、相容れないものとして潜在化せざるをえない、という指摘もうなずける点ではある。

　われわれは以下のように考える。わが国、わが国民は、日本の風土や国民性に大きく影響を受けていると思われる「あわれをしるこころ」、また、人間が本来的に持っていると考えられる弱者への「やむにやまれぬおもい」等といった、目には見えない、存在の立証の困難な精神性を、ひとつの科学の対象として捉え、考えることを、この時期（明治後期）、あまりにも軽視し過ぎてしまっ

たのではないか。自然や生活のなかに向けられた日本人の眼差しは、国民性の
ひとつとして、こんにちのわれわれにも脈々と息づいている。そうした精神文
化を科学する視点の欠落が、こんにちの社会福祉には課題として存在し、その
部分の教育や啓発が（近年特に）必要になってきているのではないかと考えて
いる。その役割を担うのが、社会福祉の思想や倫理観の研究・啓発であり、そ
の考察過程を通らずして、われわれに、今後、日本式社会福祉の構築や理解は
難しいのではないだろうか⁽³²⁾、ということである。人間の内面性への考察は、
社会福祉の社会科学としての本質理解にとって、今後、ますます有益になって
いくと考える。

おわりに

　江戸末期から明治後半（あるいは末期）は、社会福祉の論理と倫理に関して
見ると、その分裂を可能とする土壌が作られ、そして実現し、その後の理論の
科学化を進めるための環境を整えた時期と言えよう。こんにちまで続く社会連
帯思想はまもなく（大正後半）登場するが、その思想とて、当時、わが国では、
十五年戦争期あるいは戦時厚生事業期には一時、その姿を消してしまう程度の
根の浅いものでしかなかった。変化を急ぐ時代的要請からの影響もあって、わ
が国は、様々な領域にわたり、海外からの思想や理論の導入に走った。しか
し、それらを支える経験的裏づけが極端に弱かった（実社会との乖離）ことや、
社会科学的考察の経験が未熟だったこともあり、その多くは借り物の域を出て
はいなかった。
　わが国の場合、劣悪な状態（貧困など）およびそのなかにいる人々（貧民な
ど）に向けられた個人（私）的倫理的支援は、歴史的に見ても古くから数多く
行なわれている。しかし、公的（地方行政レベル）支援で見ると、その数は少な
く、明治期半ばまでは、国家（幕藩体制）レベルでは皆無に近いように思われ
る。国をあげて富国を目指すわが国にとり、貧困が社会的問題として、もはや
無視できない状況になった明治中期、国家の建設に力を入れていた政府は、公
金を利用して公的支援を実施し、救済を行なうための理論的説明を求められた
際、その論拠として有機体理論を援用し、何とかそれを実現した。しかし、そ

の後、国内の政治的社会的情勢の国民的変動によって、有機体理解の部分は消え、国家あるいは全体の部分のみが強調されることになる。公的救済のための国民的理解に必要な環境が整えられるには、論理と倫理が分離する戦後を待たなければならなかったのである。

註

(1) 桑田熊藏は、1908（明治 41）年 9 月 1 日から 10 月 7 日に、國學院大學（東京）で行なわれた第 1 回感化救済事業講習会において、「救済の意義」について講演を行なった。そのなかで、桑田は、救済の方法について三つ述べている。一つは、「国家は……憐なる者を保護する為めに出来た……、窮民の救済は国家の当然の義務である」（桑田 1908：10）という説（国家的方針）、二つ目は、「金を持った者が慈善事業として細民若しくは労働者を憐んで救済する」（桑田 1908：14）という説（慈恵的方針）、三つ目は、「政府の力を籍るのでもなく又富者の助を籍るのでもなく、労働者が自己の力に依って組合を作って、其組合に依って或は保険とか或は救済事業とかいふことを互い互いにやって行こうといふ共済的の意味」（桑田 1908：18）の内容を持っている説（個人的方針）である。救済と国家との関係について、桑田によると、国家的方針説は「救済事業といふものは政府の当然の義務である、国家は救済事業の局に当たるべき当然の責任を持ったものである」（桑田 1908：9）という考え方を主眼としている。この説は、シュタインの説く考えに大きく影響を受けており、それは、「社会の不平等という原則」がある限り、弱い者、劣っている者は生存ができない、そこで「国家の平等という原則」によって保護することで、国民を平等な状態にする必要がある、という考え方である。

(2) 江村栄一（1989：436）。

(3) 「船中八策」は、坂本竜馬が 1867 年 6 月 15 日、長岡謙吉に起草させ、後藤象二郎に示した政治綱領で、上下両院の設置と憲法の制度を構想した内容を持っていた（加藤ほか 1989：31-32）。

(4) 江村栄一（1989：37）。

(5) 江村の解説によると、「藩論」では、「維新政府成立の下で必然化する藩政改革の在り方を『天理』（自然の法則）と『時勢』に求め、『天下国家ノ事、治ムルニ於テハ民コノ柄ヲ執ルモ可ナリ』とする人民主権の志向、藩主と藩士の契約、家柄や世禄の差別の撤廃、選挙による徳望ある藩士・庶民の選出など、当時としては極めて民主的な主張を揚げている」とする（加藤ほか 1989：37）。

(6) この建議は、「明治政府内において『やや具体的な形における憲法制定論の最も早いもの』とされている（稲田正次）」（江村 1989：49）と紹介されている。

(7) 左院は、1871年に設置された太政官の構成機関で、立法について審議し、その議決を正院に上申する。1875年廃止後、元老院にその機能は引き継がれた（新村 1955：1046）。

(8) いったんお蔵入りした「国憲」（第三次案）が漏洩し、1880年に小田為綱等によって「憲法草稿評林」が書かれた。その内容は、「後の明治憲法よりはるかに立憲主義的で民主主義的要素が強かった」（江村 1989：216）ため、岩倉具視や伊藤博文によって潰されることとなった。

(9) 「明治14年の政変」とは、「勅諭をもって10年後の1890年の国会開設を約束して欽定憲法を公布するとし、大隈重信を罷免、開拓使官有物払い下げを中止する」（江村 1989：482）という内容のものである。また、この出来事が、わが国にとって、「明治政府内において英国的立憲制を排し、プロシア的立憲制を採る決定的な画期になった」（江村 1989：217）とも考えられている。

(10) 「穂積八束は、この綱領によって憲法が確定した」（明治神宮 1980：336）と論断している。「憲法綱領」が岩倉によって作成された背景には、大隈等による民間からの急進的な憲法交付・国会開設意見にたいし、政府側（井上毅を中心とする）にあって、その明確な意思を表す必要性があったからであると考えられている（明治神宮 1980：335）。事実、岩倉のこの綱領は、太政大臣三条実美、左大臣有栖川宮熾仁親王によって天皇に上奏されている（明治神宮 1980：335）。

(11) 伊藤が、憲法制定の直接の任に就くこととなった背景には、井上毅による岩倉への説得　があったようである。伊藤は、当時、政府内において立法専門家として中枢の地位にあり、岩倉の信頼する人物であった（明治神宮 1980：336）、と考えられている。

(12) 伊藤が受けたモッセとシュタインからの講義内容は、講義に同席した伊東巳代治による筆記が残っている。『大博士斯丁氏講義筆記』（三分冊）、『莫設氏講義筆記』（十分冊。うち五冊は欠本）がそれである。

(13) 伊藤は、1882年の8月11日、グナイスト、モッセ、シュタイン等の講義を聴き終えたか、あるいはその最中に、岩倉宛に長文の手紙を認めている。そのなかに以下のような箇所が見られる。「独逸ニテ有名ナル、グナイスト、スタイン之両師ニ就キ国家組織ノ大体ヲ了解スルコトヲ得テ、皇室ノ基礎ヲ固定シ大権ノ『大眼目』ハ充分相立候」（『　』は筆者による）（江村 1989：485）。また、同じ書簡のなかで、伊藤は、「心 私ニ死処ヲ得ル」と記し、この文言には「伊藤が誇らし気にいう大権不墜」（江村 1989：485）の確信と安堵感が漂っている。

(14) その後、シュタインから講義を受けるために渡欧し、その人物や学識に感銘を受けた政府関係者は多く、侍従藤波言忠、海江田信義、黒田清隆、谷干城、山縣有朋等々に及ぶ。瀧井一博によると、シュタインから教えを受けるため、渡欧または書簡等の手段で教えを受けた日本人は57名にものぼる（瀧井 1999：134-138）。そのなかには、例えば、有栖川宮熾仁親王、木場貞長、後藤象二郎、陸奥宗光、西園寺公望、服部一三、加藤済、西郷従道、井上哲次郎、乃木希典、黒田清隆、松岡饒通、湯地定基、岸小三郎、河島醇、渡辺昇、

林三介、陸軍少佐川口武定、金井延、嘉納治五郎等々、わが国の様々な領域に関係する人々が含まれていた。

(15)　『大博士斯丁氏講義筆記』（三分冊）。

(16)　伊藤は、岩倉への書簡のなかで、シュタインから聞いた話の感想について、「立憲君主ノ國二在テハ、立法ノ組織（即チ議院ナリ）、行政ノ組織（即チ各宰相ノ協同ナリ）及ビ百般ノ政治皆ナ一定ノ組織、紀律二随テ運用スル、是ナリ」（清水 1939：58-59）と述べている。

(17)　瀧井は、「シュタイン国家学の中心概念たる『人格』を伊藤は──そして以後シュタインのもとを訪れる日本人たちも総じて──、『人体』と解して卑俗化した擬人的国家観を作り上げていた」（瀧井 1999：209）と述べている。

(18)　シュタインは、天皇も国家を構成するいち機関と考えており、当時、明治政府が死守していた天皇大権護持、その下での三機関（司法・立法・行政）という考え方とは違っていたのではないか、と清水は指摘している（清水 1939：194）。

(19)　この点は、われわれの考究しようとしている社会福祉の論理と倫理に関する考察過程においては重要な意味を持っている。

(20)　嘉戸は、伊藤等明治政府要人は、シュタインから受けた講義において、その有機体説理解の過程で、シュタインの言う「人格」を「人体」として理解してしまった。その結果として、「もはや国家有機体説が、明治憲法体制においては 19 世紀ドイツと異なる機能を果たすことになったのは明らかだ」（嘉戸 2010：14）と指摘している。

(21)　大石嘉一郎は、「日本の産業革命は、松方デフレによる資本の原始的蓄積を前提に、1886-89（明治 19-22）年の『企業勃興』で始まり、日清・日露戦争を経て急速に進展し、ほぼ 1900-10（同 33-43）年頃に終了し、資本主義社会の確立をみるに至った」（大石 2005：51）としている。また、わが国の産業革命確立期については、日清戦争前後にほぼ完了したという見方もある（野呂 1983：103）。

(22)　明治末期から大正期にかけての農村や都市の貧困については、吉田久一（1993）『改訂版 日本貧困史』第 6 章に詳しい。

(23)　社会的問題化していた貧困問題にたいしては、一方で、第 1 回帝国議会への「窮民救助法案」を政府が提出し否決されたり（1890）、第 10 回帝国議会への「恤救法案及び救貧税法案」提出が審議なく廃案になったり（1897）、また、同議会への政府からの「罹災救助基金法案」が審議未了であったり（1897）、さらに、第 12 回帝国議会へ提出された「罹災救助基金法案」が審議されることなく廃案になったり（1898）、第 16 回帝国議会でも「救貧法案」が審議未了で終わったり（1902）することがあった。

(24)　井上は、1908 年、「済貧恤救ハ隣保相扶ノ情誼二依リ互二協救セシメ国庫救助ノ濫給矯正方ノ件」という通牒を発し、全国で多くの恤救規則受給者が保護を打ち切られることとなった。小川政亮は、井上を「典型的内務官僚」（小川 2007：179）と評し、救貧行政を利用した国家による支配体制の強化策だとしている。

(25) 伊藤博文は、1899 年 5 月 31 日、「山口教育家の懇請に応じて」山口尋常中学校で演説を行ない、そのなかで「国を富すと云うことは如何なることかと言えば、即ち人民が富まなければならぬと云うことである」（瀧井 2011：311）と述べている。

(26) 井上の『救済制度要義』は、社会教育史の古典と考えられている（土井 1977：201）。

(27) 1868 年 4 月 21 日に発表された「政体書官制」以来、明治新政府によって行なわれた新しい統治の構築は、中央集権国家の設立を担う明治維新後の実務家の手で着々と進められていた。版籍奉還（1869）は、中央集権への移行を意味し（清水 2013：51）、「その移行を平和裡に実現するために、政府は知と力と正統性を持つ統治」（清水 2013：51-52）を求めた。官僚は、政体書公布以降の新体制を正統性をもってすすめる上で必要な能力を持った人材であった。

(28) 仲野武志は、有機体の法的概念を説明するなかで、仮説として法的概念の成立が可能ならば、それは「部分の存在が全体の存在を法的に規定する一方、全体の存在が部分の存在を法的に規定する」（仲野 2007：51）という全体・部分相互の法的関連性を指標として定義される、としている。つまり、わが国の当時の救貧諸法は、「有機体の理念に反して全体との調和を損なう部分の動きを制約するような規範」（仲野 2007：52）あるいはそうした理念が当為とされ、国家による大幅な制約の対象となった、ということである。

(29) 1874 年に成立した恤救規則は、その前文で「済貧恤救ハ人民相互ノ情誼ニ因テ其方法ヲ設クヘキ筈」と規定している。ここでの法的拘束性は、貧困状態にある人民は国家による救済を待つのではなく、自助努力によらなければならない、国家には救貧義務はない、という消極的な色彩を持つ内容である。

(30) 国家が、本来個人的な課題である思想や倫理の問題にたいし、いち個人がするように、他者にその理屈や理論を押しつけてくることは、戦時中にもこんにちにおいても見られる現象である。社会福祉関連で見ると、戦時厚生事業の理論立てにおいて、健民健兵政策の名の下で行なわれた厚生行政や、こんにちの社会保障費削減を目標とした国民に向けた健康政策の推進・強化等は、その例としてあげることができる。

(31) ここでは、個人的倫理観の時代的限界というくくり方はあえてしない。その理由は、21 世紀のこんにち、再び、社会福祉における個人が見直されていることや、この間も、絶えずわれわれ日本人は、「私」をテーマとした実践を見据えてきていることからもわかるように、日本人の文化性のひとつとして、この倫理観は、本質的な問題であると考えるからである。

(32) 第 1 章で指摘した課題のひとつ。

第5章

渡辺海旭の「共済」思想
── 全体的・国民的事業としての社会事業 ──

はじめに

　わが国の社会福祉は、明治期後半以降、その私的な倫理観と公的な理屈とのあいだには、少しずつ亀裂の様相が表れ始めていた[1]。途中15年にわたる一連の戦争では変質も見せたが、戦後改革を経ることでその進行は終わり、こんにち、これらの関係は、ほぼ完全に分断されていると言えよう。われわれが知っている社会福祉は、全体的・国家的利益に重きを置く公的社会福祉理論と、私的・倫理的社会福祉観とがほぼ完全に乖離してしまっているように見える。国家概念を構築する際に援用した有機体理論が掲げた「個人は全体の一部」の理屈は、まったく忘れられているかのようである。大正期以降、私的な社会福祉は、その多くが宗教家によって担われてきたと考えられている（吉田1990：468）。社会福祉が、論理的にも倫理的にも、まだその線引きが混沌としている時期、要支援者（あるいは要支援状態）にたいして、公的にではなく私的に、社会全体で救済することの必要性と重要性を唱えたのは宗教家渡辺海旭であった。その思想は倫理的使命感に満ち、いち宗教家としての枠を超えるものであった。その理由は、渡辺の思想が、私的ではあるが国家的規模で全体的性格を持っていたと考えられるからである[2]。本章では、渡辺がその実践の基本に据えた「共済」思想に主眼を置き、渡辺の取り組んだ全体的・国民的事業としての社会事業について考察することを目的とする。その際の「共済」と、渡辺の実践した社会事業とは、その意味するところは、ほとんど同じ内容では

ないのかという仮説に立って論を進める。なお、ここでは、渡辺が生きた時代とその思想との関係性を比較検討する方法で考察を行なう。

　渡辺の共済思想の理解は、その思想が誕生した社会的・時代的考察を抜きには困難であろう。そこで、本章では、渡辺の生誕から死に至るまでの時間軸を以下の四つの時期に分け、渡辺の共済思想と社会について複眼的に概観する。一つ目の時期は、渡辺の誕生からドイツ留学に出発する前年までの時期（1872-1899）、二つ目の時期は、ドイツ留学の時期（1900-1910）、三つ目の時期は、ドイツ留学からの帰国後より渡辺の独自な社会事業観が明確に表されたと考えられる「現代感化救済事業の五大方針」が発表されるまでの時期（1911-1916）、四つ目の時期は、以降、渡辺が、共済思想を背景に社会的実践活動・教育活動を本格的に開始し、死に至るまでの時期（1917-1933）である。こうした時間的経緯を見ながら、共済思想が、社会からの影響力をどれだけ受け誕生してきているのかについて考える。また、渡辺が提唱した仏教徒社会事業は、宗教家であり社会事業家である渡辺が、仏教徒に向け発した国民全体的かつ社会的な救済事業実施への啓発的色彩を色濃く持つものである点についても見ていきたい[3]。

第1節　渡辺海旭が生きた時代

　渡辺が生きた時代は、わが国の場合、初めての産業革命を経験し、資本主義社会を完成させ、日本帝国主義成立の下で大正デモクラシー時代を通過しながら、ちょうど国家独占資本主義期の入り口にさしかかった時代にあたる。その間、わが国の社会福祉は、近代から現代へと大きく変化を遂げる。その主要な要因として考えられることは、科学性、制度性、政策性、平等性といった視点である。資本の蓄積という社会変革のなかで誕生し、時代から大きく影響を受け続けた労働者とその家族が直面する社会問題が、渡辺の思想を生む大きな要因になったと考えることは至極当然であろう。ここでは、そうした基本的視点に立ち、渡辺の生きた時代を概観してみることとする。

1. 仏教徒渡辺海旭の誕生と「仏教清徒同志会」の発足（1872-1899）
　この時期の渡辺を理解する上で重要な出来事は、渡辺が浄土宗源覚寺[4]住

職の端山海定のもとで得度したことと、渡辺が「仏教清徒同志会」発足（1899）に参加し、機関誌『新仏教』を発刊したとである。この時期の渡辺は、まだ、ひとりの仏教徒渡辺海旭であった。

（1）仏教徒渡辺海旭の誕生

　渡辺は、幼名を芳蔵と名乗り、1872年1月5日、東京市浅草区田原町に生まれた。1887年、15歳のときに東京・小石川初音町にある浄土宗源覚寺住職の端山海定のもとで得度し、名を海旭と改め、僧の世界へと転籍した。渡辺は源覚寺に至る前、東京・浅草区にあった萬照寺へ入寺している。そして、その萬照寺のある学区内の尋常小学校に通った。当時、小学校へ通うための授業料が払えない渡辺家の事情の下で、向学心旺盛な渡辺を学校へ通わせるためにとった、これが最良の方法であった。

　1887年9月、渡辺は東京で開校した浄土宗学東京支校（東京・増上寺内）[5]に入学した。この学校は、のちの芝中・高等学校の前身で、渡辺は1911年、39歳のとき、芝中学校の校長に就任している。浄土宗学東京支校は、浄土宗の僧侶養成を目的とし、宗門の再興をかけた高度な教育を行なっていた。渡辺は、こうした環境のなかで学業に励んだのであった。

（2）「仏教清徒同志会」発足（1899）

　渡辺は、17歳（1889）で浄土宗学本校に進み、予科・本科を修了し、23歳（1895）で浄土宗学本校を総代で卒業している。卒業と同時に、関東各県下の浄土宗学院連合第一教校教諭に任命され、教育業界にも籍を置くこととなった。一方で渡辺は、1889年に創刊された『浄土教報』の主筆にも抜擢され、筆をもって社会との関わりを持つようになっていった。

　渡辺が、浄土宗学本校を卒業した年は、日清戦争が終結した年で、国内には、まだ多くの主戦論者が占めていた。『浄土教報』は、宗門の活動を宗門外の人々に伝える一方で、宗門外の諸活動をも研究紹介する役割を担っていたため、渡辺は、社会で起きている多くの事柄に必然的に目を向け考える機会が増えていったと思われる。実際、この時期、国内では、明治維新後の産業革命の途上[6]にあり、地租改正等による没落農民の多発、秩禄処分による士族の困窮が続いた。しかし、明治憲法公布後の翌1990年に開かれた第1回帝国議会では、窮民救助法案が否決され、さらに、濃尾大地震（1891）や三陸大津波

（1896）、足尾鉱毒問題の表面化（1897）や社会主義運動の胎動等、天災や社会経済変動に大きく影響を受けた生活困窮者や社会問題が巷には続出した。都市では、多くの労働者群が企業勃興により発生し、しかも、その大多数は、低賃金によって働く過酷な労働環境に置かれた賃金労働者であった。そんななか、1897年には、わが国で最初の労働組合（鉄工組合）[7] も誕生している。

　宗教界では、それまでの伝統仏教が、キリスト教や神道系の新興宗教、天理教等に押され（前田 2011：123）、信徒の減少傾向が見え始めていた。当時、明治政府は、明治維新後から続く著しい国家主義と神道国教化政策の下で、天皇を中心とする体制づくりを進めていた。それまでの仏教界はそうしたなかで、「キリスト教を排撃し、仏教の正法を興隆」しようと、「国家主義の抬頭や民族意識の昂揚に歩調を合わせ」（芹川 1978：12）、仏教の復興を図ろうとする動きを見せていた。渡辺が「仏教清徒同志会」[8]（のちの新仏教徒同志会）（以下、「同志会」と言う）の立ち上げに参加したのも、こうした仏教界の動向が背景にあったからと想像できる。それまでの伝統仏教界が、特にこの時期、国家との癒着やおもねった行動をとり、他の宗教を攻撃したり、「迷信や誤謬の伝統」（芹川 1978：111）に固執する様相にあったことへの反発がそこには垣間見られる。1900年に発刊された『新仏教』第1巻第1号に掲載された「仏教清徒同志会綱領」には、次のような六つの活動事項が掲げられた。

　①我徒は、仏教の健全なる信仰を根本義とす。
　②我徒は、健全なる信仰、智識、及道義を振作普及して、社会の根本的改革を力む。
　③我徒は、仏教及び其の他の宗教の自由討究を主張す。
　④我徒は、一切迷信の勧絶を期す。
　⑤我徒は、従来の宗教的制度、及儀式を保持するの必要を認めず。
　⑥我徒は、総べて政治上の保護干渉を斥く。

　渡辺等のこうした宣言は、若き仏教徒たちにとっては至極自然な感情であったであろう。

　国家との関係については、あくまで宗教の独立、思想の自由を柱として一定の距離を保ち、干渉を拒み、他方では旧態依然たる伝統仏教界への反発があった。その頃の日本が、近隣諸国の侵略や軍部の抬頭といった世界的規模におけ

る政策転換にあって、しかも、そうした国家におもねった態度に出た伝統仏教界のあいまいさもあり、そうした状況が彼らの怒りの標的であったと考えられる。

　当時、明治政府は、1870年設立の工部省によって殖産興業政策に着手しており、積極的な民間産業の保護育成に取り組んでいた。企業の勃興による多くの労働者が生み出され、なかでもその中心になったのが紡績業（なかでも綿糸紡績業）であった。その労働者の数は、1886年3万5000人、1900年23万7000人、1909年44万2000人と増大していた[9]。労働者の多くは、その源泉を農民層[10]に求めることができ、農村から過剰流入した人口が都市の低賃金労働者の多くを占めていた（大石 1998：38）。特にわが国は、当時、最大の貿易収支を占めた製糸業において、その労働力としては農村からの出稼ぎ女子（女工）によるところが大きかった[11]。渡辺等は、仏教徒として、そうした労働問題や労働者の抱える貧困問題にたいし、それまでの宗教による限界と問題解決のための新たな手段、しかも国家と一定の距離を保ったかたちでの手段を模索していたと考えられる。仏教による社会問題への社会貢献とは何か。そうした課題意識が、渡辺等同志会に課せられた大きな問題であったように思われる。1900年発刊の機関誌『新仏教』という名称には、そうしたおもいが込められていた。渡辺は、ドイツ留学直後の1901年、『浄土教報』（第433号）紙上において、「社会が健全の発育を遂げる為国家に報効する為、是非とも社会事業や、慈善事業に眼をつけて頂かねばならない。是が宗教の社会に尊敬を受け、価値を維持する根本なのだ」と述べた[12]。ここで言う「社会事業」とは、労働問題や労働者問題を指している。

2. ドイツ留学で知った社会問題と労働者による共済的相互扶助活動（共済思想）、そして日本の社会問題への仏教徒としての決意（1900-1910）

　渡辺のドイツ留学を通して知ることのできる重要な点は、以下の三点であろう。一つ目は、ドイツで見た異国の社会の問題を通して、日本の社会問題（貧困と労働者問題）を客観的に見られたこと、二つ目は、ドイツにおける労働者保護政策に表れていた「共済」思想を知ったこと、そして、三つ目は、日本の社会問題にたいし、仏教による社会貢献（社会事業）に開眼したこと、である。

この時期の渡辺は、ひとりの人間として社会問題へ関心を向け、仏教徒としての実践活動（社会事業活動）を行なうことを決意している。

（1）ドイツにおける社会問題

渡辺は、1900 年、宗門から第一期海外留学生に選ばれ、当時ドイツ領だったシュトラスブルク（ストラスブール）へ行くこととなった。ドイツでは、「カイザー、ウィルヘルム大学のロイマン教授に師事」（荻原 1933：80）し、「梵 蔵 巴の仏教各語を研究し」（渡辺 1933：637）、比較宗教学の研究を深めた。ドイツ留学中の渡辺については、前掲の荻原の論文や西村実則（2012）『荻原雲来と渡辺海旭』に詳しいのでそちらに譲ることとするが、本章の趣旨からすると、渡辺が学んだ研究内容よりむしろ着目しなければならないのは、渡辺がドイツ社会で起きていた社会問題から受けた影響力の大きさである。

渡辺が留学した当時、ドイツは、皇帝ヴィルヘルムⅡ世（在位 1888-1918）が宰相ビスマルクに代わって自ら執政にあたっていた。それまでのドイツでは、ビスマルク政権下、1883 年の疾病保険法、1884 年の労災保険法、1889 年の障害・老齢保険法（年金保険法）、いわゆるビスマルク労働者保険法が策定された状況下にあった。この背景には、1830 年頃から始まったドイツの工業化がある。このドイツ工業化に伴う社会構造と経済構造の変化を、木下秀雄（1997：31）は、①工業労働者の急増、②都市化、③工場労働者の生活様式の変化、④都市や農村の生活困難と困窮、と指摘している。こうした都市を中心とするドイツ工業化社会ではあったが、1870 年代後半には終焉し、大量の失業者を出す経済不況に陥ることとなった。その結果、貧困や疾病等を原因とする生活問題は多くの労働者にのしかかり、社会不安の大きな火種にもなっていた。そんななか、1878 年、二度にわたり皇帝の暗殺未遂事件が起こったことをきっかけにして、ビスマルクは社会主義者鎮圧法を制定させた[13]。この法律によって社会主義運動や労働運動は、法律が失効する 1890 年まで抑圧されることとなった。労働者保険法は、こうした状況の下で、いわば「アメとムチ」の「アメ」の役割を果たしていたのである。

1888 年、皇帝に即位したヴィルヘルムⅡ世は、それまでのビスマルクが進めた労働者や社会主義者への抑圧政策とは対極的な労働者を保護する政策をとった[14]。具体的には、「日曜労働の禁止、少年・女性の労働時間制限（以上

は 1891)、労使紛争の調停機関として営業裁判所の設置（1890）、労働運動への
配慮（1899）」（木村 2001：248）等を行なった。その背景には、1890 年代半ば以
降の世界的な経済成長がある。特にドイツは、伝統的な基幹重工業、電機工
業、重化学工業等の驚異的な発展があり、ヴィルヘルム II 世が国家指導者で
あった期間は、イギリスに次ぐ経済大国へとドイツがのし上がることを後押し
した。

　ドイツが経済的に工業化を進めたヴィルヘルム II 世時代は、労働者数が飛躍
的に増加した時代でもあった。1890 年には、社会民主党系の一大労働者組織
である自由労働組合が組織され（成瀬・山田・木村 1997：37）、労働者の生活が
（少なくとも組合加入労働者については）守られていた。自由労働組合の場合、疾
病共済保険や失業保険等の組合共済制度が整えられ、労働者保護は充実して
いった。こうした動向は、政治の世界にも波及し、社会改良主義的傾向が見え
始めることにもなった。

　渡辺との関連で、われわれがここで注目したい点は、長い鎮圧下にあったド
イツ労働者が、1890 年以降見せ始めた組合組織結成の動向である。労働組合
員の数は、1890 年 25 万人、1900 年 70 万人弱、1904 年 100 万人、1910 年 200
万人（Born 1957＝鎌田 1973：116）と増加していくなか、その中心的位置を占め
たのが、前述の自由労働組合であり、その活動は「国の社会政策問題への自主
的な積極的取組に転換」（山田 1997：561）する方向にあった。

　山田は、その著『ドイツ社会政策史研究―ビスマルク失脚後の労働者参加
政策―』（1997）のなかで、自由労働組合の幹部経験者パウル・ウムブライト
（Paul Umbreit）の著書『ドイツ労働組合運動の 20 年　1890-1915』から引用し、
自由労働組合の社会政策を四点紹介している。それは、①建築労働者保護と家
内労働者保護、②失業保険と職業紹介、③労働会議所、④消費協同組合の協
力、である（山田 1997：565-567）。そして、こうした自由労働組合の社会政策
的活動を、A 国家社会政策への関与、B 産業自治、C 労働組合の自主事業、と
その特色をまとめている。

　渡辺は留学中、ドイツ労働者が長く暗い時代にあったビスマルク政権下から
抜け出し、貧困や労働問題にたいし主体的に取り組める時代が到来したことを
実感し、そのことを直に渡辺自身の目で観察し、学んでいたと考えられる。

その頃、日本国内では、日清戦争前後から始まる産業革命期から帝国主義政策前期にあたり、貧困問題やそれとは表裏の関係にある労働問題、労働者問題[15]等が切迫した課題として浮上していた。都市では、いわゆる「都市下層社会」[16]（吉田 1993：225）が形成され、その社会を構成していたのは、「熟練労働者、下級サラリーマン、不熟練労働者、職人、零細自営業者、屑拾い等雑業、道心・辻芸人等、乞食、施設収容者、恤救規則該当者等」（吉田 1993：225）であった。また、多くの流出型賃労働者を誕生させた下層社会の一端を担う零細農村では、窮乏が著しかった[17]。

渡辺は、ビスマルクからヴィルヘルムII世へと続くドイツ国内の労働者問題や労働組合運動、そして、政権が変化するなかでの労働者環境にたいする国家の姿勢等を目の当たりにし、肌で感じるにつけ、日本国内の労働者や市民の置かれた環境とそれにたいしての国家の無策とを比べ、あまりの隔絶に、改めて国家や社会そして自分たちの立場（宗教）にできることは何かを考えたに違いなかった。

(2) ドイツ労働者保護政策に見た「共済」

渡辺が留学経験のなかで獲得した最も大きな収穫は、ドイツ労働者の運動から学んだ「共済」[18]の思想である。具体的には上記した、建築労働者保護と家内労働者保護、失業保険と職業紹介、労働会議所、消費協同組合等（山田1997：563-567）に見られる労働者同士の相互扶助的仕組みである[19]。これらは、ドイツ自由労働組合が自主的に関わったドイツ社会全体の問題にたいする政策的な活動である。以下では、山田（1997）の研究を参考にして、その内容を見てみる。

建築労働者保護は1903年から自由労働組合が関わり、建築労働者保護の取り組みが行われた。家内労働者保護は、1902年から自由労働組合が関わり家内労働者の労働条件について検討が進められた。

失業保険問題には1902年から自由労働組合が関わり、失業者数が景気の変動によって大きく影響を受けやすいことから、その扶助金の管理について国との関係が大きな問題になっていた。職業紹介について自由労働組合は、公的な職業紹介の必要性を説き、1910年職業紹介所法が制定されている。

労働会議所は、労働者から労働者自身による自主的な労働会議所の設置が要

求され、1905 年の自由労働組合大会において決議され、1908 年に設置された。

　消費協同組合は、1905 年の自由労働組合大会において、消費協同組合への加入が呼びかけられ、協同組合への自主生産を支援する決議が行われた。

　こうした、これまではドイツ国家を中心として行なってきた社会政策的問題にたいして、自由労働組合による主体的取り組みは、自助を基調とする相互扶助の精神に基づいた「共済」の考え方に基づくものである。労働者自身が、その問題を労働者自身によって自らのために取り組み、解決することを始めていたと考えられる[20]。

　こうした自由労働組合の活動は、渡辺がドイツ滞在当時に起きた出来事や変化であり、ドイツ社会内には労働者の自主自立的社会変化や活気が満ちあふれていたと考えられる。

（3）仏教による社会貢献（社会事業）への開眼

　渡辺は、こうしたドイツ社会で起きている社会問題（労働者問題や貧困問題）やそれにたいする国家の対応、そして、労働者自身による主体的な取り組みを身近に見るにつけ、遠く祖国日本で起きている労働者問題を至極客観的に、しかも正確に見ることができたと考えられる。仏教にできることできないこと（社会的貢献）、仏教徒のあるべき姿勢、宗教と国家との関わり方等、ドイツ社会で学んだことを、帰国後どのように活かしていけるかが、渡辺の新たな課題に繋がっていったと考えられる。われわれは、渡辺が考えた、自らに課した課題を次の三つにまとめてみた。一つは、仏教による社会的貢献である。それは具体的には、仏教による社会問題への取り組み、つまり社会事業活動である。二つ目は、仏教徒による社会事業の啓蒙である。具体的には、仏教徒による社会事業活動や社会事業研究である。それは、仏教徒を主体とした仏教の教えに基づく社会事業活動の実践や研究を行うことの重要性である。三つ目は、仏教を主体とした教育活動である。具体的には、仏教思想を建学の精神とする教育機関の建設や仏教教育の普及である。ドイツ留学を通して渡辺は、ひとりの仏教研究者になると同時に、いち仏教徒から社会事業家としての資質を養成させたのである。

3. 共済思想と社会事業（1911-1916）

　この時期は、渡辺が留学経験で学んだ共済思想を社会事業に繋ぐ時期として位置づけることができる。この点に関し、渡辺がドイツ留学から帰国してからの活動として、注目しなければならないのは次の三点である。① 1911 年の「浄土宗労働共済会」の開所、② 1912 年の「仏教徒社会事業研究会」の発起、③「現代感化救済事業の五大方針」（『労働共済』第 2 巻第 1 号・第 2 号、1916）で指摘された科学的な社会事業の理念、である。

　国内では、1910 年に大逆事件が起きたことで社会主義者や無政府主義者への弾圧が強まる一方で、翌 1911 年には日本初の労働者保護立法である工場法が制定されている（1916 年施行）。1914 年、欧州では第一次世界大戦が勃発し、日本政府もドイツへの宣戦を布告している。また、1916 年には河上肇の『貧乏物語』によって貧乏という言葉が国内で広まった。渡辺は、こうした日本国内の諸事情の背後にあり次第に深刻化している貧困と社会問題との相関図が、時とともに正の相関になっていることに気づいていたのではないだろうか。

(1)「浄土宗労働共済会」開所（1911）

　渡辺は、1910 年、38 歳のとき、ドイツ留学から帰国すると直ちに宗教大学（現大正大学）と哲学館大学（現東洋大学）教授に就任する[21]。一方で、留学前に就いていた『浄土教報』主筆にも復帰した。日本国内における社会問題（労働者問題や貧困問題）は、1904 年に起こった日露戦争後、その状況はますます激しいものとなり、渡辺が帰国した 1910 年には大逆事件も起きていた。この事件以降、社会主義者や社会主義活動は、国家からの制圧を受け、労働者問題や貧困問題をその大きな社会的背景に持つ社会主義思想は、第二次大戦終結まで日の目を見ることはなかった。

　渡辺は、また、1910 年、法然上人 700 回忌の記念事業として、東京・深川に無料職業紹介所「衆生恩会」を設立した。そして、さらにそこへ宿泊所、労働者の慰安施設を設けるべく、その活動主体機関として「浄土宗労働保護協議会」を設立した（芹川 1978：63）。この機関が翌 1911 年、「浄土宗労働共済会」へと発展するのである。この機関は、渡辺が留学中に見たドイツ自由労働組合の機関に類似し、また、その活動内容も、ドイツ自由労働組合の活動に酷似している点は注目に値する。前田和男は、渡辺がドイツ留学時、「社会主義者

やキリスト者たちによるセツルメント運動『労働者の家』を実践的に学んで」（前田 2011：271）いたことを述べているが、この点も「浄土宗労働共済会」の活動を見る場合、重要な点になる[22]。

　「浄土宗労働共済会」は、1911年に発表された「浄土宗労働共済会規則」[23]の第2章「目的および事業」によると、労働者寄宿、飲食物実費給与、幼児昼間預かり、職業紹介、慰安および教訓、廃疾者救護手続き、住宅改良等を、その事業目的として掲げている。これらの事業は、「労働者の共済的色彩の強い」（芹川 1998：89）活動内容であり、こうした「浄土宗労働共済会」は、「下級労働者の保護施設で、下級労働者保護としては、画期的な総合施設」（芹川 1998：89）であった[24]。渡辺が、この機関の名称として掲げた「共済」の二文字は、日本国内ではすでに高野房太郎が、その私的文面のなかで使用してはいたが（註18参照）、国内における社会的活動機関の名称として使用したのはこれが初めてであろう。渡辺は、自身が主筆を務める『浄土教報』第949号（1911年4月3日）のなかで、共済と宗教の関係について次のように記している。

　「政府は今や極力労働問題の解決に努力し、盛に民間慈善家の事業を鼓舞策励し、世の有志家亦之が為に奮って計量する所あり。労働保護の実行は、今や実に吾国焦眉の至大急務として、上下精励其解決に努力すべき機運に際会せり。退て思う、慈善救済事業は、由来に仁愛慈悲を旨とし、済世利民を主とする。宗教に待つもの甚多く、欧米に於いても、此種の事業にして貢献の最大なるものは概ね宗教界の経営に属す」「仏陀の教、慈善救済を説き、利楽有情を教ふること、広くして且大に社会上下が、相依り相重して互恵共済、斉しく報恩の責あるを示す」（下線は筆者による）。

　渡辺が指摘する「労働保護」とは「予防」概念に近く、救済の必要な状態になる前に手立てを打つ「予防」的意味合いが「共済」の概念には含まれていると考えられる[25]。

　また、渡辺は、さらに「此種の事業にして貢献の最大なるものは概ね宗教界の経営に属す」「相依り相重して互恵共済」と、宗教（ここでは仏教）による救済事業の必要性を説いている。そして、この発想こそが「報恩」、つまり「互恵共済」に基づいた宗教にもできる社会貢献活動であり、今後、宗教が社会のなかで生き残れる唯一の手段で、国民に受け入れられるための最も有効な方法

である、と渡辺は考えた。

(2)「仏教徒社会事業研究会」発起（1912）

　渡辺が留学後取り組んだもうひとつの仕事は、仏教徒主体による社会事業[26]の構想である。

　渡辺が仏教徒による社会事業にこだわったのは、当時、まだ国家による社会事業という概念が存在していなかったことや、あくまで、仏教者の立場から、社会全体で救済事業に取り組もうとした姿勢によるものと考えられる。実際、国家による救済について、公的な立場からその必要性が説かれたのは、1909年になって出版された井上友一の『救済制度要義』においてであった。井上は、「救済事業思想の代表者」（吉田 1991：77）的存在で、1908年の感化救済事業講習会にも深く関係していた人物である。国家による救済が国内ではほとんど行なわれていない当時、国家が「社会事業」を実施することは不可能で、自ずとその主体は民間（私設）に頼らざるを得ない。渡辺が国家とは一定の距離を置きながら、あくまでも在野の立場から社会事業を行うことに終始したことが、「日本私設社会事業[27]は渡辺を除いては語れない」（吉田 1989：457）とまで評されるほどに渡辺の名を広めた。

　その後、1938年の社会事業法制定や第二次大戦中に「社会事業」の社会科学的概念づけが大河内一男[28]によって最初に行われた。戦後、その学説を社会政策と社会事業との関係から批判的に考察し、社会事業を定義づけしたのが孝橋正一である。孝橋は、「社会事業とは、資本主義制度の構造的必然の所産である社会的問題に向けられた合目的・補充的な公・私の社会的方策施設の総称」（孝橋 1962：24）と説明している。

　1912年発起の「仏教徒社会事業研究会」の背景には、その当時、一般的に行なわれ、呼ばれていた慈善事業にたいする渡辺自身の考えがよく表れている。発起の前年に発表された「慈善事業の要義」（渡辺 1911：1387-1389）のなかで渡辺は、慈善事業が虚栄のために使われていることを指摘し、救済は仏教の考え、すなわち「報恩の精神」で行なわれなければならないことを主張している。「救う者と救われる者との区別を立てるのは甚だ宜しく無い」「人類相愛の精神を以て……互に報恩思想を以て……研究的態度を以て」救済は行なわれなければならないと考えた。そして「昔は個人的救済が多く行われたが、今日

は社会的救済、団体的救済が行われる様になった」と述べ、仏教精神に基づいた報恩思想による救済事業の必要性を指摘している。のちに著される 1916 年の「現代感化救済事業の五大方針」は、ここで示された渡辺の仏教社会事業思想を明確なかたちで記したものである。

「仏教徒社会事業研究会」は、1914 年 6 月、第 1 回全国仏教徒社会事業大会を開催し、1920 年には第 2 回大会、1921 年には第 3 回大会、1922 年には第 4 回大会を開催している。また同研究会は、1920 年、『仏教徒社会事業大観』[29]を編纂出版し、その冒頭の「本書編纂の趣旨及概観」のなかで、「仏者の社会事業は果して如何の状にありや」と述べ、社会事業の総数、種類、業績、理想的根拠、実利的根拠、目的、機能、形式、等について触れている。そこで記されている社会事業は、統一助成研究事業、窮民救助事業、養老事業、救療事業、育児事業、感化教育事業、盲唖教育事業、育児教育事業、子守教育事業、授産職業紹介宿泊保護事業、免因保護事業等、多方面にわたる内容であった。

(3)「現代感化救済事業の五大方針」──科学的社会事業[30]

渡辺は、それまでの慈善事業の問題点を、「虚栄の為に使われる」「救われる者は救う者よりも、人間として一段低い」「個人的救済が多い」等と厳しく批難し、こうした非科学的視点からの脱却を模索していた（渡辺 1911：1388）。1916 年に著された「現代感化救済事業の五大方針」[31]（以下、「五大方針」と言う）では、そうした問題点を持つ慈善事業としての性格を引き継ぐ感化救済事業を大きく転換するための方向を次のように五点示している[32]。

①感情中心主義から理性中心主義へ。

②一時的事業から科学的・系統的事業へ。

③与える事業から救済事業へ。

④奴隷的救済関係から人権尊重的救済関係へ。

⑤事後救済から予防へ。

これらの視点は、渡辺の言う「現代」（執筆当時のこと）行なわれるべき救済事業であり、当時としてはかなり革新的な内容であったと考えられる。事実、渡辺は、「人権尊重の基礎に立ち共済主義を根底として人道の大本から仕事をする様な事業家は寂々として暁天の星に似たる感がある」（渡辺 1916：4）と述べ、「吾国の仏教主義の感化救済事業家に今一層の奮起をして戴きたい」（渡辺

1916：4）と主張している。

渡辺が示したこうした五つの内容は、1918 年に著された「社会問題の趨勢及其中心点」ではさらに整理されている。このなかで渡辺は、「現今の救済事業と古い救済事業」との違いを八つの点から述べている。それは、①主情主義と合理主義、②断片的と系統的、③研究と実行、④予防と応急、⑤共済と救興、⑥平民的と貴族的、⑦私的と公的、⑧国家と個人、である。新しい時代にあった新しい救済事業は、こうした合理主義、系統的、研究（科学）、予防、共済、平民的、公的、国家、といった視点から行なわれなければならないと考えていたのである。わが国に公的な社会事業が誕生するおよそ 20 年前のこうした渡辺の考察は、翌年 1919 年に出版された長谷川良信による『社会事業とは何ぞや』や、1920 年の大原社会問題研究所刊『日本社会事業年鑑』等で使われた「社会事業」という言葉にも影響を及ぼしたと考えられ、その意味で、渡辺の社会事業研究が日本の社会事業に果たした役割は大きい。

こうした渡辺の社会事業研究の内容は、すでに 1912 年の私的な仏教徒社会事業研究会の発起や、1917 年に宗教大学内に開設された社会事業研究室の誕生によって具体化されている。渡辺の仏教の教えに基づく教育啓蒙活動は、留学からの帰国直後に始まってはいるが、仏教を土台とする社会事業研究は、この社会事業研究室の設置によって本格化し、以後、日本国内における仏教社会事業教育と研究が開始されたと考えられる。

4. 仏教社会事業と仏教教育の啓蒙実践期（1917-1933）

大正から昭和にまたがるこの時期は、渡辺自身にとっても、それまでの宗教家、研究者としての経験を踏み台として、社会事業家ないしは仏教教育者として、大きく飛躍する時期に位置づけられる。社会では、富山県魚津町で起きた米騒動が全国的な広がりを見せ、資本主義国日本の貧困の実態が社会に露呈し始めていた。また、第一次世界大戦終結から影響を受けた恐慌の勃発や株価の暴落、関東大震災による多数の罹災者の発生、社会主義思想の蔓延と共産主義の拡大、世界大恐慌の発生とそれに影響された昭和恐慌、柳条湖爆破事件をきっかけとする満州事変、等々、貧困や社会不安に繋がる様々な出来事が、この時期、国内を覆っていた。こうした社会的状況下で渡辺は、これまでの宗教

家や研究者としての自らの立ち位置をさらに広げ、仏教社会事業と仏教教育の啓蒙活動をより積極的に展開していったと考えられる。

　前記したように、渡辺の仏教教育者としての立場は留学直後から始まるが、渡辺が奉職した宗教大学・哲学館大学も、1911 年当時はまだ大学として設立されて間がなく、教育環境や研究環境は決して充実していたわけではなかったと思われる。しかし、仏教や社会事業が果たさなければならない社会的役割や社会貢献にたいして渡辺の抱く使命観は、教育の現場や要支援者が集まる場所へと渡辺を導いた。渡辺の（仏教）教育に関する論文等はあまり多くはない。渡辺の論文集『壺月全集』によると、わずか 15 本前後の著述しかないが、仏教教育者としての活動には注目に値するものが多い。渡辺は、1911 年 9 月に芝中学校校長就任、1919 年国士舘大学教授・評議員就任、1921 年江東商工学校（のちの深川商業学校）校長就任、同年淑徳高等女学校評議員就任、1924 年大乗女子学院院長就任、1928 年 4 月巣鴨家政女学校校長就任、同年 10 月大阪・上宮中学校理事長就任、1930 年岩淵家政女学校校長就任、1931 年巣鴨女子商業学校校長就任、等、教育機関における教育行政活動に専念した。こうした活動は、渡辺の仏教思想に基づく教育とその啓蒙活動家としての側面を顕著に表していると考えられる。

　一方で、渡辺は、共済思想を土台とする仏教社会事業の啓蒙家としての側面をも持ち、関係した社会事業機関には、1911 年浄土宗労働共済会副会長、1919 年マハヤナ学園監督、1922 年借地借家調停委員、1928 年慈光学園顧問、1927 年仏教少年連合団団長、1928 年少年信愛会名誉会長、1929 年日本禁酒同盟理事、その他、中央社会事業協会、四恩瓜生会評議員、上宮教会理事、大阪・四恩学園顧問、全日本私設社会事業連盟、交通道徳会理事、等を務めている。こうした社会事業の啓蒙的実践は、例えば、上記で紹介した論文「社会問題の趨勢及其中心点」（1918b）のなかで、「宗教家は其本然の責務に見て一層社会問題に触れなければならぬ」と、宗教思想の社会的実践を鼓舞し伝播しようとしている。また、そうした傾向は、同年に著された論文「国民的社会事業の勃興を促す」（1918a）のなかにも見られ、ここでは、「救済事業は……国民全体の仕事にして、而も教家全体の事業なり。故に事業其物が布教であり伝導^{（ママ）}である」。「国民全体の事業と云う意識を明瞭ならしむる為に昨年 11 月の全国

救済事業大会に於て提案をなして中学校女学校に於ける教育方針に救済精神を加味するの建議をなし」（渡辺 1918a：2-3）たと述べている。こうした渡辺の「社会事業、救済事業即伝導（ママ）」であるという考え方は、こんにちの宗門によるあらゆる諸事業にも通じる重要な視点であろう。渡辺は、この論文の最後に、「仏教徒は大いに注意して所謂国民全体の事業と云う意識の下に国民的社会事業の建設を図らねばならぬ」と、いち仏教徒としての立場を超えた社会事業家としての真骨頂を表し、仏教社会事業の社会的意識の昂揚を説いている。渡辺の社会事業にたいする絶叫に似たおもいがここには記されていると考えられる。

第２節　共済思想と社会連帯思想

　渡辺が共済思想を唱え、実践と教育を通して社会に啓蒙し、その定着を目指した時代は、日本国内では、資本主義の完成[33]から帝国主義期に移行しつつ第一次世界大戦を経て経済規模を海外へ拡大させる途上にあった。それらを国内で支えたのは産業資本の下で大量に作り出された労働者群であったが、その生活の悲惨さは、例えば、1898 年の『日本の下層社会』や 1925 年の『女工哀史』などに見られる通りである。

　渡辺の共済思想が「全体的・国民的事業としての社会事業」というかたちで唱えられ実践されたことは、時代的・社会的に見ても先駆的であり、反面、至極当然な視点でもあった。大正期になると、フランス近代思想である「社会連帯」[34]思想が国内で広まった。その受け皿になったのは、明治国家建設の際に援用された国家有機体思想であり、その背後にはドイツの社会政策理論があった。1922 年に刊行された官僚田子一民[35]の『社会事業』では、その冒頭、「社会事業は、社会連帯の思想を出発点とし根底として、社会生活の幸福を増進し、社会の進歩を促そうとして行はるる所の努力である」（田子 1922：1）と述べ、社会連帯思想が国家的社会事業の運営に重要な役割を果たすことが明確に示された。田子が使う「社会事業」の言葉の意味は、渡辺が使用したものとは異なるが、明らかにその到達点は同じである。この言葉の思想的根拠は、前者は「私達の社会」という観念に基づく社会連帯であり、後者は「国民全体」

という精神に基づく共済であるが、その描いている理想は「全体の幸福」という点でほぼ同じ方向を見据えている。ただ、これらが描く景色の背景にある世界観には、社会連帯思想を生んだデュルケム社会理論で見られる契約社会と、仏教の「衆生恩」「自他不二」「縁起」社会という違いはあった。

　吉田は、「共済主義から大正後半の社会連帯思想に連続していく」（吉田 1989：456）と述べているが、われわれも同じ考えである。これらの思想は、いずれも、国内の社会問題にたいするひとつの処方箋として生み出されたものである。しかし、わが国は、その後、社会連帯思想を国内の社会問題対策のための指標として採用し、公的な社会事業を展開していく。渡辺の共済思想は、いち宗教家がいち民間人の立場から、社会や生活のなかにある社会問題の解決に向けて挑み、実践され、全体的・国民的社会事業という形態で歴史的にその名を残すことで社会的役割を終えたのである。

おわりに

　渡辺の共済思想に関する諸学説のなかには、「大乗仏教の自他不二の平等思想と衆生恩による報恩思想から生み出し、その当時の社会連帯思想に照らし、現代的に解釈して理論化した」（朴 1999：235）という考えや、「渡辺海旭の仏教主義に基づく社会事業思想の中心をなす『共済主義』」（安藤 2000：138）という説があるが、われわれはこれらの考えには賛同はできない。共済思想は、決して仏教による教えに基づいてのみ生み出された思想ではなく、むしろ社会との関係、言い換えるならば、渡辺自身の生活体験と社会で生きる人間が直面している問題（貧困問題や労働問題）や、それらを抱え生きている人間の生活との煩悶から大きく影響を受け、そこから生まれてくる呻吟を帯びた生活者の生きるための思想である、と考えた方が理解しやすいのではないだろうか。共済思想は、渡辺海旭という希有な宗教家がその枠を超え、社会問題に目を向けたひとりの人間という立場から必然的に見出された思想であり、決して偶然の産物ではない。丸山真男は、思想の展開は、「人間と環境との間の安定した関係が破れ、出来事に対して新しい意味賦与を行う必要が出てくると、この意味賦与の作用自体が自覚される」（丸山 1998c：19）ところに表れるとしている。渡辺の

共済思想は、宗教家渡辺が、国内で頻発した社会問題や労働（者）問題にたいし、その解明と解決に向け正面から対峙したところに生まれた思想である。その意味で渡辺の「共済」思想は、渡辺が唱えた「社会事業」とはその意味する内容は同じである。

　以下で、本章で記した渡辺が生きた時代を振り返っておく。

① 1872 ～ 1899 年のこの時期は、渡辺が仏教徒としての歩みを始め、浄土宗門との繋がりが形成されていく土台となった期間である。渡辺と社会との関係は、『浄土教報』主筆になったことで始まり、「仏教清徒同志会」発足に参加したことがその象徴的出来事になった。このとき、渡辺は、いまだ仏教徒としての枠を出ることなく、社会にたいして（特に国家にたいして）一定の距離を保ちつつも意見を持っていた。しかし、同時にそれは、それまでの伝統仏教が、その存続をかけ、他宗教への批判や国家との癒着という、宗教団体としてあるまじき言動を行っていたことへの反発であり、渡辺の宗教家としての自我確立の時期でもあった。この時期は、いち仏教徒の枠を出ることなく、いわばその狭い世界のなかでもがき苦しんだ苦悩の時期と位置づけることができる。

② 1900 ～ 1910 年のこの時期は、渡辺がドイツ留学を通して大きく飛躍する時期である。それは次のような経緯をたどる。一つ目は、留学先ドイツで知ったドイツ労働者が抱える社会問題とドイツ国内の貧困問題への知見であり、二つ目は、そうしたドイツ労働者の社会問題にたいするドイツ自由労働組合による共済的相互扶助活動の実態との直面、三つ目は、日本国内の労働（者）問題にたいする仏教徒としての決意を新たにしたこと、である。留学中に獲得した社会問題に関する視点、その社会問題にたいし宗教が果たしうる社会貢献への期待、そして、宗教家としての自覚は、帰国後、大きく開花することとなる。この時期の渡辺は、いち宗教研究者の目線で、社会の諸問題を客観的に眺める度量を養っていたと思われる。

③ 1911 ～ 1916 年のこの時期は、渡辺がドイツ留学から帰国し、留学中に学んだドイツ社会の労働問題と、それにたいするドイツ社会の対応を日本国内の問題に照らし合わせることで、宗教が取り組まなければならない救済事業に目覚めた時期と考えられる。渡辺は、留学の主目的である比較仏教

研究では、1907年に学位論文を書き博士号を取得している。しかし、渡辺が留学で得たものはそれよりもはるかに有益で、その恩恵はこんにちのわが国の社会福祉にもたらされている。1911年の浄土宗労働共済会開所、1912年の仏教徒社会事業研究所発起、科学的社会事業を提示した論文「現代感化救済事業の五大方針」執筆、等が、こうした渡辺のこの時期を象徴している出来事と思われる。渡辺は、この時期を通して、宗教（仏教）と社会事業とを繋ぐ橋渡し的な役割を果たしたと考えられる。

④ 1917～1933年のこの時期は、渡辺の仏教社会事業と仏教教育の啓蒙実践期と考えられる。これまでの仏教徒、仏教研究者としての立場を土台として、より広い視点から、これからの日本社会で果たさなければならない仏教徒による社会事業や仏教教育のために、啓発・啓蒙実践を積極的に行った時期である。社会的な役職を通じ、渡辺が培ってきた共済思想に基づく社会事業や、その思想を教育の場や救済事業の場で実践し広げていくことが、この時期の渡辺には課せられていたと考えられる。渡辺は、この時期に至って、やっと、いち仏教徒としての役割、つまり仏教の教えに基づく社会的実践と仏教教育を通した布教活動を成し遂げ、仏教徒としての社会貢献を果たし終えたのではないだろうか。

註

(1) 第4章参照。

(2) 渡辺の共済思想は、のちの社会連帯思想に連続していくと考えられている（吉田 1989：456）。社会連帯思想は、こんにちの社会福祉を構築する重要な理念のひとつである。

(3) 本章は、われわれが最終的に明らかにしたい「共済思想と社会連帯思想」とのあいだには何らかの関係性があるのではないか、という仮説（今後の研究で検討）を論証するための中間報告的意味合いを持っている。

(4) 源覚寺は、「寛永元年（1624）、のちに増上寺の第18世貫主となる定誉上人が創建し、徳川秀忠、徳川家光も詣でたことのある寺」（前田 2011：71）である。

(5) 1887年9月、浄土宗学本校は東京・芝天光院内に開校した。京都・知恩院内には浄土宗学京都支校が置かれた。

(6) この時期の日本の置かれた歴史的流れは、1873年頃から始まったとされる原始的蓄積

（註36）過程を前提とした産業革命期にあった。わが国が原始的蓄積に本格的に取り組みだしたのは、1873年以後で、地租改正、殖産興業、松方デフレ政策を通じてであった（矢部 2012：2）とされる。吉田久一は、原始的蓄積過程を、地租改正（1873）前後から日清戦争（1894）前までとしている（吉田 1993：163）。大石嘉一郎によると、日本の資本主義体制確立のために、わが国は、まず産業革命を経験する必要があった。その産業革命は、わが国の場合、1886年頃から1889年にかけた企業勃興から始まり、日清・日露戦争を経て急速に進展し、1900年から1910年頃に終了した。そして、その時点で、日本の資本主義体制の確立を見た（大石 2005：51）としている。

(7) わが国で初の労働組合は、「石川島造船所等の労働者によってつくられた労働組合期成会鉄工組合」（高野 1997：5）である。わが国の近代的労働組合である労働組合期成会鉄工組合に関しては、高野房太郎の著書『明治日本労働通信』（1997）が参考になる。

(8)「仏教清徒同志会」の発起人は高島米峰と境野黄洋で、渡辺海旭、田中治六、安藤弘、杉村縦横、加藤玄智等がメンバーであった。

(9) 大石嘉一郎（1998：28-29）を参照。

(10) 農民の賃労働者化については、隅谷三喜男（2003：23-29）を参照。

(11) 当時の女工の労働状況については、細井和喜蔵によって記された『女工哀史』（1954）に詳しい。

(12) ここに「国家に報効する為」としているのは、当時の時代情勢を考慮した上での表現であると考えられる。

(13) 社会主義者鎮圧法と労働者保険は、「アメとムチ」論で説明されることが多い。「アメとムチ」論の検討については木下（1997）『ビスマルク労働者保険法成立史』第7章第1節参照。

(14) 飯田洋介（2015）『ビスマルク』によると、帝国宰相ビスマルクと若き皇帝ヴィルヘルムⅡ世とは政策をめぐり対立することが多かった。皇帝ヴィルヘルムⅡ世は自尊心が強く、皇帝としての自意識が過剰で、自らが国家を統治しようと意気揚々としたところがあった。
　　　例えば、皇帝ヴィルヘルムⅡ世は、1889年に起きたルール地方の炭鉱夫によるストライキに際してビスマルクとは対照的な姿勢で労働者保護の対応をしたり、また、1880年代末の独露関係においても皇帝ヴィルヘルムⅡ世が対露関係を危惧していたのにたいし、ビスマルクは親露姿勢で臨んだ。

(15) 1901年に調査が行なわれ1903年に出版された『職工事情』は、農商務省商工局工務課工場調査掛が行なった労働事情の調査・報告がおもな内容になっている。

(16) 中川清編『明治東京下層生活誌』には、「1886年から1912年までの東京の下層社会に関する生活記録」（中川 1994：293）が収められている。

(17) 1899年に出版された横山源之助の『日本の下層社会』では、「小作人生活事情」のなかで、当時の農民の厳しい生活状況が記されている。

(18)「共済制度」に関しては、前記した高野の著書（1997）で、高野が1897年10月24日、

アメリカ合衆国ワシントン DC にあるアメリカ労働総同盟の会長サミュエル・ゴンパース
（Samuel Gompers）へ宛てた手紙のなかで「私は、日本で労働組合を結成する際には、組
合規約に充実した内容の共済制度に関する規定を設ける必要があると考えています」（高
野 1997：57）（下線は著者による）と、すでにその必要性について述べている。

(19)　風早八十二は、「西欧において、労働組合は極めて卑近日常的な生活相互扶助の組織よ
り漸次自覚せる階級闘争の学校に発達し来たった時、わが国においては、その発生の頭初
から、かくも明確なイデオロギーによって指導されているということは極めて特異な事実
でなければならぬ」（風早 1952：389）と述べている。

(20)　山田は、自由労働組合の建築労働者保護、家内労働者保護、失業保険、職業紹介、労
働会議所、消費協同組合等の社会政策的活動を三つの点に集約している（山田 1997：567-
569）。それは、①国家社会政策への関与、②産業自治、③労働組合の自主事業、である。

(21)　渡辺は、1907 年、ドイツ留学先で、『普賢行願讃』の研究により、学術博士（ドクトル
フィロソフィ）の学位を取得している。大正大学は 1887 年に宗教大学として設立、東洋
大学は 1903 年に私立哲学館大学として設立された（各大学のホームページ参照）。

(22)　渡辺が、ドイツ留学時、「労働者の家」を実践的に学んでいた点については、1920 年
『仏教徒社会事業大観』（編集復刻版 戦前期仏教社会事業資料集成第 1 巻、235 頁）に「『労
働者の家』の組織を本とし、労働者寄宿、飲食物実費給与、職業紹介等の事業を経営して」
と記されている。

(23)　「浄土宗労働共済会規則」は、第 1 章 名称および位置、第 2 章 目的および事業、第 3
章 会員、第 4 章 会計、第 5 章 役員および顧問、第 6 章 会議、第 7 章 附則の全 10 条か
ら成り立っている。

(24)　吉田は、「浄土宗労働共済会」のこうした活動を、防貧的セツルメント活動と評価して
いる（吉田 1992：393）。

(25)　吉田は、「浄土宗労働共済会」の事業を防貧施設として紹介している（吉田 1989：
457）。

(26)　当時、「社会事業」という名称は一般的には使用されることはなく、1900 年制定の感化
法や 1908 年に行われた感化救済事業講習会にちなんだ「感化救済事業」の名称のほうが
一般的であった。国家は、社会主義思想との関連から「社会」という名称を使用すること
を避ける傾向にあった。渡辺も、1911 年に執筆した「慈善事業の要義」では、「社会事業」
という名称は使用していない。

(27)　私設社会事業とは経費の面で私設な社会事業のことを言う。わが国の社会事業は、私
設社会事業が圧倒的に多い。

(28)　1933 年、大河内一男は「我国に於ける社会事業の現在及び将来」『社会政策の基本問題』
（1944 年、日本評論社）のなかで、社会事業に関する考察を行なっている。

(29)　1908 年、東京で開催された第 1 回感化救済事業講習会に参加した僧侶と、当時、東京
で救済事業に関わっていた仏教徒が集合し、1909 年に発足したのが「仏教同志会」である。

この組織は、その機能を十分に果たさないまま解消し、その後を受け継いだのが渡辺等による「仏教徒社会事業研究会」（1912年発足）であった。『仏教徒社会事業大観』は、仏教徒社会事業研究会によって編纂されたものであるが、同書では、序説のなかでこれまでの経緯を説明し、仏教同志会についても触れている。のちに「共生道」を唱える椎尾弁匡も仏教同志会創立委員のひとりであった。感化救済講習会の講習員145名中55名が僧侶で占められていた。

(30)「科学的」という表現は、「五大方針」のなかで記された二つ目の救済手当の傾向において用いられている。菊池結は、渡辺の「五大方針」で示された救済事業を「科学的社会事業」（菊池2009：2）と呼び、科学的な方針を持つものとして社会事業を把握する渡辺の姿勢を指摘している。また菊池は、渡辺の社会事業の根底には大乗仏教の存在があるとも述べている（菊池2009：43）。渡辺が指摘した宗教家の救済事業貢献への適性度は、すでに1911年の浄土宗労働共済会趣意書にも示されている。そこでは「互恵共済」「報恩の責」によって労働者の救済や保護を行うことの急務が指摘されていた。前記した「慈善事業の要義」（1911）でも、「報恩の精神」の重要性が指摘されている。「五大方針」では、「共済」がその趣旨と合致する。菊池が言うように、渡辺の社会事業が大乗仏教にその根底を持つとしたら、その大乗仏教とはどのような精神性を備えた宗教なのであろうか。渡辺は1921年に「大乗仏教の精神」を著している。そのなかで渡辺は、大乗仏教は、「実に此の利己主義を嫌い、独善主義を排し、無寛容主義を去り、形式主義を否定し、真に人生をして相互救済の光明の生活を営ましむる力」と述べ、「大乗教は社会生活を肯定し、無我、無常、涅槃の理想の上に、大なる反省と向上とを以つて、人生の臨むものなるが故に、現代の如き、権利にのみ没頭し、争闘これ事とする時代には最も適切なる教である」と主張している。

(31)「現代感化救済事業の五大方針」は、1916年1月20日発行の『労働共済』第2巻第1号と同年2月29日発行の同誌同巻第2号に上下に分けて発表された。

(32) 吉田が、渡辺を感化救済事業から社会事業の分水嶺に位置していると指摘するのもこうした点から言える（吉田1974：136）。

(33) ここでは、資本主義の完成した時期については、大石嘉一郎の研究によって示された1900年頃から1910年のあいだとする学説（大石1999：205）によっている。

(34)「社会連帯」思想は、フランスの急進社会党の指導者レオン・ブルジョアによって大きく取り上げられた。ブルジョアの考えた社会連帯は、デュルケムの契約論（契約は形式が重要であり、正当な手続きが欠けたら成立しない）に大きく影響を受けた「疑似契約」の考えが中心にある。「疑似契約」とは、「最初から何か、たとえば、『自然状態』といったものに依拠して成立するのではなく、後からその合意が遡及されるような契約」（廣澤2005：64）を指す。ブルジョアは、「連帯」を事実としての連帯である「自然連帯」と「正義」が実現された連帯である「社会連帯」に区分した。ブルジョアはこの「正義」を考えるに際し、「人間は人間社会の債務者として誕生する」「社会的債務」者であるとし、ただ、

その「社会的債務」を個々人にたいして負うことは実際的にはできないので、相互的なものとして捉えた。その前提には、ブルジョアが考えた相互的契約論があり、人間のリスクや利益は、相互的な契約によって互いに分配し合うことが必要であり、そのことで「正義」も形成されると考えた。その際に重要なのはある種の「保険」であり、保険制度が積極的に策定されることで社会的貧困は合理的に解消される、とした。ブルジョアの考えた「社会連帯」は、この「保険」を実現することをその原理としていた（廣澤孝之〔2005〕を参考にまとめた）。

(35) 田子一民は、1881 年、岩手県盛岡市に生まれ、1908 年に東京帝国大学を卒業した。卒業後、内務省に入り、1917 年、37 歳のときに地方局救護課長になる。1919 年に地方局社会課長、1922 年には内務省社会局長に任ぜられた。この年の 5 月に『社会事業』を刊行している（田子〔1970〕巻末の田子一民年譜による）。

(36) 原始的蓄積については、野呂栄太郎は「生産者と生産手段との歴史的分離過程」（野呂 1983：221）と説明している。大石嘉一郎はそのことをさらに詳しく分析し、「先進資本主義諸国による政治的・経済的圧迫と世界市場への包摂という世界史的環境の下で、中央集権的国家機構の樹立とその財政的・経済的基盤の確保を至上命令とする、地租を中心とする激しい国家的収奪を直接的な契機として行われ、農民・小生産者からの『生産物の収奪』を根幹とし、したがって、農民の土地所有喪失と地主的土地所有の全国的拡大、商人＝高利貸資本の圧倒的優位の確立、萌芽的に現出した小生産者型発展の解体を、その特質とした」（大石 1998：75）と説明する。

第6章

戦時下の厚生事業とこんにちの社会福祉の方向

──パラダイム異変下における「人」的自助ファクター──

はじめに

歴史家 E・H・カー（Edward Hallett Carr）は、「過去の光に照らして現在を学ぶというのは、また、現在の光に照らして過去を学ぶということも意味しています。歴史の機能は、過去と現在との相互関係を通して両者を更に深く理解させようとする点にあるのです」（カー 1961＝1962：97）と、脈絡を無視した歴史理解の空虚さを指摘している。

こんにちの社会福祉（2000年以降の社会福祉＝社会福祉期）の理解は、事業史としての社会福祉の性格は備えながらも、将来予測も含めた新しい情勢判断を通して行なわなければならないという点で多難である。そのすべてを単なる過去との相互関係から正確に描き出すことは困難であり、かすかに重なる事象を通して、類推の悪戦苦闘を重ねるか、しばらく時代から目を逸らすしかないのであろう。

本章では、こんにちの時代理解の応用の困難な環境の下で、社会福祉の歴史考察の舞台として、戦時下にあった社会事業[(1)]（戦時厚生事業）期とこんにちの社会福祉の方向とを、類似するスクリーンとキーワードをヒントに考察する。ここには、社会福祉の時代的危機を感じさせる大きなパラダイムの異変と「人」的自助による脱却という呪文がある。第1節では、戦時厚生事業期における社会事業の理念や国家の政策等から、戦時厚生事業下の社会事業理論の変質や果たした役割、さらには厚生事業の性格を決定づけた日本社会事業研究

会による「日本社会事業新体制要綱」を考察する。社会福祉の歴史研究で「戦時」とは、満州事変、日中戦争、アジア太平洋戦争といった一連の戦時下を指している。しかし、本節では、戦争と社会福祉とがある一定の目的の下に抱き合わせで語られた1938年以降の厚生事業期を中心に論じていく。第2節では、こんにちの社会福祉における危機と呼ばれる状況と、その下で同時進行的に進められている「人」に重きを置く自助政策について考える。

第1節　戦時下における厚生事業[2]

1. 社会事業理論の変質と危機対応

　厚生事業理論という、それまでの社会事業理論を再編成した事変体制下理論は、わが国の戦時における社会経済環境の下にあって、国民生活の要請からもたらされたひとつのパラダイム異変現象と考えられる。それは、この理論の性格が、わが国で大正期後半に誕生した「要救護性」「要保護性」を中核とする社会事業を、戦時下における生産力増強をねらった人的資源の保護育成を主とする事業へと移行させる内容のものであったことからも理解できる[3]。このことは同時に、社会事業の本来の機能が、戦争といった危機的社会状況と結びつけて理論化されたという意味で異質化すること意味していた。

　わが国の社会事業は大正デモクラシー期に誕生したと考えられている。その記念碑に位置づけられるのが、社会事業新官僚としての田子一民による『社会事業』である。このなかで田子は、社会事業は、「社会連帯の思想を出発点とし根底として、社会生活の幸福を増進し、社会の進歩を促そうとして行はるる所の努力である」（田子 1922：1）としている。また社会連帯思想について、「私達の社会という観念」（田子 1922：9）として捉え、「私達の社会と自覚する社会には慈善はなく」（田子 1922：10）なり、「今の社会に、もう少し、私達の社会と云う観念、自覚をふるひ起こしたいものと望むものである」（田子 1922：7）と述べている。

　当時の社会事業の性格は「アメリカにみられるような内在的な処遇の専門化等よりも、外的な米騒動や社会運動対策の要請からの救済事業の積極化＝社会事業の成立」（吉田 1979：64）という側面が強い。

　社会事業が問題とするおもな事柄は、貧困[4]、医療問題[5]、要保護児童問題[6]、売春問題[7]等であった。こうした社会事業対象の思想的バックボーンにあるものが社会連帯思想であり、それはまた「自由主義と社会主義の中間を志向した西欧近代型の社会改良主義」（吉田 1979：142）でもあった。

　社会事業期と戦時厚生事業期との明確な区分を提示することは難しい。第一次世界大戦以降の資本主義的危機期間は、満州事変を境として昭和恐慌期と準戦時体制期に区分され（吉田 1979：151）、戦時厚生事業期は、準戦時体制の下流に位置づけられる。本章が戦時厚生事業期をその舞台とした理由は、こんにちの社会福祉下におけるある種の危機感と「人」的自助強化の課題が、第二次世界大戦が本格化した戦時厚生事業期と重なる部分があると考えたからである。

　社会事業が戦時厚生事業として変質したと考えられる理由は、国策としての「戦力の増強」と「東亜新秩序の樹立」が戦時下社会の大きな目標とされたことを背景に、「体位の保持増強」や「国民生活の安定」を内容とした、本来は主体的な自助機能的性格を持つ「人的資源」の育成が、国家によって社会事業の目標とされたからである。つまり社会事業の存在意義のすり替えが強いて行なわれたのである[8]。

　戦時厚生事業は、政治的新体制の下で、大政翼賛による戦争遂行理念とともに、家族的血縁や隣保的地縁といったわが国の文化的・歴史的に形成された共同体秩序にその理念の支柱を置いていた。

　政府は、国民体位の低下や生産力拡大といった当時の社会的課題にたいし、国民生活の安定、体位の保持増強を内容とする戦時の国民生活を念頭にした厚生事業を展開するが、それは上からの全体主義的・統制的発想に基づくものであった。実際には国防を主眼とする戦力の増強と健民健兵[9]施策が推し進められた。

2.「日本社会事業新体制要綱」に描かれた厚生事業

　1940 年 6 月、近衛文麿は「強力なる新政治体制」（基本国策要綱）を確立することを掲げ、同年 10 月に大政翼賛会が成立すると、社会事業界でも新体制論議が盛り上がった。

1937 年に結成された日本社会事業研究会は、1940 年 8 月に公表した「日本社会事業の再編成要綱」に準ずるかたちで、同年 10 月、『日本社会事業新体制要綱―国民厚生事業大綱―』（以下、「大綱」と言う）をまとめた。

　大綱では、「未曾有の革新過程に際し、断固旧態を改編し、新体制の一翼として、前線銃後の厚生対策に将又東亜民族の協同福祉に敢然推進する為め」[10] それまでの日本社会事業を国民厚生事業に改めることを宣言している。「国民厚生事業」という名称については、人的資源の保持培養を図るための高度厚生国家の建設が時の社会事業の目標であることを命名の理由としている。

　大綱が示す国民厚生事業の概念は、「特定社会に於いて、其の成員が、完全なる集団生活を営み得る様厚生指導する部分的又は全体的努力」であり、その目標は、①高度厚生国家の建設、②東亜民族厚生指導の確立にあり、これは「国防国家の建設」という当時の日本政府（第二次近衛内閣）が目指した方向に基づくものであった。しかし、この動向は、「要救護性」「要保護性」といった社会事業の立脚点が、国防といった事態にその位置を移し、その見据えてきた目標を見失ってしまうことを意味していた。あるいはまた、「大綱」のなかでも指摘されているように、革新社会事業としての国民厚生事業は、それまでの社会事業とは別の枠組みを持つ異質の事業として改組されたと捉えることもできよう。社会事業が社会を統合する手段として利用されたと見ることもできる。

　しかし、このような戦時厚生事業は、戦争の持つ意味との相乗作用によって、その負の側面だけが際立ってくるが、それ以外の面も備えていた。

3. 戦時厚生事業のこんにち的意義（社会事業の連続性）

　戦時厚生事業がこんにちの社会福祉にもたらした意義として考えられることは、対象の拡大による社会事業の一般化がある。吉田はこれを「拡大の論理」と呼んだ（吉田 1979：273）。

　社会事業施策の下で把握された要保護的性格を持つ貧困層や児童等は、戦時厚生事業施策の下では、即戦力や将来の戦力として育成の対象になった[11]。

　例えば、戦時下における児童政策は、人口政策的な人的資源の育成を念頭に置き、障害児や貧困児をも含めた日中戦争以降の児童保護とは質的にも変化した児童保護施策を展開した。それはまた、厚生省体力局が人口局（1941）、健

民局（1943）へと児童主管局を変化させるのと連動して、児童保護から児童愛護、児童愛育へと児童にたいする用語の使われ方が変化してきていることからも理解できる。このことは同時に、児童施策の対象が一般児童にまで拡大していることをも意味していた。こうした状況の下で児童に求められたのは、体力増強、体位向上、堅忍持久の健兵養成等、国内労働力や将来の戦渦を戦える戦力である人的資源としてのそれであった。

　一方、健民政策として、1940年には国民体力法[12]、1942年には国民医療法が公布され、それぞれ「国民体力の向上」を大きな目標として掲げていた。保健所は、すでに1937年にその立法化が行なわれていたが、国民体力法などの制定によってその地位が強化され、健康や体力向上のための保健指導の中心的な担い手となった。こうした保健所の持つ「一定地域内に於ける住民の健康を増進し、体位の向上を図る為、必要なる予防医学的指導」[13]業務を一般国民に向けて広く徹底することになったことも、戦時における国民即戦力体制には重要であった。

　戦力の拡大のため、すべての国民を対象とする国家全体をあげた動員体制の下では、社会事業の本来の目的は放棄され、戦争遂行能力の育成が上からの人的自助強要というアンチノミーを形成した。戦時厚生事業とこんにちの社会福祉は、「人」というファクターで連続し、体力向上を国民自助による育成強要を図るという方法論でつながっている。しかも、どちらも国家による施策という点で共通しているが、目的だけが異なっている。

第2節　社会福祉期におけるいわゆる"パラダイム異変"と「人」的自助

1．パラダイム異変とその背景

　事業史の持つ連続性という性格から見ると、戦時下の厚生事業とこんにちの社会福祉とは、たとえ後者が、前者を否定、克服の過程を経ながら進むとしても、同じ路線で捉えることができる。しかし、われわれは、過去を、過去の「いま」で理解することと、現在から、過去の「いま」を理解することとは違うことを知っている。そのことを前提にした上で、社会事業が厚生事業に質的に変化し、その下で行なわれた国家による人的育成政策を、こんにちの社会福

祉の下で見た場合、営利追求を主眼とした社会福祉への変化を質的なパラダイム異変として捉え、その下における健康支援を「人」的自助政策として仮説立てする、歴史的検証の必要なひとつのテーマをそこに見出すことができるのではないだろうか[14]。

こんにちの社会福祉を理解する場合、そのパラダイムに異変を見せ始めるのは 1985 年 11 月以降の厚生省社会局によるシルバーサービス指向にあると考えられる[15]。異変の中身は、要救護性・要保護性という社会福祉の持つレゾン－デートルが、有償事業をそのひとつのかたちとして認めた点にある。そしてこの傾向は 2000 年以降に著しい。

こうした環境変化の背後には、高齢者を中心に据えた社会福祉のかたちがある。高沢武司は、このかたちを「高齢者福祉モデル」として、その特質を、①保健・医療との連携、②予防と契約のシステム、③定住性に依拠する供給、④自立限界の公的（臨床）判定、⑤申請権の実効性担保＝権利擁護制度、等にあるとしている（高沢 2005：14）。わが国の社会全体が、こんにち、このモデルを基軸にしてシステム化されているかどうかは即断できないが、少なくとも加齢は自分の問題であることに間違いはない。

一方、社会福祉の自助化は、第二臨調最終答申（1983 年 3 月 14 日）を背景とする 1980 年代の半ばからの福祉改革のひとつの特色である。自助化の極端に具現した福祉サービスの有償化は、介護保険制度を嚆矢とし、その領域を拡大している。福祉サービスが売買の対象になることは、一般消費層を生み、社会福祉の対象を拡大するという点では、ある意味で評価できるかもしれない。しかしそれは、必ずしも社会福祉の普遍化とは言えない[16]。持つ者と持たざる者との線引きが行なわれるからである。競争原理を土台とする福祉有償事業は、福祉サービス利用者には多くの負担を招いたが、国民一般には自助の意識を高めるという副次効果ももたらした。しかし、ここで注意しておかなければならないことは、この場合の自助意識は危機意識とも言い換えることができる点である。

2. 社会福祉の「人」的自助ファクター

社会福祉期の福祉政策は「個」の強調をひとつの特色としている。これは、

金銭的自己負担を前提とする自助の強化と効率性を重視する競争原理による影響と考えることができる。この傾向は、「健康日本21」に見られるこんにちのわが国の健康政策を見ても同様であろう⁽¹⁷⁾。

　戦後の健康支援は、1970年代に入る頃からの「高齢社会」危機論を支柱として進められてきた。したがって、その対象は、栄養・運動・休養といった生涯続く日常生活に必要な要素に焦点を絞り、すべての国民に向けられ、1987年以降加速する。しかし、高齢社会に付随する諸課題は日本の様々な側面を強打し、もはや領域を持たない問題になっている。健康支援は、2000年の「健康日本21」によって政策化し、さらに2007年の「新健康フロンティア戦略」によって戦術の拡大を図った。

　本来、「健康」というタームは、上からの自助政策という二律背反的な施策によって維持・管理されるものではなく、国民のポジティブな意思によって構築されるものであろう。ややニュアンスは異なるが、同じことが体力向上等の言葉にも当てはまる。

　しかし、こんにちの社会福祉が、増え続ける社会保障費の洪水にさらされながら、かつ就労戦士の要請から、社会福祉の枠組みの質的変更を行ない、国民一人ひとりの自助に頼るかたちで、この時代的危機を乗り越えようとする在り方に、かつての戦時下をだぶらせ投影させて見えてくるものは、はたして幻であろうか。時代の混乱期は、最後はいつも、「人」というファクターによって乗り切るしか術はないのであろうか。

おわりに

　目の前で起きている様々な事象は、それぞれが必ずその原因を抱え、重要なテーマが表象されたものであると考えられる。しかし、それらが一体何を意味しているかは「冷静な頭」（Cold Head）で検証されなければ、それは単にひもの切れた数珠玉にすぎず、意味を持たないバラバラなパーツにすぎない。

　社会福祉の研究にとって、歴史的連続性のなかでこんにちの状況を説明することは、言うまでもなく重要である。しかし、近年のわが国における社会福祉のカリキュラム改組は、その認識がやや欠如しているのではないかと感じさせ

られる。だからというわけではないが、われわれは、より以上に社会福祉の歴史研究の必要性を感じる。本章で取り上げた課題は、こんにちのわれわれの社会に起きている事象の一端である。ひとつの課題提起でもある。こうした課題分析には、歴史的考察が最も有効か否かは判断が難しいが、避けては通れない手法であることは間違いない。社会福祉は、いま、その役割を変えつつあるという認識に共感者を求めるが、その変化する様をしっかりと見届けるためにも、改めて歴史を遡る必要があるのではないだろうか。

註

(1) 本章では「社会事業」を、こんにちの「社会福祉」と同義語として位置づける。「社会福祉」の概念は、この言葉が使用された時期によって、対象、主体、方法、思想等が微妙に異なる。

(2) 厚生事業とは、1938年に厚生省が設置されたときに前後して使用され始めた用語で、日本では、1931年の満州事変から1945年のアジア太平洋戦争終結までの一連の戦争下において、特に、1940年の紀元2600年記念社会事業大会以降、一般化したと考えられている。それ以前には、竹中勝男によって、1936年、論文「『社会事業』という名称」のなかで、「厚生事業」という名称が提唱されたこともあった。

(3) 松本征二は「新体制問題に関する覚書」(1940) のなかで、「対象を要扶披者を中心に一般庶民階層に迄拡大し、その生活の確保と人的資源の保持・培養を目標」とするとして、戦時厚生事業を社会事業に替わる新体制として位置づけ、対象の広がりと国民大衆を視野に入れた社会事業のこんにち的な意義を示している (松本 1940：1-7)。つまり、こんにちの結果から見て、社会事業が、特定の狭い対象者から広く国民一般をもその対象に含め、その仕組みの整備・充実を図った功績は一定の評価に値するということである。

(4) 吉田は、社会事業問題を生み出す指標として、資本主義恐慌、農業恐慌、米騒動、震災恐慌をあげている (吉田 1979：26)。特に米騒動 (1918) に象徴される貧困の対象には、低所得者や社会事業対象者である細民を多く含み、以降、細民調査が多く行なわれることにもなった。

(5) 貧困と疾病は一体のものとして捉えることができる。わが国の場合、この時期、死亡率は世界的に見ても高率で、栄養不良がその主要な原因となっている。特に、農村の衛生状態が劣悪であり、乳幼児死亡率の高さ、高額医療費の不払い等も調査によって明らかになってきた。また、肺結核という社会的疾病による死亡率も高く、貧困との関連性も深いことがわかっている。その他、精神疾患者や性病罹患者、癩患者等の多くが貧困のなかで

生活を強いられていた。

(6)　貧困にその大きな要因を持つと推定される乳幼児の死亡率の高さは、栄養不良、養育環境不良等が直接的な原因としては考えられる。また貧困家庭では、幼くして労働に従事する児童が多く、過重労働の負荷、芸妓・酌婦・娼妓等の不健全労働への就労が目立っている。低年齢児童の就労は、不就学児童も多く生み出す。さらに要保護児童という点では、障害児問題、非行問題もあげられる。

(7)　売春は、貧困を根底的な課題とする二次的な問題として考えられる。

(8)　1937 年に結成された日本社会事業研究会は、1940 年に「日本社会事業の再編成要綱」を決定した。そのなかで社会事業の対象者とされる者を「国家体制の欠陥や国内諸体制の整備革新の実施過程における犠牲者、人的資源としての資格を欠き、または欠く虞のある国民」として、それまでの「要救護性」「要保護性」といった限定者から一気に拡大させた。しかし、このことは社会福祉対象を一般国民にまで拡大させるという効果ももたらした。

(9)　吉田（1979）によると「健民健兵」の用語は、1941 年小泉親彦が厚生大臣に就任してから使用され始めた。

(10)　日本社会事業研究会編（1940）『日本社会事業新体制要綱―国民厚生事業大綱―』の「提唱」のなかに謳われている。

(11)　「大綱」では、「不具廃疾」は戦時下社会の成員としてはその資格を欠く者として位置づけられていたが、疾病傷痍、失業者等は育成保護の対象として戦力となる期待が持たれていた。

(12)　本法では「政府ハ国民体力ノ向上ヲ図ル為本法ノ定ムル所ニ依リ国民ノ体力ヲ管ス」ることを目的としている。1954 年廃止。国民体力法については以下を参照。http://www.geocities.jp/nakanolib/hou/hs15-105.htm

(13)　保健所法制定当時、政府によって示された保健所の概要の一部（『保健所 30 年史』による）。

(14)　ここでは必ずしも、戦時厚生事業の下で行なわれた国家による戦力養成政策と、こんにちの社会福祉の有償化の下における国家による健康支援動向を、比較検討する必要性を積極的に意図して提示するものではない。あくまでも学際的な見地に立っての考究を望むものである。

(15)　厚生省は、1985 年 11 月、社会局老人福祉課に「シルバーサービス振興指導室」を設置し、営利を追求する福祉サービス産業の育成拡大の方向を示した。

(16)　ここで言う普遍化とは、すべての国民が福祉サービスを利用できる環境になることを意味する。

(17)　戦後のわが国の健康支援は、1956 年の『厚生白書』からもわかるように、敗戦後の約 11 年間を振り返るかたちで始まった。そこには、体位の向上、労働力の育成等、戦力増強を掲げた戦時厚生事業の姿は微塵もなく、すっかり様変わりしていた。1978 年から始まる

国民健康づくり運動「第一次国民健康づくり対策」では、「自分の健康は自分で守る」と、社会保障予算の削減を反映した自助強化の傾向が表れ、高齢化率 7% をすでに超えていた当時の情勢も踏まえた「健康な老後」を目指す健康支援に力点が置かれていた。続く 1988 年からの「第二次国民健康づくり対策」（アクティブ 80 ヘルスプラン）では、「運動」の普及と福祉サービスの有償化の影響を受けた民営による健康関連サービス事業の育成普及が前面に押し出されてきている。国家による健康支援の転換があったとするならば、この時期がタイミングとしてはひとつのターニングポイントになるのではないだろうか。その後、2000 年から 2010 年までの 11 年を計画期間とする「健康日本 21」(21 世紀における国民健康づくり運動）では、「個」の強調によって、1978 年以来続く健康にたいする自己責任の確認と「予防対策」の強化による健康づくりが指摘されるようになった。健康支援が健康政策にシステムシフトするのはこの時期からであろう。政策は、2007 年の「新健康フロンティア戦略」によって、ある意味で複合的意味合いを持った国家戦略化の様相を呈してきた。

第7章

契約型社会福祉におけるニーズの考察
——社会福祉政策研究の課題——

はじめに

　社会福祉基礎構造改革（以下、「構造改革」と言う）が「措置から契約へ」の
移行に眼目を置き、「情報開示・提供」「福祉サービス利用援助」「苦情解決」
「サービス内容の評価」等の社会福祉を取り巻く環境を整備したことは、市場
の概念を社会福祉の原理として援用することで、これからの契約型社会福祉を
円滑に機能させることをねらいとした社会福祉政策と言えよう。

　構造改革の改革理念には、「国民自らの生活に対する自己責任」と「社会連帯
の考え方に立った自立支援」が謳われている。新しい世紀は、市場機能を利用
するかたちで、自助を基本とする自立と共助によった依存的自立という視点が、
社会福祉のなかで両輪として機能することを求めている。こうした社会福祉施策
は、社会福祉の対象者、つまり社会福祉の利用者が、従来の限定された者から
広く一般市民層にまで広がりを見せている社会的背景を持っている。

　本章では、措置による社会福祉から契約型社会福祉へ移行する下でのニーズ
について考察することを通して、社会福祉政策研究のこれからの方向を探る手
がかりとしたい[1]。

第1節　措置委託制度と契約制度の下でのニーズ

　1980年代初頭から始まった措置委託制度の見直し作業から約17年経った

1990年代後半からの具体的な変革は、わが国の社会福祉体系を大きく揺るがす出来事であった。

　措置委託制度は、本来は、公的責任に基づいて国が行なわなければならない「社会福祉の増進」（社会福祉法第1条）という行政行為を、国が民間の福祉事業体に委託する制度であり、「措置」という行為は、行政法学上の行政行為と解するのが通説である。

　措置をどのように理解したらよいかについて、堀勝洋は、措置を次の三つの角度から分類している（堀 1994：12-17）。それは、①行政庁が対象者に福祉サービスを行う行政的な決定およびそれに基づいて行われる福祉サービス（狭義の措置）、②生活保護法を除く社会福祉五法に規定された「福祉の措置」という言葉が表現している種々の福祉サービスの総称（広義の措置）、③措置にかかる費用としての「措置費」といった場合のような社会福祉の費用負担に関連して用いられる場合、である。

　また、佐藤進は、法学的な側面から措置の意味する点について、①各社会福祉立法に基づいた、国または地方公共団体がその責任において、自らの事業として社会福祉施設サービスを提供するための仕組み、②行政庁の施設サービスの給付に関わる受給資格確認および要援護者のサービスニーズの要否と入所の有無に関わる行政処分で覊束裁量行為とする（佐藤 1989：25-30）。

　戦後から長きにわたりわが国の社会福祉の根幹をなしてきた措置委託制度ではあるが、表7－1のような長所と短所があることも指摘されている（厚生省社会・援護局企画課 1998：94）。

　措置委託制度の下での社会福祉サービスは、措置委託制度の下でのニーズ、例えば、日常の生活を送るために最低限備わっていなければならないものが不足していたり、心身に何らかの障害を負い社会的な支援が必要な、おもに高齢者、障害者、児童等が抱えるものにたいして、各社会福祉法に基づいて行われる援護、育成、更生、等といった行政行為によって充足される。

　戦後、初めて措置委託制度が導入された児童福祉法（1947）では、児童の置かれた緊急的かつ救貧的必要性や、児童という限定的かつ選別的な対象者という意味合いから、措置の持つ機能も緊急性・救貧性・限定性・選別性といった内容を備えていた。このことはまた、生活保護法や障害者福祉法等においても

表7-1　措置制度の長所と短所

比較事項	長　　所	短　　所
サービス選択	行政庁の判断で優先順位の高い者に対してサービス提供を担保	利用者のサービス選択が不可能
サービス内容	一定水準以上のサービスを均一に提供できる	競争原理が働かず、サービス内容が画一的になる
サービス供給	行政庁の財政能力に応じた制度の運用が可能	予算上の制約に左右される

《出典》厚生省社会・援護局企画課（1998：94）

同様であると考えられる。

　しかし、他方、措置が行政行為として、利用者にたいして一方的であり、利用者の側に選択権がなく、利用者の意思決定を尊重しづらいという欠点を生じさせてしまったことも事実である。

　公的責任の一形態としての措置の仕組みが施行されてから、すでに約70年が経過している。そして、戦後のときのような緊急性・救貧性・限定性・選別性といったニーズの特色は、もはやこんにちの社会福祉のニーズの持つ特色として置き換えることは困難である。利用者の置かれている状況は、社会経済的発展に伴い変化し、ニーズへの対応の仕方も計画性・予防性・多様性・普遍性・個別性を持った内容へと変わることが求められてきた。

　こんにち、社会福祉の形態は、利用者を主体とした、利用者自身による契約によって展開されていく。契約制度の長所や短所について、小笠原祐次は表7-2のようにまとめている（小笠原 1998：45-52）。

　小笠原の指摘するように、社会福祉サービスを契約によって利用できる環境は、利用者にとっても福祉サービスを選択することが可能であり、一方で、競争原理が働くことで、サービス内容の質の向上も図れるといった利点がある。国は、こうした競争を円滑に進めるための手段として、民間の福祉サービス供給機関の参入を支援してきた。

　ところが、契約制度の下における社会福祉の対象は、措置委託制度の下での限定的福祉サービス利用者から、おもに高齢者を中心として一般市民的福祉サービス利用者へと拡大している。このことはつまり、それまでは一定の社会的基準によって取り上げられてこなかったニーズも、サービス供給側のインセ

表7－2　選択・契約型利用の長所・短所

比較事項	長　所	短　所
サービス選択	自分の意思で選択できる 対等な関係で選択・契約できる 利用手続きが簡単で、短時間でできる	意思決定、意思表示することが困難な人、自立困難で窓口まで出向くことが困難な人の選択・契約手続きが難しい 提供者の同意がなければ契約は成立しない サービス利用の保障の担保がない 手続き、移動の自由度の低い人、情報の少ない人、所得の低い人が不利になる
サービス内容	競争原理が働き、サービスの質が向上する 独自性、独創性が発揮でき、サービスの個性化が進む より質の高いサービスも購入できる	市場の分割、占有化が進むと競争原理が働かなくなる 価格変動によってサービスの質が変動する 所得の低い人はより高いサービスを購入できず、サービス面で所得格差が広がる
サービス供給	ニーズの多いところ、ニーズの（質の）高いところではサービスの供給が進む サービス価格が高く、供給のインセンティブが働けば供給が進む	ニーズが少なく採算割れがあるところではサービスの供給が進みにくい。または進まない 採算が合わなければサービス提供の縮小、撤退、閉鎖、倒産等が発生する ニーズが極めて少ないサービスへの供給のインセンティブは働かない

《出典》小笠原（1998：45-52）より　一部省略して掲載

ンティブが働くことでニーズとして把握されたり、あるいはまた、ニーズを持つ側に資力があれば、ニーズとしてサービス供給側に把握されることも可能な環境が整ってきている、と言える。

　市場からの福祉サービス供給環境における福祉サービス利用者の拡大の下では、ニーズの概念も、それまでの概念とは変化して把握される必要があると考えられる。ニーズの多様化、増大化に伴う福祉サービス供給の多様化、多元化を背景として持つ社会福祉の契約化への流れのなかでは、ニーズの概念は、これまでの社会的基準によるものとともに、個の基準をも取り入れた把握の仕方が求められるのではないだろうか。

　図7－1は、ニーズとそれにたいする福祉サービス供給の動向について表したものである。

　措置委託制度の下でのニーズは、社会的な判断に基づくニーズ（社会的ニーズ＝限定的ニーズ）にたいして、国、地方公共団体、社会福祉法人によって福祉サービスが提供されてきた（A群）。そして、措置委託制度の下では、社会的

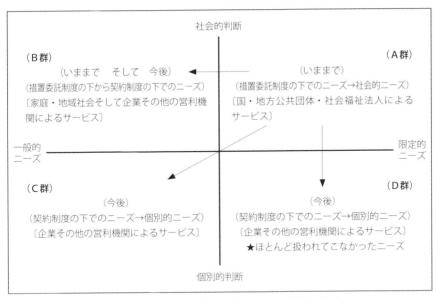

図7-1　福祉ニーズと福祉サービス供給の動向

な要援護性の認められなかったニーズ（一般的ニーズ）は、主に家庭や地域社会のなかでサービスが提供されてきた（B群）。

　しかし、これからの契約制度の下では、一部の社会的要援護性の認められた限定的な人々の持つニーズにたいしては措置委託制度が残るものの、それまで社会的要援護性が認められず、家庭や地域社会で充足されてきたニーズは、市場からの福祉サービス供給機関によってもその充足が可能となる（B群）。

　また、個人レベルでは要援護性はありながら、社会的に見ると要援護性が認められなかったニーズ（個別的ニーズ）にたいしては、おもに市場からの企業や営利機関によるサービスによって充足されるようになる（C群）。

　さらには、措置委託制度の下ではほとんど顧みられなかった人々の、極限定的で、かつ社会的にも要援護性が認められてこなかったニーズにたいしても、契約制度の下では、企業や営利機関によってその充足が可能となってくる（D群）。

第2節　社会福祉におけるニーズと需要の関係

　構造改革をひとつの契機とする契約型社会福祉への移行は、利用者と援助者の対等な当事者関係を社会福祉の基本的立場とする方向を示している。これまでの「法律、制度、カネ」を中心に据えた供給者側からだけの社会福祉の理解の仕方からの大きな方向転換である。今後も、社会福祉の様々な事柄について、福祉サービスを利用する「ヒト」を基本とした政策の見直しが予想される。なかでも、社会福祉におけるニーズの概念や解釈については、その内容についての検討が緊急に求められるであろう。

　ニーズ（Needs）やニード（Need）の概念は、極めて主観的・心理的内容を持った概念である一方で、社会福祉のなかで捉えると、福祉政策との関係から論じられる。例えば、福祉ニーズとは、ある状態が社会福祉の基準に照らして一定の回復、改善が必要であると判断された状態を指している。これまで、生活問題、生活障害、福祉問題等といった表現や、また、ソーシャル・ニーズと言うと、「人間が社会生活を営むために欠かすことのできない基本的要件を欠く状態」（仲村・岡村・阿部ほか 1982：329）のことを指していた。

　しかし、単に、個人のなかにある主観的・心理的に不充足な状態を回復・改善するためには、それを充足するための社会的な資源が整備され、かつ自己のなかにあるニーズが、福祉需要として表面化された段階でのみその対応が可能となる。したがって、自己のなかにあるニーズが、いくら表面化、意識化されたとしても、それを充足するための福祉資源が存在しなければ、それは福祉需要とはならない。

　京極高宣は、わが国の戦後における福祉ニーズの変化について説明するなかで、貨幣的ニーズから非貨幣的ニーズへの変化を主要な流れと説明しながら、時代的推移はあるものの、貨幣的ニーズは依然として残存し、かつ両者はしばしば重複しているとする。また、非貨幣的ニーズ自体の変化についても触れ、施設福祉で対応する依存的なニーズから在宅福祉で対応する自立的ニーズへと大きく変わってきている状況を述べている。京極によると、これは非貨幣的ニーズ自体の変化ではなく、政策サイドの対応の変化であり、「サービス対象者をまるごと世話する」（要援護者対策）ことから「サービス利用者の個別ニー

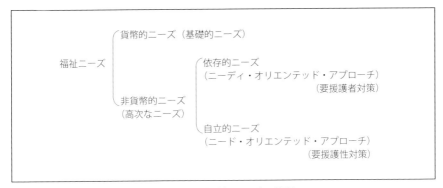

図7－2　福祉ニーズの分類

《出典》福祉士養成講座編集委員会編（1989）『社会福祉原論』中央法規出版：23

ズごとに対応する」（要援護性対策）ことへの変化であるとしている（京極 1990：52）（図7－2）。

　個人の持つ主観的なニーズは、いついかなるときも存在するが、福祉ニーズの性格自体は、社会資源の充実いかんによって変化する。福祉ニーズは、人間の持つニーズへの社会的な対応の変化、つまり、福祉資源充足度の質的・量的状況に大きく影響を受けるという極めて相対的な性質を持っていると言える（京極 1995：56）。

　人間の持つニーズは、常に個人的であり主観的なものが多い。ただ、それにたいする社会資源が、その内容にどれだけ対応しうるのかという点で、従来は一定の判断基準（社会的基準）を必要とした。しかし、こんにちのように、福祉サービス供給組織が多様化した状況の下では、これまでの社会的基準に基づいたニーズへの対応のみでなく、個人的なニーズにも対応しうる市場からの供給組織を念頭に置いた、個別的基準に基づいたニーズの測定をも加味したほうが、福祉ニーズ概念の正確な理解になるのではないだろうか。

　1980年代以降の福祉サービス供給組織の多様化現象は、もともと行政機関に限られていた社会福祉の供給源が、より多くの供給源にまで拡大したことを指している。それはまた、対人福祉サービスの拡大というかたちでも表れている。今後、重要と考えられることは、個別的かつ特殊なニーズを福祉需要に結びつけ、それに向けていかに多くの福祉資源を整備していけるかという意

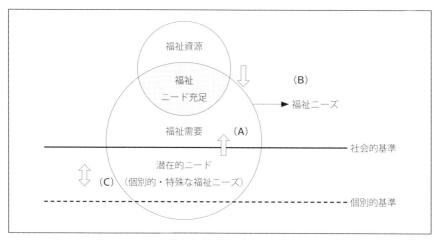

図7－3　個別的な福祉ニーズと福祉需要との関係

味で、その制度の充足を図り整備する点にあると考える。言い換えれば、個別的・特殊な潜在的ニーズをより多く福祉需要に引き上げるためには（A）、これまでの社会的基準によるニーズの測定方法と同時に個別的基準をも加味することで（C）、適切な福祉ニーズ充足の状態を作れるということである。福祉需要に引き上げられた潜在的な福祉ニーズは、同時により豊かな福祉資源が整備されること（B）で、ニーズ充足に繋がるのである（図7‒3）。

　自明なことではあるが、社会福祉におけるニーズと需要との関係は、同一次元の問題ではなく、区別して考えなければならない。福祉ニーズは、ある一定のプロセスを経ることで福祉需要として認められ、実際の福祉供給場面に登場してくる。福祉ニーズはこのプロセスを経て、初めて社会福祉供給体制の議論の枠に入ってくるのである。このプロセスとは、いわば福祉ニーズとそれにたいする福祉サービス供給体制との問題である。つまり福祉需要は、あくまで福祉供給にたいする考え方であり、福祉供給の内容は、具体的に存在する有限な福祉資源の内容である限り、福祉需要と福祉資源は相対的な内容になる。福祉ニーズは、それを充たしうる具体的かつ有限の福祉資源が存在して初めて充足可能となるのである。

　京極は、ニーズと需要との一般的な関係について、「社会福祉における需要

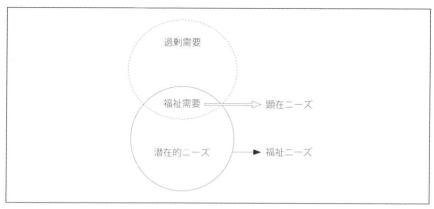

図7－4　ニードと需要の関係に関する概念図

《出典》京極（1995：55）

とは、福祉ニーズに裏付けられつつも、それが社会的意識の表層面に現れた部分ということができるでしょう。この中には厳密には過剰需要（または、みせかけの需要）が含まれてはいません。従って、福祉需要に転化しない残りの福祉ニーズは潜在的なものとしてとどまっているとみることができます」（京極1995：55）と述べている（図7－4）。

　過剰需要の量は、これまで社会的基準によって大きく影響（制限）を受けてきた。つまりこの量は、社会政策によって大きくもなり小さくもなりうる。しかし、潜在ニーズの量は、国民の個別的領域の問題として、その範囲は決まっている。個別的かつ特殊な性格を持つ潜在的ニーズを、いかにして福祉需要にまで繋いでいけるかという課題は、また福祉サービス供給システムの整備という別の課題にも繋がってくる[2]。

　福祉ニーズと福祉需要との関係を考える際、利用者の個別的な事情や周囲の状況によって、福祉需要になる場合やならない場合がある。利用者の置かれた状況は、利用者自身の心情的側面や物理的な環境的側面などによって影響を受ける。それぞれの利用者の状況、さらにそこから生じる個別的ニーズに合った福祉供給方法をいかに工夫するかで、福祉ニーズはより円滑に福祉需要になり、福祉サービスに繋がっていけるのである。

第3節　社会的ニーズの二つの意味

　社会福祉では、福祉ニーズ（一般的にただ「ニーズ」と呼ぶ場合が多い）について考察する場合、社会的ニーズを「ニーズ論」の基本に据えて始める場合が多いように思われる。したがって、「ニーズ論」に関しては、その第一人者である三浦文夫の見解を避けては始められない。

　三浦は、社会的ニーズを、「『ある種の状態が、一定の目標なり、基準からみて乖離の状態にあり、そしてその状態の回復、改善等を行う必要があると社会的に認められたもの』というぐらいな操作的概念として捉えておくことにしたい。そして『ある種の状態が、ある種の目標や一定の基準からみて乖離の状態にある』ものを仮に依存的状態あるいは広義のニードと呼び、この依存的状態の『回復、改善等を行う必要があると社会的に認められたもの』を要救護性あるいは狭義のニードと呼ぶことにしておく」と述べている（三浦 1985：60）。

　つまり、依存的状態を前提として、その状態の解決が社会的に必要であるという社会的認識があって社会的ニーズは成立するのである。

　依存的状態を決める基準は社会的価値体系であり、かつその解決の必要性も社会的認識に基づいている。つまり、社会的ニーズの基準は、多くの個々のニードに共通する社会的な要援護性であり、あくまで社会的なもの、全体的なものである。

　都村敦子は、ソーシャル・ニードの定義にアプローチする方法として、ニードが前提として持つソーシャル・サービスの目標、とりわけ理想的な規範の検討が有効であると指摘したが（都村 1975：27-40）、依存的状態の基準は、あくまでその時々の国の社会福祉政策に基づいたソーシャル・サービスの目標に大きく影響を受けている。

　したがって、社会的・全体的基準は、多くの場合、何らかの政策的な意図や平均的・公平的価値判断に基づいている場合が多いであろう。それはまた、公共性というバロメーターを判断の基準に据えているといっても間違いではない。つまりそこでは、特殊的なニーズや少数のニーズ等は無視される。一個のニーズよりも全体的・平均的ニーズが優先する場合が多いからである。

　一方で、公共性を持った社会的ニーズは、あくまで集合的ニーズを前提とし

```
                    ┌ 社会福祉を供給する立場からの視点（主体的立場）
                    │
                    │ （国家的・行政的視点）
社会的（ニーズ）    ┤
                    │ （限定国民的・限定市民的視点）
                    │
                    └ 社会福祉を供給される立場からの視点（対象的立場）
```

図7－5　社会的ニーズの二つの視点

て判断されるが、その中核には、生活者の持つ一個の基本的ニーズが存在するということも忘れてはならない（片岡 1978：8）。

　われわれは、「社会的」という内容には大きく分けて二つの意味があると考える。一つは、社会福祉を供給する際の判断をする立場からの視点、いわば国家的・行政的立場としての意味合いを持った内容である。つまり社会的ニーズは、行政機関が社会福祉の供給者としての判断の下に、国家機関によって定められた基準や内容に基づいて決められるものである。それは国家機関の判断が社会的ニーズの水準を決める基本的な判断基準になる。

　また、他の一つは、社会的という内容が、社会福祉の対象として一部の限られた、かつ保護を要する限定国民的・限定市民的な意味合いを持つ、ということである。つまり社会的ニーズの内容は、社会性を持つほどに保護を要する人々の最大公約数的内容を持った要援護性でなければならないということである。一般国民は対象ではないものの、多くの保護を要する人々にマキシマムに該当する内容を持っていなければならない、ということである（図7－5）。

　三浦の社会的ニーズの判断基準は、社会福祉を供給する側からの国家的・行政的意味を強く持つものと思われる。社会福祉がもっぱら経済的要因を背景として、国家機関による措置を主眼とした時代にあっては、ニーズの判断基準は、財政的な裏づけが及ぶ範囲内においてのみ福祉サービスが提供されるように操作された内容を持っていたと考えられる。

　それが時代の変化とともに、経済的要件だけでなく、自然・環境的、社会的、個人的要件をも考慮した上で福祉サービスが行なわれるようになると、福祉ニーズの判断基準も変化しなければならない。

確かに従来の社会福祉は、前述のように、「ある種の（限定国民的・限定市民的レベルにおける）依存的状態の解決が社会的（国家的・行政的視点から見た場合）に必要であるかどうかという社会的（国家的・行政的）認識」（下線は筆者による）が福祉ニーズの判断基準（つまり社会的ニーズの存在理由）であった。しかし、今回の構造改革では、「改革の必要性」のなかにある「社会福祉制度についても、かつてのような限られた者の保護・救済にとどまらず、国民全体を対象として、その生活の安定を支える役割を果たしていくことが期待されている」という文言からもわかるように、これからの社会福祉の対象ニーズは、一部の人々だけの福祉ニーズとともに一般市民や一般国民をも視野に入れたそれでなければならないのではないだろうか。

　また、社会福祉を供給する立場からの視点も、「措置による社会福祉」から「契約による社会福祉」への転換の流れからも推測できるように、これまでの国家責任として国家的・行政的視点に立った社会福祉供給から変化して、国家機関による福祉供給は狭めながら、国民自身の自助をも含めて、広く営利組織にまで社会福祉の供給判断を委ねてきている。構造改革では、「改革の理念」の箇所で、「社会福祉を作り上げ、支えていくのは全ての国民である」とまで指摘しているのは、こうしたことの表れであろう。社会福祉の国家責任の変化、縮小は、社会的ニーズ概念の狭隘をももたらしている。

　以上のことから、われわれは、福祉ニーズの解釈に求められる判断基準を、これまでの社会的ニーズという概念からより個人的な福祉ニーズの概念にまで広げることが、今後は求められるのではないかと考える。それは、前述した社会的ニーズに関する二極にわたる解釈に沿って言うならば、「社会福祉を供給する立場からの社会的ニーズ」については、これまでの国家的・行政的視点から個人的・主体的視点への判断基準の拡張であり、また、「社会福祉を供給される立場からの社会的ニーズ」については、これまでの限定国民的・限定市民的視点から一般国民的・一般市民的ニーズへの広がりと考えることができよう（図7－6）。そして、今後は、こうした個別的ニーズが社会的ニーズとともに「ニーズ論」のなかで語られ、かつ社会福祉研究や実践論のなかでニーズについて考案する際の基準になるとともに、福祉ニーズ充足の必要性を判断する際の基準になるのではないかと考える。

```
┌─────────────────────────────────────────────────────────────────────┐
│                                    ┌ 社会福祉を供給する立場からの視点（主体的立場）│
│                                    │ （個人的・主体的視点）                      │
│   社会的（ニーズ）⇒ 個別的ニーズ  ┤                                          │
│                                    │ （一般国民的、一般市民的視点）              │
│                                    └ 社会福祉を供給される立場からの視点（対象的立場）│
└─────────────────────────────────────────────────────────────────────┘
```

図7－6　社会的ニーズから個別的ニーズへの視点

《出典》島田（2003：23-48）で用いた図を一部修正

第4節　ニーズの個別化

　世紀転換期に、「個」に視点を置いた契約概念が社会福祉に導入されたことには、時代の流れという大きな力を感じる。その意味では、社会福祉におけるニーズの幅も、社会的・経済的・文化的な要因の下で大きく影響を受けると言えよう。

　ニーズの概念が、社会的なものから個別的なものへと、その解釈の幅を広げる要因には、ニーズを持つ利用者にたいする解釈の変化と、それにたいする社会福祉の持つ役割の変化が考えられる。

　戦後からこんにちまでの社会福祉の果たしてきた役割は、措置委託制度のなかに端的に表されている。措置委託制度が、日本国憲法で定める社会福祉の公的責任の象徴であることは言うまでもない。措置委託制度が負ってきた役割は、ひとりの人間の生活や生命を保護・保障することから、社会的・経済的労働の支援、福祉サービス労働提供や福祉サービス労働を確保するための施策整備、福祉サービス利用の推進のための環境整備へと、戦後からこんにちまでのあいだで拡大してきていると考えられる（図7－7）。その一方で、個人に求められる自己責任枠と自己実現幅も比例して拡大してきた。

　措置委託制度の果たしてきた役割が、個人の生命や生活の維持・保障といった積極的な内容の下では、国家機関が担う役割も大きくかつ重大であった。しかし、個人に求められる責任の幅や役割が拡大し、国家機関の機能や役割が消極的かつより広い内容に変化してくると、それまで国家機関が責任を担ってき

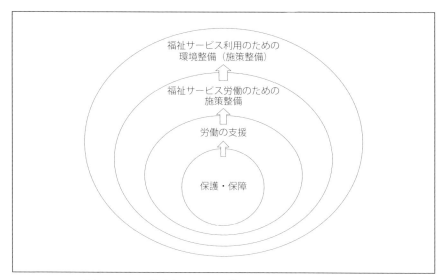

福祉サービス利用のための
環境整備（施策整備）

福祉サービス労働のための
施策整備

労働の支援

保護・保障

図7－7　公的責任としての措置委託制度の役割の推移

たニーズの判断基準では狭く、むしろ、個人や個人を取り巻く環境の下での
ニーズを加味した判断基準が必要になってくると考えられる。

　社会福祉は、家庭や地域、あるいは市場で充たすことのできないニーズを補
足的に充足する制度である。つまり、個別的なニーズに関しては、家庭や地
域、市場でまず充足される必要がある。

　しかし、ニーズが家庭や市場において充足される状況は、家庭においては家
庭生活の正常な機能が働いている下でのみ可能である。こんにちの核家族化を
背景とする少子・高齢者家庭の下では、個人の持つニーズの充足を望むことは
多くの困難を伴う。また市場においては、ニーズ充足には社会資源の充足状況
が大きく左右する。今後の市場における福祉資源充足状況を考えると、国家機
関にたいして個人の持つニーズの充足のための環境整備を求めるよりは、市場
への期待感のほうがますます拡大されるであろう。

　一方で、福祉支援を必要とする状況への市場からの福祉サービス供給を充足
させるためには、利用者側とサービス供給側とのあいだに解決されなければな
らない多くの課題も残されている[3]。

　個別的なニーズは、社会福祉の補足的性格とは別の意味で、今後は、家庭や行政機関にたいしてよりも、市場からの充足に求める割合が増加すると思われる。言い換えると、こんにちの地域や市場でのニーズ充足機能の拡大が、ニーズ概念の見直しを必要とする状況をもたらしたと言える。

　契約型社会福祉の下におけるニーズ概念を、個別的ニーズにまで基準を広げて考えることの必要性は、国家機関による福祉機能の縮小と市場での福祉資源の充足、そして、ニーズ内容の多様化と高度化に伴うことに要因があると言えよう。ニーズの概念が、社会的ニーズのみによる理解では、個々の要求にこれまで以上に視点を据えた契約型社会福祉の下では、その概念理解に限界をもたらすのではないだろうか。

　社会福祉の普遍化、一般化のためには、社会的ニーズのみならず個別的ニーズをも視野に入れたニーズ概念の理解が重要である[4]。

おわりに

　社会福祉への契約概念の導入に関する議論は、社会福祉の利用者を個人として尊重し、ひとりの人権主体者として認識するという意味では歓迎できる。しかし、一方で、この議論は、いかにすれば有限な社会資源を、ニーズを持つ利用者に合理的かつ効果的に繋げるかという、社会福祉の効率化に大きな眼目が置かれているという指摘も、あながち間違いではないように思われる。

　市場における競争原理の導入や効率化の追求、契約概念の援用等によって、社会福祉の基本的な仕組みそのものが大きく変わろうとしているなかで、従来からの利用者理解やニーズについての解釈もあわせて、より精緻に、そして身近なものに変えていかなければ、市民にとっての社会福祉の実現は難しくなっていくのではないだろうか。

　ここで行なったニーズについての考察は、社会福祉への契約概念の導入を前提とした、個の視点からの新たなニーズ概念の提案である。社会福祉政策研究が、いま一度改めて見直されてきている昨今の動向を踏まえ、基本的な社会福祉の課題をしっかりと考えていきたい。

註

(1)「ニード」や「ニーズ」といった語彙の使い方は、研究者によって様々である。本章では、基本的には「ニーズ」といった語彙の使用を行ない、引用する文献によって「ニード」を使用しているものはそのまま使用することとする。

(2) 社会福祉の供給と福祉需要との関係については、京極による「福祉需給モデル」の考察がある（京極 1995：56）。

(3) 市場における福祉ニーズの充足を考える場合、完全競争市場を可能とする四つの条件から考察する方法がある。それは、以下のような条件に基づく。

①売り手、買い手とも多数存在し、各経済主体の売買量が市場の総取引量に比して小さい。

②売買される商品はすべて同質である。

③市場に関する情報はすべて完全に利用できる。

④市場に新たに参加したり、市場から去ったりすることは自由である。

　こうした条件の考察を行なうと、売り手・買い手に関しては、両者がバランスよく存立している状況はまだなく、売買される商品についても異質な内容のものが多く、情報についても十分に利用者側に届いていない。また届かせるためのシステムや方法も確立していない。そして、福祉市場への供給機関の参入は緩和されてきたが、退出時に関して利用者を保護するための公的・私的な仕組みが十分にはできていないことから、必然的に参入にも自主的なセーブがかかってくることが予想される。

(4) 都村（1975）は、ニードの内容をそのアプローチの方法別に六つに定式化している。そのなかで都村は、今回、本章でわれわれが指摘した個別的ニーズと同類のニード概念としてフェルト・ニードという概念を紹介している。ここで言うニードは、欲求（want）と同等のものであり、各人が自分の現在の状態とこうありたいという状態とのあいだの乖離について持つ主観的な感情としている。

第8章

福祉経営学の考察

── 京極理論の研究展開枠組みからの検討 ──

はじめに

　こんにちの社会福祉政策研究は、大きな転換の時期を迎えつつあるように思われる。それは「いままでのやり方」や「古い体質」を壊さない限り生き残れないという、現在のわが国が直面する様々な危機的状況にも似て切実である。そして、その切実さは、こんにちの社会福祉の状況にも若干その影を落としているが、別の見方をすれば、社会福祉にとっては大きな新しい前進の機会にもなりうる切り口を、21世紀最初の動向として見せ始めているとも言えよう。

　「福祉経営学」に表れる京極高宣の社会福祉理論は、ある意味では、21世紀の社会福祉を象徴する理論として、20世紀最終盤の数年間において展開され、こんにちに至っている。社会福祉政策策定者と社会福祉理論研究者としての立場を持つ京極の理論を考察することを通して、京極社会福祉学体系のなかの福祉経営学を検討することが本章の目的である。

　以下、本章では、本研究における課題の所在の提示、京極理論の研究展開枠組みと時代動向との関係、福祉経営学に象徴される京極社会福祉学の特色を考察する。

第1節　本章における課題

　これからの社会福祉は「新たな社会福祉政策研究段階の到来」（京極著作集第

4巻〔以下、「京極〈4〉」のように略記〕2002：484）を来し、その意味から、社会福祉政策の（ひとつの）理論的基盤である福祉経営学の研究は、重要な研究題目になってきていると考えられる。

　福祉経営学は、京極による独自の理論であるが（京極〈2〉2002：276）、その内容は、京極による学問体系の一部を構成している[1]。本章では、京極が、その社会福祉政策理論策定者としての社会福祉活動と、社会福祉理論研究者としての立場から構築した社会福祉理論の研究展開枠組みを通して、福祉経営学の理解に焦点を当てる。

第2節　京極理論の研究展開に関する枠組み

　膨大かつ多方面にわたる京極の研究は、その理論体系あるいはその枠組みを把握することは極めて困難であるように思われる（章末の表8 - 2参照）。しかし、社会福祉政策の研究者として、また、わが国の様々な審議会委員等を歴任してきた京極の福祉理論や福祉哲学が、わが国の社会福祉政策や社会福祉現場における実際の福祉経営施策、福祉経営実践のなかに表れているという理解に立つならば、福祉経営学（およびその前提である京極理論をも含めて）は、こんにちのわが国の社会福祉を説明する上で重要なひとつの福祉理論として位置し、その研究は避けて通れないものになっていると言えよう。

　京極理論の研究展開の枠組みは、市民参加による社会福祉の視点を起点として、専門職養成や福祉計画の概念に支えられた在宅福祉サービス（複合的福祉サービス）の視点に至り、国家による福祉産業の育成施策を経て福祉コミュニティの視点に達し、高齢社会への対応やコミュニティの充実・強化にとってなくてはならない新しい社会保障の仕組みの構築を目指すという方向へ進み、福祉社会型社会保障としての公的介護保険へと組み立てられているものと考えられる。市民参加による社会福祉から専門職養成や福祉計画、在宅福祉サービス、そして福祉産業の育成までの枠組みは、高齢社会への対応のためになくてはならない環境基盤として位置づけられる（図8 - 1）。

　こうした研究展開は、社会福祉を取り巻く社会的動向や京極自身の社会的活動、およびその研究活動等と比較するともっとわかりやすい。以下順を追って

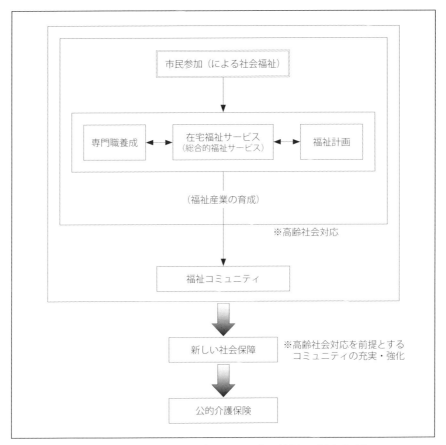

図8－1　京極理論の研究展開に関する枠組み（筆者私案）

見てみる。

1. 市民参加による社会福祉の視点

　市民参加による社会福祉は、1980 年、東京都武蔵野市で、資産を担保に老後の保障を行なう公社設立へ向けた準備が開始され、同年 9 月、「東京都武蔵野市福祉公社」が発足するというかたちで象徴的に始められている。京極は、この設立には、1978 年から武蔵野市老後保障研究会研究委員として関係して

いる。また、市民参加や在宅福祉サービス、それに福祉計画をおもなテーマとした京極の代表的な研究書である『市民参加の福祉計画―高齢化社会における在宅福祉サービスのあり方―』（中央法規出版）が出版されたのも、それからほどない 1984 年である。本著のはしがきで、京極は、「もとより本書は私の社会福祉研究の中間総括という意味合いが強く、在宅福祉サービスの現状を十分に包みきれていないものの、地方自治体レベルの在宅福祉サービスの開発に一刻も早く検討素材を用意しなければという想いを込めて世に問うたもの」と述べ、こんにちのわが国の在宅福祉を中心とした社会福祉の現状を、はるか 20 年も前から予想していたかのように社会福祉政策学者としての持論を展開している。

　われわれは、市民参加および在宅福祉の視点をして、京極社会福祉学の基盤を構成していると考えている。その意味では、『市民参加の福祉計画』において、京極理論の基礎は、ほぼ完成しているのではないかと考えられる[2]。

2. 福祉計画の視点

　福祉計画については、スペクトとギルバート（H. Spect & M. Gilbert）、ブエル（B. Buell）、ブース（T. A. Booth）[3] 等の、当時としては、まだ世界的にも数少ない福祉計画論を紹介しながら、「財政危機のもとで社会福祉の計画的な対応を余儀なくされているという時代状況」（京極〈3〉2002：69）を指摘し、地方自治体レベルでの福祉計画策定を、政策理論として早急に打ち立てることの必要性について触れている。京極自身、武蔵野市福祉公社発足に関わったのちも、1981 年には、世田谷区福祉総合計画策定委員や横浜市高齢化社会対策研究会委員等の立場から、福祉計画の重要性を体感し、その意義を主張している。

　福祉計画については、その基礎資料となる社会福祉の需要と供給の構造モデル（以下、「福祉需給モデル」と言う）を、京極自身のモデル（京極モデル）として打ち立てている。この新しい福祉需給モデルの特徴は次のような点にあるとしている（京極〈1〉2002：483-485）。

　①社会福祉における「ニーズ」と「需要」との次元の区別および「供給」
　　　（またはサービス）と「資源」との次元の区別が各々行われている点。
　②福祉サービスの需給関係がティトマス（R. M. Titmuss）の言葉を借りて、

　　いわゆる「社会市場」としてその外側にある福祉ニーズと社会資源との対
　　応関係の中間に位置づけられている点。
　③社会福祉サービスの需給関係およびその外枠として福祉ニーズと、社会
　　資源との関係を取り巻く外的環境として、「社会経済構造」と、それに規
　　定されながらも相対的に独立している「社会意識構造」を位置づけている
　　点。
　京極モデルのなかで触れられているティトマスによる社会市場の考えは、い
わば京極モデルの核心の箇所でもあり、京極理論の重要な柱のひとつでもある
と考えられる。
　また、京極は、福祉調査についてもその重要性を指摘し、「ある意味で調査
と計画は福祉政策展開の車の両輪である」（京極〈3〉2002：273）と述べている。
こうした福祉計画に関する研究は、先に触れた『市民参加の福祉計画』におい
て積極的に展開されており、京極理論の研究にとっては重要な課題として位置
づけられている。

3.　専門職養成の視点

　専門職養成については、すでに 1971 年の「社会福祉士法制定試案」の存在
はあったものの、実際には、1986 年に東京で開催された、第 23 回国際社会福
祉会議におけるわが国の福祉専門職化の立ちおくれの指摘等が、こんにちのわ
が国の専門職養成の制度には大きく影響している、と京極は指摘している（京
極〈2〉2002：33）[4]。京極自身、この国際会議には、1984 年から国際社会福祉
会議企画委員として参加しており、舞台の裏側から世界の社会福祉の状況を
広く研究・調査していた。あるいはまた、1987 年に制定された「社会福祉士
及び介護福祉士法」においても、京極は、当時、厚生省社会局庶務課へ社会福
祉専門官として出向していた際に、法案策定作業の一端を担うという経験が
あり、直接専門職養成に関わっていると言える。したがって、制度策定当事者
の視点から社会福祉における専門職養成の必要性は十分感じていたと考えられ
る。
　また、福祉専門職の養成については、その当時から、国レベルで検討されて
いたシルバービジネスへの支援についての動向をも見据え、「民間の福祉産業

が非常に活発化してきたことを直接の契機の一つとして、積極的な法的規制、行政指導を行えるようにするため、改めて福祉従事者の専門職資格を開発することとなったといわれ、その意味で新しい課題である」（京極〈2〉2002：33）と述べている。在宅福祉サービスとの関係では、「これからの在宅福祉サービスにおいては、社会福祉の相談援助や重介護なども施設処遇と異なってチームで対応するよりは、むしろ個人責任で対応せざるをえない場合が多くなり、一層の専門性が要求されるようになってくる」（京極〈2〉2002：22）と、私見を述べ、専門職養成と在宅福祉との重要な関係性について指摘している。

4. 在宅福祉サービスの視点

在宅福祉サービスに関する視点は、市民参加による社会福祉という、京極の社会福祉にたいする基本的な考え方を土台とした京極社会福祉学の研究の出発点であり、それはまた、同時に、社会福祉研究にとってのこれからの重要な課題のひとつでもあると考えられる。市民参加と在宅福祉サービスに関する視点は、常に一体の関係で存在し論じられている。

在宅福祉サービスの理念について、京極は、「対人福祉サービスの一環として必ずしも貧困者に限定せず、さまざまなハンデキャップをもつ人たち（要援護者）に提供されるもの」であり、対人福祉サービスの新しい分野であると考えている（京極〈3〉2002：174-177）。

わが国の在宅福祉サービスの方向は、東京都武蔵野市福祉公社（1980）が、その進むべき方向を示したと考えられる[5]。京極は、公社設立時からの関わりを通して、これからの社会福祉は、市民参加型の在宅福祉が中心にならなければならないことを確信していたものと考えられる。

5. 福祉産業の育成

福祉産業に関しては、1985年、厚生省（現厚生労働省）内にシルバーサービス振興指導室が設けらたことから具体化し、国や地方自治体も、福祉行政による規制対策から振興対策（京極〈3〉2002：508）へと変化させていった。つまり、福祉産業の育成は、低成長時代の公的福祉政策の重点課題（京極〈3〉2002：518）となり、社会福祉を取り巻く環境の変化が福祉政策にも影響を及ぼすことと

なった。京極はのちに、民間企業の社会福祉への参入を、コミュニティの重要な構成員としての企業市民というかたちで、その存在意味を説明している（京極 1993）[6]。

　われわれは基本的に、京極は当初（少なくとも 1983 年以前）、福祉産業の導入には消極的であったのではないかと考えている[7]。しかし、京極にとり、（在宅）福祉サービスにたいする利用者負担の問題は、福祉政策上最も困難な問題のひとつとして初期の頃から捉えられており、公共サービスの「受益者負担」の角度からも深く考察が行なわれ、社会福祉が「歌を忘れたカナリア」にならないよう注意を喚起してきた[8]。

6.　福祉コミュニティの視点

　企業をも企業市民として参加することを視野に入れた市民参加型の在宅福祉サービスは、地域を基盤とした福祉計画と福祉専門職者の養成という、在宅福祉を実現するための環境の整備に基づいて実現することができる。そして、こうした環境は何よりも、高齢社会対応型の環境であり、そこでは福祉コミュニティを重視する。

　福祉コミュニティについては、1971 年の中央社会福祉審議会答申「コミュニティ形成と社会福祉」における福祉コミュニティに関する記述から、「地域福祉施策の展開過程から必然的に生まれた社会保障に関するきわめて実践的課題」（京極〈5〉2002：185）として、社会保障のソフト的施策として位置づけられている。今後の新しい社会保障には、福祉コミュニティの形成・強化も重要なポイントとなることが指摘されている。

7.　新しい社会保障の視点

　京極社会福祉学にとって、こんにち的意味での最新の課題は、新しい社会保障の構築という視点であると思われる。

　1993 年の社会保障制度審議会社会保障将来像委員会第一次報告書「社会保障の理念等の見直しについて」では、①国民一人ひとりが相互の責任と力量に応じてともに支え築いていくという社会連帯の理念、②公的責任で家族やコミュニティにたいする支援策を積極的に取り入れる、③民間活動の効果性・効

率性を積極的に評価する、等の点が指摘され、21世紀の高齢社会に対応する総合的な見直しの必要性が確認されている。

京極は、社会保障とコミュニティとの関係の重要性から、公的サービス等のソフト的施策の整備を社会保障の一環として捉えている。

また、同年（1993）に出た「ボランティア活動の中長期的な振興方策について」（中央社会福祉審議会地域福祉専門分科会意見具申）のなかで指摘されている福祉コミュニティを、社会保障の新たな領域として認識し、福祉コミュニティを次世代へのソフトな資産であると考察している。

8. 公的介護保険の視点

公的介護保険制度あるいはその制度自身に関する研究は、京極の社会福祉学のなかでは重要な意味を持っている。例えば、それは、公的介護保険の制度設計に関する政策議論のなかで、基本構想、基本計画、実施計画の三層構造の重要性を指摘し、社会制度を設計する手順について触れている点（京極〈4〉2002：228）や、国民の自立と連帯を基本とした新しい生活保障を「福祉社会型社会保障」とし、公的介護保険の創設もそのひとつとして確認している点（京極〈4〉2002：396）、あるいは、専門職養成にとって重要な社会福祉士及び介護福祉士法（1987）制定を、公的介護保険制度の地ならしとして位置づけている点（京極〈4〉2002：412）、社会保障改革の突破口として、措置制度の見直しを行ない、利用者本位の制度に変えていく上で重要な意味を持つとした点（京極〈4〉2002：451-455）、等から考えられる。

公的介護保険制度の設立に関して、京極自身は、老人保健福祉審議会基盤整備分科会座長として、その基本計画レベルには深く関わっており、社会福祉政策の研究者という立場以前に、社会福祉政策策定者という立場で果たした役割は大きい。社会福祉政策の研究者が政策理論の立案者として、同時に、社会福祉政策の理論研究者として、言い換えるならば、理論策定者兼理論研究者として国家行政機関に関わる機会を持つということは、極めて希有なことである。しかし、京極社会福祉学の理解には、こうした二つの立場からなる京極理論の検証は避けられない方法であろう。

第 3 節　研究展開枠組みと社会福祉の時代動向

　京極理論の研究展開枠組みは、社会福祉政策策定者としての立場と社会福祉
政策理論研究者としての二つの視点から成り立っている。したがって、策定者
としての視点からは、時代ごとの社会的・社会福祉的動向を見据えた極めて客
観的な態度をとる一方で、研究者の視点からは、過去からの時代状況を背景と
して、将来の展望を見越した政策展開を行政機関にたいして望む、という立場
に立つものであるが、同時にそれはまた、研究者としての意見や考えを、実際
の政策に反映させるという主観的姿勢に立つことにもなる 虞 を持つ。研究展
開枠組みを構成する各パーツと、社会的・社会福祉的動向の位置関係について
見ると次のようになる（表 8 - 1）。

　京極理論の研究展開枠組みは、これまでのわが国の社会福祉政策を導いてき
た指標として位置し、同時に、京極理論自体の構築過程でもある。そして、京
極理論は、各時代の社会的出来事を背景として持ち、それによって根拠づけら
れもしている。

　また京極理論は、京極社会福祉学に内在する様々な社会福祉上の論点を提示
し、その後に続く研究課題にもなっている。例えば、それは、福祉需給モデル
や社会市場の概念、福祉ニーズと福祉需要、ローカル・オプティマムや企業市
民の概念等である。福祉経営学は、そうした京極社会福祉学全体を構成するこ
ととなったひとつの時代的な骨組みとして存在している。したがって、京極社
会福祉学の理解には、福祉経営学の考案を無視することはできない。そしてま
た、福祉需給モデル等の諸論点の研究・理解を通して、京極理論全体の研究は
行なわれるが、その過程は、常に、福祉経営学を視野に入れながら展開される
ことが重要である。

第 4 節　京極社会福祉学における福祉経営学の位置

　京極は、社会を構成する様々なシステムを、交換システム、強制（脅迫）シ
ステム、共感システムに大別している[9]。そして、この共感システムに規定
されるシステム、つまり、「家庭やコミュニティの基底に存在し、また民間福

表 8－1　研究展開枠組みと社会的実践活動等との関係

研究展開パーツ	社会的実践活動等との関係	西暦
①市民参加による 社会福祉	武蔵野市老後保障研究会研究委員◎	1978
	★OECD『危機における福祉国家』	1980
	★『在宅福祉サービスの戦略』全国社会福祉協議会	1980
②在宅福祉サービス	武蔵野市老後保障研究会研究委員◎	1978
	★東京都武蔵野市福祉公社発足	1980
	世田谷区福祉公社検討委員会委員	1986
③福祉計画	世田谷区福祉総合計画策定委員	1981
	横浜市高齢化社会対策研究会委員	1981
	▼福祉需給モデル、社会福祉調査、社会市場、ローカル・オプティマム（1982）、 　福祉ニーズと福祉受容	
④専門職養成	1986年国際社会福祉会議企画委員	1984
	★「社会福祉士法制定試案」	1971
	★国際社会福祉会議	1986
	★社会福祉士及び介護福祉士法制定	1987
	厚生省社会局庶務課社会福祉専門官	1984
⑤福祉産業の育成	★シルバーサービス振興指導室設置	1985
	▼企業市民	
	★社会保障制度審議会「老人福祉の在り方について」（建議）	1985
⑥福祉コミュニティ	★「ボランティア活動の中長期的な振興方策について」（中央社会福祉審議会地 　域福祉専門分科会意見具申）	1993
⑦新しい社会保障	★「社会保障の理念等の見直しについて」（社会保障制度審議会社会保障将来像 　委員会第一次報告書）	1993
⑧公的介護保険	老人保健福祉審議会基盤整備部会長	1995
	★介護保険法成立	1997

▼京極理論研究のキーワード
★研究展開枠組みに関係する社会的出来事
◎「市民参加」と「在宅福祉」ともに大きな意味を持っている社会的実践

祉活動を支えている人々の共感や思いやりに基づくもの」（京極〈1〉2002：10）
を福祉システムと呼んでいる。これは、福祉サービスを必要としている人々に
たいする社会的な対応策の体系（京極〈1〉2002：10）である。
　京極社会福祉学は、福祉システムを学問的に体系化し、従来の主体・対象・
方法といった枠組みではなく、政策・経営・臨床という区分で、社会福祉実践

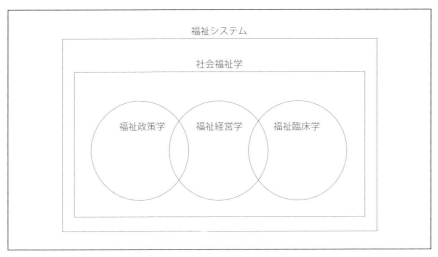

図8－2　福祉システムと社会福祉学

の位相（京極〈1〉2002：450）から確立し直したものである（図8－2）。

第5節　福祉経営学の内容

　福祉経営の内容については、まず、わが国で最初に福祉経営の視点に注目した三浦文夫の「福祉経営論」について触れなければならない。三浦による社会福祉経営論は、三浦自身が、「政策形成とその運営・管理を同時に取り扱うことを意図した」（三浦1985：43）福祉政策理論である、とその内容について説明している。これは、言い方を変えると、「類似的に把握可能な社会福祉ニードに対して最適に対応するサービスが効果的・効率的に供給されるような資源の調達・配置・管理を制度的・計画的に整備していくための政策科学論」（小笠原・平野2004：78）であった。したがって、社会福祉経営論では、政策とそれを具体化するために使われる資源の調達や管理、計画（以上を「運営」と呼ぶ）というものが議論の対象となっていた。政策や運営とは別の位置に存する福祉実践は、政策や運営によって策定・準備、計画化された福祉サービスや福祉資源を実際に提供するという実践プロセスを内容としている。三浦の社会福祉経

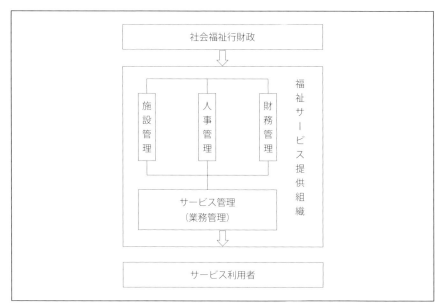

図8-3 福祉サービスの経営体系図

《出典》京極〈1〉（2002：524）

営論が、政策と実践（技術）の中間に位置している新中間理論（古川 2002：228）
と呼ばれるのはそのためである。しかし、三浦の新中間理論は、これまで、行
政機関だけが行なうと考えられてきた福祉実践に向けた政策が、民間の社会福
祉法人や機関にも備わったものであると広く捉えている点に特徴があった。

　こうした三浦の社会福祉経営論にたいして京極の福祉経営学は、政策と実践
（技術）の中間点をさらに絞り込み、焦点を当て、政策に関わる分野を福祉政
策学、実践（技術）に関わる分野を福祉臨床学として、三者を分けて位置づけ
ている。したがって、そこでは、社会福祉学以外にも経営学の知識やノウハウ
が必要であり、政策者でありかつ実践者としての視点が求められる。京極福祉
経営学が、施設（設備）管理、人事管理、財務管理、サービス管理（業務管理）
を構成部門としているのも、そうした理由からであると考えられる。そして、
京極は、こうした体系を「福祉サービスの経営体系図」と呼んでいる（京極〈1〉
2002：524）（図8-3）。

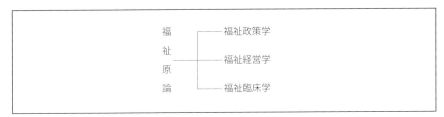

図8－4　京極社会福祉学の構成要素

《出典》京極〈1〉（2002：424）

　京極による福祉経営学は、病院経営や学校経営と同じ目線で施設経営を考えるものであるが、これはかつて、重田信一による「アドミニストレーション」論⁽¹⁰⁾が、「組織の機構・運営過程を調整し、また職員の勤務条件その他の整備をはかる等して、その組織目的を完遂し、また目的そのものも社会変動に伴う地域住民のニードの変化に対応するよう検討し修正する働きなど多面的な活動を統括した一つの組織活動である」とした点と近似する視点である。しかし、重田のアドミニストレーション理論にたいし京極の福祉経営学は、むしろマネジメントに近い視点から論を展開している。

　福祉政策学、福祉経営学、福祉臨床学という構成要素からなる京極社会福祉学ではあるが（図8－4）、ここで福祉経営学は、福祉臨床と福祉政策との実践的な橋渡し役として位置づけられている。「実践的な橋渡し役」とは、福祉サービスの提供（福祉臨床）が福祉の仕事に携わる人々の協働による生産過程であり、福祉運営がその経営管理（ケアマネジメント）に力点を置いて考察される、ということである。つまり「福祉経営を福祉運営管理の中核においてみることで、政策と臨床の接点としての経営の意味が明確になる」（京極〈1〉2002：522）のである。

　京極は、独自の視点から福祉経営学を論じ（京極〈2〉2002：276）、重田を代表とする社会福祉の施設、団体の運営管理をもって福祉経営とみる視点（狭義のアドミニストレーション）や、三浦を代表とする社会行政、福祉運営管理をもって福祉経営とする視点（広義の行財政を含めたソーシャル・アドミニストレーション）とは異なっていた。

　京極の福祉経営学の視点は、政策と臨床を繋ぐ領域として捉えられ、それは

病院経営や学校経営が、それぞれ医療政策と医療臨床の接点の場として、あるいは教育政策と教育実践の接点の場として位置しているのと同じように理解される。

　以上のことからもわかるように、京極の福祉経営学は、おもに福祉施設・機関を中心として議論が展開される。京極によると、福祉経営には大きく二つの場、つまり、施設のような直接サービスを提供する組織や社会福祉協議会のような在宅福祉サービス組織等からなる場と、福祉事務所、児童相談所、更生相談所等のような相談判定機関の場があり、現在のような財政状況下では、「いかに公費を効果的かつ効率的に地域住民に還元するかという経営的な発想」が求められ、経営の公準としての効率性、公平性、接近性（アクセス性）の視点が社会福祉には重要である（京極〈1〉2002：522-523）として、これまでの行政委託型の福祉施設運営とは異なり、経営という視点にシフトした福祉経営、施設経営の在り方を提示している。

おわりに

　本章では、京極による社会福祉理論の研究展開枠組みを示し、福祉経営学の考察を行なった。もとより京極理論の研究展開枠組みは私案の域を出るものではなく、いまだ京極理論の大きな学問体系理解の足許にも及ぶものではない。しかし、福祉経営学が京極社会福祉学体系の一部門を構成していることは確かであり、また同時に、こんにちのわが国の社会福祉政策理論の支柱として、われわれのこれからの日常生活の多方面に様々なかたちで影響を及ぼしてくることも予想できる。

　本章ではまた、京極理論の研究展開のなかで示されているいくつかの重要な論点も提示した。こうした論点の論究は、今後の研究に、その多くは負わされているが、その研究過程で忘れてはならないことは福祉経営学との関係である。ここで提示した論点は、福祉経営学をその重要な論拠としている。新しい世紀における社会福祉学研究は、福祉経営学との関係のなかで考察することをひとつの大きな課題としていると言えるであろう。

註

(1)　福祉経営学の視点は京極高宣による独自の発想によるものである。独自とはいっても、先覚者である三浦文夫の見解からは多くの影響を受けていることを京極自身が認めている（京極〈2〉2002：284）。また、2000 年の社会福祉法のなかに経営の概念は導入され（例えば、社会福祉法第 24 条〔経営の原則〕や第 60 条〔経営主体〕、あるいは第 8 章第 3 節〔社会福祉を目的とする事業を経営する者への支援〕等、条文の随所に経営という言葉が盛り込まれている）、大学等における社会福祉教育の現場においても、福祉経営学科や福祉ビジネス学科といった教育プログラムが置かれ始めている（例えば、日本社会事業大学福祉計画学科の福祉経営コースや専門職大学院における福祉マネジメント研究科、日本福祉大学大学院の社会福祉学研究科福祉マネジメント専攻等がある）。

(2)　京極著作集第 6 巻『福祉政策の課題』解題者である松原康雄も、「京極先生の著作全体を通じて、その研究的出発点が第三巻に収録された『市民参加の福祉計画』にあるのではないかという『解釈』が筆者の全体理解となる」と指摘している。

(3)　H. Spect & M. Gilbert, *Social Welfare Planning*, 1979.

　　B. Buell, *Community Planning for Human Services*, 1973.

　　T. A. Booth, *Planning for Welfare*, 1980.

(4)　京極は、専門職養成という視点からではなく、マンパワー需要への政策のひとつとして論じている。例えば、京極（1986）「社会福祉マンパワー需要の将来展望─保健福祉士構想について─」を参照。

(5)　京極は福祉公社を「在宅福祉の牽引車」として位置づけている（京極〈1〉2002：189）。

(6)　京極自身も小委員会座長として起草に関わった中央社会福祉審議会地域福祉専門分科会意見具申「ボランティア活動の中長期的な振興方策について」（1993 年 7 月 29 日）のなかで、地域における企業市民の在り方について述べている。

(7)　1983 年に発表された「在宅福祉サービスと女性」（『季刊自治体学研究』15）のなかにおいても、在宅福祉サービスの担い手として、当時、急成長しつつあった福祉産業は、営利を目的としている以上、社会福祉とは言えない旨の指摘をしている。

(8)　『福祉計画』（京極〈3〉2002：237）では、在宅福祉サービスの受益者負担問題についての考察が「歌を忘れたカナリア」と題して行なわれている。

(9)　この大別の仕方はボールディング（Kenneth E. Boulding）による福祉国家に反映されている統合システムの分類（交換システムと脅迫システム）を基にして考察されている（京極〈1〉2002：12）。

(10)　わが国においてソーシャル・アドミニストレーションに関し、あるいはソーシャル・アドミニストレーションという言葉を使用することで、社会福祉の議論を展開した研究の第一人者である重田信一の研究がある。

　　重田は、その著『アドミニストレーション』（1971）で、わが国において先駆的なアド

ミニストレーション研究を展開している。その内容は、アドミニストレーションを、「組織の機構・運営過程を調整し、また職員の勤務条件その他の整備をはかるなどして、その組織目的を完遂し、また目的そのものも社会変動に伴う地域住民のニードの変化に対応するよう検討し修正する働きなど多面的な活動を統括した一つの組織活動」（重田 1971：4）とするものであった。

　重田の考えるアドミニストレーションは、アメリカにおいて使われている「ソーシャル・ウェルフェア・アドミニストレーション」（social welfare administration）のことであり、「社会福祉の領域における運営」という意味である。そして、その語義は「（施設職員）各自がそれぞれの担当職務を通じて、職場ごとに、施設全体の活動が円滑に運ぶように協力」（重田 1971：6）することであり、そのことを指しての「支援」あるいは「支持」機能と呼んでいる。

　重田がこうした語義を抽出したのは、アメリカのアドミニストレーションに関するダンハム（Arthur Dunham）の解説によるところが大きい。ダンハムによると、アドミニストレーションの意味は大きく三通りに分けられる。一つは、福祉施設における直接のサービス、その他の施設活動いっさいを含めてアドミニストレーションと呼ぶ場合である。二つ目は、福祉施設の管理機能に限定してアドミニストレーションと呼ぶ場合である。三つ目は、福祉施設の活動を支持し、事の運びを円滑にすることをアドミニストレーションと呼ぶ場合である。いずれにしても重田が、これらの意味するところをアドミニストレーションの「支援」「支持」機能とした点は注目できる。

表 8 − 2　京極高宣の著書・論文と社会的活動一覧

西暦	著書・論文	福祉経営関係の著作	社会的活動
1972	・「保育需要の測定手法をめぐって」『保育界』100.		
1973			
1974			
1975			・日本社会事業大学専任講師（〜 1979年 3 月）
1976	〈B〉『経済科学ノート』京極研究室.		
1977	・「低成長時代と福祉見直し論」『地方自治職員研修』3. ・「社会福祉における"ニーズ"と需要」『月刊福祉』4. ・「社会問題視点を欠落した主観主義的な"まちづくり計画"」『地方自治資料』623. ・「将棋に学ぶこと」『将棋』37, 10-12.		
1978	・「婦人の社会・政治参加」『婦人白書』1978 年版. ・「社会福祉における"受益者負担"の問題構造」（東京都民政局）. ・「イギリスにおける民間福祉活動について」『国際社会福祉』全国社会福祉協議会. ・「イギリスにおけるワンペアレントファミリー研究の動向」『母子研究』1, 真生会. ・「大学における社会福祉教育の展望」『月刊福祉』12 月号, 全国社会福祉協議会.		・武蔵野市老後保障研究会研究会委員（〜 1980 年 2 月）
1979	・「高齢者の就労問題について」統計研究会『老齢化社会の統計的基礎研究』生命保険センター. ・東京都民生局総務部企画課『調査研究報告 社会福祉サービスの"受益者負担"をめぐる問題構造』. ・「これから社会福祉を学ぶ人のために」『月刊福祉』9 月号, 全国社会福祉協議会. ・（宮崎晋との共著）「母子寮の目的と生活指導の意義」母子寮運営研究資料編集委員会『母子寮運営研究資料』. ・『社会福祉における"受益者負担"の問題構造』東京都民生局.		・日本社会事業大学助教授（〜 1984 年 3 月）
1980	・「"労働力"範疇と高齢者就労問題」『労務研究』33（4）. ・「イギリスの母子家庭福祉施策とファイナー報告」『世界の児童と母性』10, 資生堂社会事業財団. ・「イギリスにおける"未婚の母"の生活実態」『季刊社会保障研究』15（4）. ・「日本型福祉社会論を批判する」『経済』12. ・「80 年代福祉と費用負担のあり方」『月刊福祉』1 月号, 全国社会福祉協議会. ・「これからの地域福祉と市民の意識構造」『月刊福祉』8 月号, 全国社会福祉協議会. ・「新しい福祉社会を求めて」東京都特別区職員研修所. ・「足利市民の福祉意識」『足利市社会福祉実態調査報告書』日本社会事業大学. ・〈B〉（五味百合子との共訳）A. ホプキンソン『未婚の母たち par1・part2』連合出版.		・「東京都武蔵野市福祉公社」発足に参加

西暦	著書・論文	福祉経営関係の著作	社会的活動
1981	・「在宅福祉サービスと施設サービスとの経費分析の試み」『定住圏構想における老人福祉サービスを中心とした施設対策・居宅対策のあり方』定住圏構想における施設・居宅対策のあり方検討委員会. ・「注目される"契約福祉"の行方」『地方自治職員研修』14 (162). ・「福祉意識とボランティア等」『定住圏構想における老人福祉サービスを中心とした施設対策・居宅対策のあり方』. ・「医療ソーシャルワーカーの専門性に関する調査報告」『日本社会事業大学紀要』17, 日本社会事業大学. ・「杉浦創吉先生を偲ぶ」杉浦創吉氏追悼文集『微笑と情熱』日本社会事業大学, 317-319. ・「ワンペアレント・ファミリー自助団体の国際比較について」社会福祉研究所『母子研究』4, 真生会. ・「ワンペアレント・ファミリーにとって社会福祉はどうあるべきか―母子福祉の政策的枠組みをめぐる再検討―」『季刊労働法』別冊第8号（特集「現代の社会福祉」）, 総合労働研究所. ・「これからの地域福祉と市民の意識構造」『月刊福祉』9月号, 全国社会福祉協議会.		・世田谷区福祉総合計画策定委員（～1982年6月） ・横浜市高齢化社会対策研究会委員（～1982年3月）
1982	・「岐路に立つ厚生行政の地方分権化」『地方自治職員研修』3. ・「57年度予算と社会福祉」『法と政策』第一法規出版, 3. ・民間社会福祉財政研究委員会『日本における民間社会福祉財政』社会福祉研究所. ・（杉森創吉・市川一宏・京極高宣共著）「対人福祉サービスの国際比較に関する視点と枠組みについて（覚え書）」『社会事業の諸問題』28, 日本社会事業大学. ・「在宅福祉サービスと女性」『季刊自治体学研究』14, 神奈川県自治総合研究センター. ・「在宅福祉サービスと女性」『季刊自治体学研究』15, 神奈川県自治総合研究センター. ・「高齢化社会 (1)」ブリタニカ百科事典『時事百科1982』. ・「高齢化社会と高齢者の労働」北川隆吉編著『（講座・高齢化社会シリーズ）高齢化社会と労働』5, 中央法規出版. ・「福祉教育はどうあるべきか」『社会福祉研究』30, 鉄道弘済会. ・「医療ソーシャルワーカーの専門性に関する調査報告―社大卒業生のその後―」『日本社会事業大学研究紀要』28. ・「共同募金に関する市民意識」『市民参加の福祉計画』中央法規出版.		
1983	・「福祉行政の新たな段階とその課題」『法と民主主義』175. ・「乳幼児の養育状況と母親の保育意識」『保育年報』全国社会福祉協議会. ・「高齢化社会と高齢者の労働」北川隆吉編『高齢化社会と労働』中央法規出版.	・「福祉産業はなりたつか」『地域福祉研究』10.	・東京都社会福祉審議会臨時委員（～1984年3月）

西暦	著書・論文	福祉経営関係の著作	社会的活動
1983	・「社会福祉資源と在宅福祉サービス」『痴呆等老人対策と新しい在宅福祉の方向』横浜市民生局. ・「高齢化社会に対応する在宅福祉サービスの供給システムについて」『痴呆等老人対策と新しい在宅福祉の方向』横浜市民生局. ・「福祉行政の理想と現実」『地方自治職員研修』194. ・「ユニークな在宅福祉対策の類型とその意味するもの」『週刊社会保障』37（1248），法研. ・「在宅福祉サービスと女性」『季刊自治体学研究』15，神奈川県自治総合研究センター. ・「自閉症児の学校適応に関する考察―自閉症児をもつ母親へのアンケート調査結果の分析から―」『日本社会事業大学研究紀要』29. ・「社会福祉施設運営に関する調査研究の視座と枠組み―精神薄弱児施設経営を事例として―」『日本社会事業大学研究紀要』29. ・「有料老人ホームの需要動向に関する調査設計の枠組みと今回調査の特徴について―はあと財団研究助成による当該調査に参加して―」『社会事業研究所年報』18，日本社会事業大学社会事業研究所.	・「新たな福祉供給組織について（覚書）」『横浜市福祉サービス供給組織研究委員会中間報告』（10月）.	
1984	・「福祉計画と福祉需給モデル」『社会事業の諸問題』30. 日本社会事業大学. ・「社会福祉調査に関する覚え書き」『社会事業研究所年報』19. ・「民間福祉財源の方向について」社会保障研究所編『社会福祉改革論Ⅱ』東京大学出版会. ・「在宅福祉サービスと社協との関係について」『老年社会科学』6（1）. ・「直面する高齢化社会と豊かな老後の地域活動」『地方自治職員研修』3. ・「高齢化社会（2）」ブリタニカ百科事典『時事百科1984』. ・「高齢者の余暇活動」『地方自治職員研修』3. ・報告書『高齢社会における老人施設体系のあるべき姿』第一部. 社会福祉法人東京老人ホーム高齢者住宅・施設研究会. ・「社会福祉の財政」阿部志郎ほか編『地域福祉教室』有斐閣. ・「"福祉見直し論"と福祉サービスの公共性」『季刊自治体学研究』21. ・「新たな地域福祉サービス供給組織の展望」『横浜市の人口高齢化をめぐる諸問題』横浜市. ・「総合的な福祉計画の試み」『市民参加の福祉計画―高齢化社会における在宅福祉サービスのあり方―』中央法規出版. ・『シルバー能力開発事業と施設入園者自立のための施設外就労への実験的研究報告（要旨）』恩賜財団東京都同胞援護会. ・「高齢化社会に対応する福祉・保健医療情報システムの視点と枠組み―横浜市福祉・保健医療情報システム研究調査委員会の検討作業をふまえての覚え書き―」『横浜にふさわしい福祉・保健医療情報システムのあり方について―昭和58年度福祉・保健医療情報システム研究委員会調査報告書―』横浜市民生局.		・厚生省社会局庶務課社会福祉専門官（～1987年4月）

西暦	著書・論文	福祉経営関係の著作	社会的活動
1984	・『川崎市における心身障害児者地域医療体制に関する調査研究』（3月），川崎市. ・「民間福祉財源の動向と課題―共同募金を事例として―」『社会福祉改革論Ⅰ』東京大学出版会. ・「海外の社会福祉・第5回」『社会福祉広報』273. ・〈B〉『市民参加の福祉計画―高齢化社会における在宅福祉サービスのあり方―』中央法規出版. ・〈B〉（川上則道との共著）『社会資本の理論』時潮社. ・〈B〉（高沢武司との共訳）ケン・ジャッジ『福祉サービスと財政』川島書店.		
1985	・「福祉機器の開発普及の方向と今後への期待」"第12回社会福祉機器展"パンフレット，全国社会福祉協議会. ・「わが国における福祉機器の開発普及策―テクノケア・システム構想試案―」『厚生福祉』時事通信社. ・「主体的まちづくりと社会資本政策」『都市問題』76（3），東京市政調査会.		
1986	・「高齢化社会と地域福祉」『地方自治職員研修』1. ・「高齢退職者の社会参加」『自治研修』322. ・「在宅福祉サービス実践の周辺の問題」『看護MOOK』20，金原出版. ・「福祉産業の動向―いわゆるシルバー産業を中心として―」『ジュリスト増刊総合特集』41，有斐閣. ・「スウェーデンにおける社会福祉の動向」『社会福祉広報』269，7-8. ・「西ドイツにおける社会福祉の動向」『社会福祉広報』269，12-13. ・「フランスにおける社会福祉の動向」『社会福祉広報』269，14-15. ・「イギリスにおける社会福祉の動向」『社会福祉広報』269，10-11. ・「社会福祉マンパワー需要の将来展望」日本社会事業大学編『社会福祉の現代的展望』358. ・「わが国の社会福祉研究の特色―日英の社会福祉カテゴリー体系の比較から―」『社会福祉研究』38. ・「地域福祉とネットワーキング」『保育通信』1月号. ・「医療と福祉のサービス経済的特性―産業連関分析の未開拓領域について―」『厚生の指標』33（4），厚生統計協会.		・1986年国際社会福祉会議企画委員（～1986年3月） ・横浜市保健福祉情報システム研究会企画委員長（～1989年3月） ・世田谷区福祉公社検討委員会委員（～1988年3月）
1987	・「アメリカ合衆国」『社会福祉広報』274，8-9. ・「ソーシャルワーカーの国際比較に関する覚え書き」『福祉施設士』2月号. ・「〈福祉専門職制度〉福祉士は福祉施設に何をもたらすのか」『福祉施設士』5月号. ・「社会福祉士の専門性に関する資料」『社会事業研究所年報』23，日本社会事業大学社会事業研究所. ・「社会福祉の専門性について―社会福祉士及び介護福祉士法成立後の課題―」『月刊福祉』8月号，45. ・「ソーシャルワーカーの職務の専門性とは何か」『社会福祉研究』41，鉄道弘済会.	・「市民参加と利用者負担」隅谷三喜男・丸尾直美編『福祉サービスと財政（明日の福祉④）』中央法規出版.	・自治省大臣官房企画室高齢化社会対策研究会委員（～1989年3月） ・日本社会事業大学社会福祉学部教授（～2005年3月）

西暦	著書・論文	福祉経営関係の著作	社会的活動
1987	・「ゼミナール経済思想と福祉システム。連載をはじめるにあたって」『月刊福祉』7月号，全国社会福祉協議会. ・「ゼミナール経済思想と福祉システム。アダム・スミス」『月刊福祉』8月号，全国社会福祉協議会. ・「ゼミナール経済思想と福祉システム。リカード vs マルサス」『月刊福祉』9月号，全国社会福祉協議会. ・「ゼミナール経済思想と福祉システム。J. S. ミル」『月刊福祉』10月号，全国社会福祉協議会. ・「ゼミナール経済思想と福祉システム。マルクス」『月刊福祉』11月号，全国社会福祉協議会. ・「ゼミナール経済思想と福祉システム。レーニン」『月刊福祉』12月号，全国社会福祉協議会. ・『長寿社会戦略データファイル』（代表）第一法規出版. ・「介護福祉士の創造とホームヘルプ」『福祉専門職の展望』第6章第4節，全国社会福祉協議会. ・「社会福祉における国際比較研究の視点と枠組み」『日本社会事業大学研究紀要』33. ・「地域福祉計画の現状と課題―都内区市町村の場合―」『都政研究』9月号，都政研究社. ・「人口高齢化と高齢者の労働」『長寿社会の戦略』第4章，第一法規出版. ・〈B〉『長寿社会の戦略―市民参加型福祉経営のあり方―』第一法規出版. ・〈B〉『明日の福祉をめざして』中央法規出版. ・〈B〉『福祉専門職の展望』全国社会福祉協議会. ・〈B〉（古瀬徹・京極高宣監訳）ハンス・ヨハン・ブラウンズ＆デービッド・クレーマー編著『欧米福祉専門職の開発』全国社会福祉協議会. ・〈B〉隅谷三喜男・京極高宣編『民間活力とシルバーサービス〈明日の福祉⑥〉』中央法規出版. ・〈B〉（阿部実・網野武博との共著）『社会福祉』チャイルド社.	・「高齢化社会における福祉産業の位置づけと方向性について―いわゆるシルバーサービスを事例として―」隅谷三喜男・京極高宣編『民間活力とシルバーサービス（明日の福祉④）』中央法規出版.	・厚生省健康政策局地域保健基本構想検討委員会委員（〜1988年3月） ・厚生省社会局世帯更正資金研究会委員（〜1988年3月） ・全国町村会研究フォーラム委員（〜1989年3月）
1988	・「ゼミナール経済思想と福祉システム。マーシャル」『月刊福祉』1月号，全国社会福祉協議会. ・「ゼミナール経済思想と福祉システム。ケインズ」『月刊福祉』2月号，全国社会福祉協議会. ・「ゼミナール経済思想と福祉システム。中間総括―戦前の経済思想―」『月刊福祉』3月号，全国社会福祉協議会. ・「ゼミナール経済思想と福祉システム。戦後の経済思想と福祉システム」『月刊福祉』7月号，全国社会福祉協議会. ・「ゼミナール経済思想と福祉システム。ガルブレイス」『月刊福祉』7月号，全国社会福祉協議会. ・「ゼミナール経済思想と福祉システム。シュンペーター」『月刊福祉』8月号，全国社会福祉協議会. ・「ゼミナール経済思想と福祉システム。ミュルダール」『月刊福祉』9月号，全国社会福祉協議会. ・「ゼミナール経済思想と福祉システム。フリードマン」『月刊福祉』10月号，全国社会福祉協議会. ・「ゼミナール経済思想と福祉システム。ボールディング」『月刊福祉』11月号，全国社会福祉協議会. ・「ゼミナール経済思想と福祉システム。大河内一男」『月刊福祉』12月号，全国社会福祉協議会.		

西暦	著書・論文	福祉経営関係の著作	社会的活動
1988	・「高齢者の就労動向―福祉型就労 vs 家得型就労―」『月刊社会教育』32（3），11-16. ・「社会福祉における財源及び費用負担のあり方について」総理府社会保障制度審議会事務局. ・「医療福祉士法（仮称）の制定に期待する」『精神医学ソーシャルワーク』24，日本精神医学ソーシャルワーカー協会. ・『福祉公社設立にあたって（中間報告）』第1章（3月），世田谷区. ・「福祉事務所の歴史的な経緯に関する覚え書き」『日本社会事業大学研究紀要』第34集. ・「福祉改革と福祉事務所の諸問題」『季刊社会保障研究』23（4），社会保障研究所. ・「社会福祉事業法改正の基本論点―社会福祉の範囲をめぐって―」『季刊社会保障研究』24（1）. ・〈B〉（京極高宣ほか編）『福祉政策学の構築―三浦文夫氏との対論―』全国社会福祉協議会. ・「社会福祉施設運営に関する調査研究の視点と枠組み」『日本社会事業大学研究紀要』第23巻第4号. ・〈B〉（板山賢治との共編）『社会・介護福祉士への道―その役割と資格のとり方―』エイデル研究所. ・〈B〉（板山賢治との共編）『社会福祉士・介護福祉士資格のとり方Q&A』エイデル研究所. ・〈B〉（高橋紘士・小林良二・和田敏明との共編）『福祉政策学の構築―三浦文夫氏との対論―』全国社会福祉協議会.		
1989	・"On the policies for the aged in japan"『日本社会事業大学研究紀要』35. ・「『介護』の意味するところ」『保健婦雑誌』45（4），5. ・「人間の尊厳・基本的人権・福祉権を基礎に」『公衆衛生』53（9）. ・「長寿社会に対応した総合的地域福祉計画への展望」『研修のひろば』春号，21-25. ・「社会福祉学に関する一段章―福祉政策学の構築をめぐっての三浦文夫氏との対論から―」『社会福祉学』30（1），日本社会福祉学会. ・「ニーズの変化とその新たな対応」福祉士養成講座編集委員会編『社会福祉原論』（社会福祉士養成講座①）中央法規出版. ・「総合的地域福祉計画への展望―ローカル・オプティマムの理念をふまえて―」『研修のひろば』54，特別区職員研修所. ・「社会福祉事業法改正をめぐって」『週刊社会保障』43（1561）（11月13日）. ・「発言あり〈人間の尊厳・基本的人権・福祉権を基礎に〉」『公衆衛生』53（9），医学書院.		・社会福祉士国家試験委員会副委員長（～1996年3月） ・日本社会事業大学社会福祉学研究科（修士課程兼担）教授
1990	・「総論がない日本の社会保障」〔シルバー文化学〕『読売新聞』（9月19日）. ・「老人福祉のハード面充実したが」『読売新聞』（7月4日朝刊）. ・「深い思いやりが福祉の原点」『読売新聞』（7月11日朝刊）.	・「福祉学の体系化を求めて〈試論〉―福祉臨床学と福祉経営学の可能性―」日本社会事業大学	・厚生省中央社会福祉審議会委員（～2000年12月） ・『月刊福祉』編集委員（～1997年3月）

西暦	著書・論文	福祉経営関係の著作	社会的活動
1990	・「障害者忘れがちなのが心配」『読売新聞』(7月18日朝刊). ・「類人猿より悲惨な人の老い」『読売新聞』(7月25日朝刊). ・「酒も過ぎれば"百厄の長"に」『読売新聞』(8月1日朝刊). ・「益軒が説いた長寿の秘けつ」『読売新聞』(8月8日朝刊). ・「カラフルな服装楽しむ欧米人」『読売新聞』(8月15日朝刊). ・「大切な『食べる』楽しみ」『読売新聞』(8月22日朝刊). ・「住環境は幸せな老後の条件」『読売新聞』(8月29日朝刊). ・「21世紀型長寿文化の可能性」『読売新聞』(9月5日朝刊). ・「明るく楽しく老いに備える」『読売新聞』(9月12日朝刊). ・『『高齢化』は世界共通の問題」『読売新聞』(9月26日朝刊). ・「無私の愛情と誠実さ」『回想の福武直』東京大学出版会，235-236. ・「高齢化社会への福祉戦略」『自治総研ブックレット』地方自治総合研究所. ・『(仮称) 大田区福祉公社検討委員会報告書』第1章，大田区. ・「地域福祉理論の系譜と構成」『地域福祉活動研究』7，兵庫県社会福祉協議会. ・〈B〉『現代福祉学の構図』中央法規出版. ・〈B〉中西洋・京極高宣編著『福祉士の待遇条件』第一法規出版. ・〈B〉(古瀬徹との監訳) ハリー・スペクト『福祉実践の新方向』中央法規出版. ・〈B〉『老いを考える―明日のライフデザイン―』中央法規出版. ・〈B〉(監修)『介護福祉の基礎知識 (上・下)』中央法規出版.	編『社会福祉の開発と改革』(日本社会事業大学開学記念論文集)，中央法規出版. ・「福祉臨床学と福祉経営学の可能性」『現代福祉学の構図』中央法規出版.	
1991	・「長寿・福祉社会の実現をめざして」『ファイナンス』303，44-45. ・「21世紀の高齢社会をめざす新しい社会システムの展望」『The Home Care』3月号，14-17. ・「ふるさと紀行」『週刊社会保障』1622，31. ・「大学社会保障教育の現状」『老人保健医療福祉に関する理論研究事業の調査研究報告書』長寿社会開発センター. ・「わが国の社会保障研究教育を概観して」『老人保健福祉に関する理論研究事業の調査研究報告書』長寿社会開発センター. ・〈B〉(京極高宣・高木邦明監訳) ハリー・スペクト『福祉実践の新方向』第一法規出版.		・日本社会事業大学社会福祉学部長 (～1995年3月) ・日本社会事業学校連盟副会長 (～1995年3月) ・厚生省地方保健福祉計画ガイドライン部会長 (～1993年3月)

159

西暦	著書・論文	福祉経営関係の著作	社会的活動
1992	・「社会保障概念の見直しの視点と枠組み」『老人医療福祉に関する理論研究事業の調査研究報告書Ⅱ』長寿社会開発センター. ・「授産施設のあり方をめぐって」『AIGO』425，9-12. ・「授産施設の今後のあり方」『社会福祉広報』342，4-5. ・「三か国老人ホーム比較―独仏瑞の視察をふまえて―」日本社会事業大学編『老人保健医療福祉の国際比較』，325-345. ・「福祉人材確保の課題と展望」『地方自治職員研修』25（6），18-20. ・「福祉人材確保関連法改正の歴史的意義」『月刊福祉』75，24-27. ・「地域福祉と老人保健福祉計画」日本医師会編『国民医療年鑑 平成4年度版』春秋社，85-94. ・「高齢者住宅の費用効果分析」金森久雄・島田晴雄・伊部英男編『高齢化社会の経済政策』東京大学出版会，117-137. ・「（研究ノート）社会福祉にとって原論とは何か」『日本社会事業大学研究紀要』38. ・「ボランティアの意義と歩み」京極高宣監修『ボランティア学習展開事例集』一橋出版. ・〈B〉『高齢者ケアを拓く』中央法規出版. ・〈B〉『（新版）日本の福祉士制度―日本ソーシャルワーカー史序説―』中央法規出版. ・〈B〉『ボランティア学習展開事例集』一橋出版. ・〈B〉（監修）『ケアワーク入門―基本・施設ケア―』第一法規出版. ・〈B〉（編著）『福祉マンパワー対策―誰が福祉を担うのか―』第一法規出版.	・「昭和25年及び37年勧告の歴史的意義と今日的問題」『老人医療福祉に関する理論研究事業の調査研究報告書』長寿社会開発センター	・国土審議会臨時委員（〜1994年3月） ・痴呆老人保健福祉計画作業班会長（〜1993年3月）
1993	・中央社会福祉審議会地域福祉専門分科会（意見具申）「ボランティア活動の中長期的な振興策について」. ・「社会保障体系の再構築を目指して」『長寿社会総合講座2 長寿社会の社会保障』第一法規出版. ・「高齢社会における社会福祉士の役割」『第4回慈慶セミナー・社会福祉士受験対策講座公開講演会』，4-17. ・「社会保障の概念と範囲」『老人保健医療福祉に関する理論研究事業の調査研究報告書Ⅲ』長寿社会開発センター. ・「社会保障と福祉コミュニティ」『高齢化社会と社会福祉』中央法規出版. ・「なぜ今，長寿社会を総合的に探究しなければならないか」『リージョンビュー』AUTUMN，7. ・〈B〉『高齢者ケアを拓く』中央法規出版. ・「介護福祉学の構築は時代の要請」一番ヶ瀬康子監修『介護福祉学とは何か』ミネルヴァ書房. ・「『福祉川柳事件』に思う」『月刊福祉』9月号，74-75.全国社会福祉協議会. ・〈B〉（監修）『高齢者のための地域ケア』中央法規出版. ・〈B〉（監修）『現代福祉学レキシコン』雄山閣. ・〈B〉（編著）『老人保健福祉計画』東京法規出版.		・厚生省年金審議会委員（〜1996年3月）

西暦	著書・論文	福祉経営関係の著作	社会的活動
1993	・〈B〉（三友雅夫との共編）『高齢者のケアシステム』中央法規出版. ・〈B〉『現代福祉学の構図』中央法規出版. ・〈B〉（堀勝洋との共編）『長寿社会の社会保障』第一法規出版.		
1994	・「新しい介護サービスのあり方をめぐる問題構造」『日本社会事業大学研究紀要』40，135-15. ・「総合的子育てセンター構想」『保育年鑑』. ・「措置制度の改変と今後の公的社会福祉」『月刊福祉』5月号，全国社会福祉協議会. ・「保育所財政の措置制度のあり方について」『都市問題』85（6）. ・「4年制保母のあり方」『平成5年度 日本社会事業大学福祉行政研究会報告』日本社会事業大学. ・「『契約保育』生かす方法」『読売新聞』（1月26日）. ・「医療と福祉のネットワーク」『看護実践の科学』，90-96. ・「老人介護の国際比較について（上・下）」『生命保険協会会報』1・2. ・「熱き心と冷静な頭脳」『激動に生きて』（隅谷三喜男先生喜寿記念論文集編集委員会）聖山社，220-221.		・日本社会事業大学大学院社会福祉学研究科（博士課程兼担）教授（〜2005年3月） ・板橋区福祉懇談会会長（〜1995年3月） ・社会福祉・医療事業団長寿社会福祉基金委員会委員（〜1996年3月）
1995	・「高齢者介護問題の現状と新介護システムの基本的考え方」『社会福祉研究』63. ・「高い理念の下での新制度を」『月刊施設福祉士』1，5-10. ・「〈私見・直言〉日本の風土にあった介護システムを」『毎日新聞』（11月15日）. ・「福祉界の指導者たる人材養成に向けて」『現役合格マガジンストレーツ』56，24. ・「21世紀社会と社会保障」『国民年金広報』437，4-6. ・「アダム・スミス」『福祉の経済思想』ミネルヴァ書房. ・「忘我の愛」『社会福祉教育と平田冨太郎先生』日本社会事業大学，65-73. ・「死者は死なない」『日本経済新聞』（7月14日）. ・「高齢者福祉への取り組み，あなたのまちは」『生活の設計』176，4-9. ・「震災対策は日本社会の鍵」『法令ニュース』30（568），13. ・「社会福祉をいかに学ぶか」『たけおか』10月1日号，日本社会事業大学. ・「福祉専門職の人材養成」『月刊総合ケア』インタビュー〈この人に聞く〉4月号. ・「成熟する地域社会とボランティア」『月刊自治フォーラム』430，2-8. ・「保育所の今後―保育改革議論―」新世紀研究所編『望ましい保育システムへの提言』法研. ・〈B〉『改訂 社会福祉学とは何か―新・社会福祉原論―』全国社会福祉協議会. ・〈B〉『福祉の経済思想―厳しさと優しさの接点―』ミネルヴァ書房. ・〈B〉（監訳）スティーブン・J・アンダーソン『日本の政治と福祉―社会保障の形成過程―』中央法規出版.		・日本社会事業大学学長（〜2005年3月） ・老人保健福祉審議会基盤整備部会長（・1995年12月） ・日本社会福祉学会理事（〜2001年10月）

西暦	著書・論文	福祉経営関係の著作	社会的活動
1996	・「平成8年の社会保障，社会福祉を展望して」『生活と福祉』1月号. ・「介護マンパワーの養成確保の今日的意義」『高齢化社会における社会保障周辺施策に関する理論研究の調査研究報告書III』長寿社会開発センター. ・「保健と福祉の真の連携を」『エデュ・ケア21』，13. ・「人間を理解する視点や研究者としてのスタンスを学ぶ」『ぱんぶう』11月号，125. ・「社会福祉マンパワー需要の将来推計」日本社会事業大学編『社会福祉の現代的展開』勁草書房. ・「知的障害者の福祉から学んで」『嬉泉の新聞』34，1. ・「わが国社会福祉研究の理論的課題」『社会事業研究所年報』32. ・〈B〉『介護革命─老後を待ち遠しくする公的介護保険システム─』ベネッセコーポレーション. ・〈B〉（監修）『ボランティア新世紀』第一法規出版.		・国際社会福祉協議会日本国委員会理事 ・厚生省医療保険福祉審議会委員（～2001年1月） ・日本赤十字義援金懇談会座長（～1996年9月）
1997	・「介護保険は社会保障の質を引き上げる」『年金時代』10，18-19. ・「福祉経営学会の創設を」『経営協』，2-3. ・「地方分権と民間社会福祉施設」『保育界』，10-11. ・「インタビュー 京極高宣学長に聞く」日本社会事業大学編『社会福祉システムの展望』. ・「高齢社会の進展と教育の在り方」『産業教育』563，4-7. ・「〔研究ノート〕社会サービスのキーコンセプト "社会保障" について」『日本社会事業大学研究紀要』44，227-233. ・「自立支援を基本とした理念の体系化と再構成」『社会福祉のみかた』AERA MOOK 21，朝日新聞社，11-12. ・「21世紀社会福祉の課題と日本の貢献」日本社会事業大学『21世紀の社会福祉・高齢者ケア─その課題と基本的方向─（高齢者ケア国際シンポジウム事業報告書）』. ・「社会福祉学の展望」『社会福祉システムの展望』中央法規出版. ・「"社会福祉士及び介護福祉士法" 10年の成果と課題」『月刊福祉』3月号，44-45. ・「福祉専門職制度10年の評価と課題─ソーシャルワーカー資格を中心に─」『社会福祉研究』69，鉄道弘済会. ・〈B〉『介護保険の戦略─21世紀型社会保障のあり方─』中央法規出版. ・〈B〉（日本社会事業大学編）『戦後50年の社会福祉を考える─日本社会事業大学創立50周年記念総合科目公開授業─』中央法規出版.		・板橋区保健福祉問題懇談会会長（～1999年3月） ・生活協同組合コープとうきょう理事
1998	・「介護保険の背景と論点」『生活協同組合研究』267，5-14. ・「介護保険施行を前に思うこと」『季刊 年金と雇用』17（2），3. ・「社会福祉の動向と施設経営のあり方」『競争の時代の経営戦略』埼玉県社会福祉協議会，7-52. ・「新春論文」『福祉新聞』（1月14日）.		・厚生省生協のあり方検討委員（～2000年1月） ・厚生省身体障害者福祉審議会委員（～2000年3月）

西暦	著書・論文	福祉経営関係の著作	社会的活動
1998	・「社会福祉士創設の教訓」『少子高齢社会に挑む』中央法規出版. ・「還元利用で福祉の充実を」『年金と住宅』5 月号，14-17. ・「福祉の立場から介護保険導入の意義について考える」『月刊福祉』3 月号. ・「社会福祉学（定義）」『現代福祉学レキシコン〈第 2 版〉』雄山閣出版，96-97. ・「社大の大要としての田邊敦子先生の志を忘れずに」『The Memory of Professor Tanabe』，1-2. ・「省庁再編における新省庁名に異議あり」『日本社会事業大学研究紀要』45，199-201. ・「のぞみ」『みんえいニュース』，3. ・「資格制度化と社会福祉教育」一番ヶ瀬康子ほか編『戦後社会福祉教育の 50 年』ミネルヴァ書房. ・〈B〉『新版・日本福祉制度』中央法規出版. ・〈B〉『少子高齢社会に挑む』中央法規出版. ・〈B〉（編集）『介護保険法の実務』新日本法規出版. ・〈B〉『社会福祉の動向と施設運営のあり方』埼玉県社協.		・厚生省厚生科学研究費補助金に係る研究企画評価委員（〜 2001 年 3 月）
1999	・「要介護認定が地域保健，地域医療，地域福祉に与える波及効果」『地域ケアリング』9 月臨時増刊号. ・「これからの健康・福祉サービス」『ESP』328，38-39. ・『高齢社会を支える健康・福祉サービス等に関する研究会報告書』経済企画庁物価局. ・「『21 世紀福祉ビジョン』は，"省是"」『週刊 福祉新聞』1899. ・「介護保険制度創設とビジネスチャンス」『生命保険協会』255，20-33. ・「あと一年でスタートする介護保険」『国民生活』29(6)，3. ・「介護保険導入に向けて」『社会福祉構造改革トップセミナー報告書』大阪府社会福祉協議会，63-81. ・「自自公三党合意の三つの側面」『上手に老いるための本　いっと』48，いっと編集室，4-5.	・「福祉経営の視点」一番ヶ瀬康子ほか編『戦後社会福祉の総括と 21 世紀への展望― I 総括と展望』ドメス出版.	・講演「福祉改革と糸賀一雄」（第 37 回全国知的障害関係施設職員研究大会，1999.9.8) ・財団法人長寿社会開発センター助成事業委員会委員（〜 2001 年 3 月） ・財団法人テクノエイド協会理事（現在に至る） ・財団法人糸賀一雄記念財団選考委員（現在に至る） ・厚生省医療保険福祉審議会委員（〜 2001 年 10 月）
2000	・「保健・医療・福祉の連携を促し社会保障の『質』を向上させる」『ばんぶう』1 月号. ・「社会保障改革をめぐる基本問題（その 4）―税方式か社会保険方式か―」『週刊社会保障』2077. ・「社会保障改革をめぐる基本問題（その 5）―政治的アプローチの必要性―」『週刊社会保障』2085. ・「介護保険と福祉用具」『地域ケアリング』3 月臨時増刊号. ・「どうなる福祉目的税」『経営協』7 月号. ・「人権について―その本質―」『福祉みえ』117. ・「障害者と人権」『福祉みえ』119・120 合併号. ・「（参考）社会福祉学（小定義）」『社会福祉学小辞典〈第 2 版〉』ミネルヴァ書房，71.		・社会保障構造の在り方について考える有識者会議委員（〜 2000 年 10 月） ・健康・生きがい開発財団理事（現在に至る） ・財団法人長寿社会開発センター理事（現在に至る） ・財団法人在宅医療助成 勇美記念財団評議員（現在に至る）

西暦	著書・論文	福祉経営関係の著作	社会的活動
2000	・「永年勤続表彰を受けて」社会福祉法人浴風会『機関誌浴風会』12 月号，1. ・〈B〉『社会福祉をいかに学ぶか』川島書店.		・江戸川区長期計画立案委員会委員長（現在に至る） ・社会福祉法人浴風会理事（現在に至る） ・日本障害者リハビリテーション協会「アジア太平洋障害者の 10 年」最終記念フォーラム組織委員会専門職関係委員（〜 2002 年12 月）
2001	・「高齢社会と社会保障」『週刊社会保障』2147，146-149. ・「大局見据え社会保障改革」『読売新聞』（12 月 26 日）. ・「社会保障研究の領域区分」『週刊社会保障』2137，50-51. ・「社会保障教育の在り方について」『週刊社会保障』2146，52-53. ・「社会保障に関する審議会の在り方」『週刊社会保障』2156，46-47. ・「心身障害者扶養保険の是非」『週刊社会保障』2165，46-47. ・「障害者の所得保障（その 4）」『ノーマライゼーション　障害者の福祉　』9 月号，日本障害者リハビリテーション協会. ・「保健・医療・福祉が連携しよりよい制度をめざす」『月刊介護保険』6（60），4-5. ・「福祉用具の規制緩和の方向性」『地域ケアリング』3（8），21-29. ・「高齢者と人権」『福祉みえ』121. ・「女性と人権」『福祉みえ』122. ・「新たな学際的領域への挑戦」『医療福祉学がわかる』AERA MOOK　69，朝日新聞社，4-8. ・「社会政策の復権に期待する」厚生労働省労働基準局編『労働基準』，1. ・「福祉が世の光となる 21 世紀に」『WAM』1 月号，社会福祉・医療事業団. ・「社会保障改革と将来の子育て支援」『保育年鑑』全国保育協議会. ・「児童手当と児童年金」『週刊社会保障』（2 月 19 日） ・〈B〉『21 世紀型社会保障の展望』法研. ・〈B〉『この子らを世の光に―糸賀一雄の思想と生涯』日本放送出版協会. ・〈B〉『儒教に学ぶ福祉の心―「言志四録」を読む―』明徳出版社.		・講演「豊かな老後について」21 世紀の高齢社会を考える―真に豊かな高齢社会とするために（岐阜県健康長寿財団，2 月 26 日） ・講演「この子らを世の光に―糸賀一雄の思想と 21 世紀福祉ビジョン―」（第 39 回全国知的障害関係施設職員研究大会．9 月 25 日）
2002	・「介護サービスの質的向上とケアマネジメント学会の創設」『地域ケアリング』4（1），21-28. ・「平成 14 年度医療制度改革」『週刊社会保障』2183，40-41.		

西暦	著書・論文	福祉経営関係の著作	社会的活動
2002	・「支援費制度の意義と課題」『週刊社会保障』2174，52-53. ・「社会保障制度のなかでの障害者福祉の位置づけ」『週刊社会保障』2169，4-5. ・「市場原理主義なるもの」『週刊社会保障』2213，50-51. ・「社会保障をめぐる『社会市場』の概念」『週刊社会保障』2192，6-47. ・「ふたたび社会市場について」『週刊社会保障』2202，46-47. ・「社会福祉法人よ胸を張れ」『であい　ふれあい　めぐりあい』51，2-3. ・「学長として次なる数学的課題」『たけおか』（4月1日）. ・「社会福祉士資格制度等の制度化と今後の課題」日本社会事業学校連盟『社会福祉士資格制度等をめぐるシンポジウム報告書』，2-11. ・「地域福祉計画の意義と課題」地域福祉研究会編『地域福祉計画を創る』中央法規出版，45-56. ・「地域福祉計画策定の意義と課題」『月刊厚生』6. ・「支援費制度の意義」『ノーマライゼーション』2月号. ・「平成14年度医療制度改革について」『東京の国保』4月号. ・"健康生きがい権"の確立」『ソウェルクラブ』夏号，48. ・「社会福祉学の中立性について」『社会福祉研究』83，76-80，鉄道弘済会. ・「生きがい情報士の名称の由来」『生きがい通信士通信』6，健康・生きがい開発財団. ・「日本に生まれたこと」『はぁーとふる・わ〜く』（「やさしい手」だより28），1. ・〈B〉『生協福祉の挑戦』コープ出版. ・〈B〉『福祉社会を築く』中央法規出版. ・〈B〉『障害を抱きしめて―共生の経済学とは何か―』東洋経済新報社. ・〈B〉『児童福祉の課題』インデックス出版.		・「行財政改革とこれからの社会保障・社会福祉」（第19期社会福祉法人役員研修講座〔西日本〕） ・「障害者支援施設は今，何に取り組むべきか」（第2回支援費制度特別セミナー） ・日本社会福祉学会第50回記念全国大会会長（〜2002年12月） ・内閣府新しい障害者基本計画に関する懇談会座長（〜2002年12月） ・厚労省介護給付費分科会「介護給付についての基本的考え方」起草委員（〜2002年12月）
2003	・〈B〉『京極高宣著作集』（全10巻）中央法規出版.		
2005	・〈B〉『介護保険改革と障害者グランドデザイン―新しい社会保障の考え方―』中央法規出版.		・国立社会保障・人口問題研究所所長就任（〜2010年）
2007	・〈B〉『社会保障と日本経済―「社会市場」の理論と実証―』慶應義塾大学出版会.		
2010			・社会福祉法人浴風会理事長就任（現在に至る）
2014	・〈B〉『障害福祉の父　糸賀一雄の思想と生涯』ミネルヴァ書房.		

《出典》京極著作集および同8，9巻末の年譜に基づいて筆者が作成　　　　　　　　　（2019年1月現在）
※〈B〉は書籍
※京極高宣教授の業績については『日本社会事業大学研究紀要』第52集（京極高宣教授退任記念号）に詳しい

第9章

「障がい者のスポーツ」から「障がい者スポーツ」へ

——社会福祉政策と文教政策の下における
「障がい者スポーツ」理解のための一資料——

はじめに

　21世紀初頭のこんにちの社会が、市場原理と自己責任原理に基づいて邁進し続けていく状況下において、そのどちらにも組することの困難な場合の多い生命の、闘争的であり、しかし前向きでもあるその躍動を、新しい時代に生きるわれわれがいかに実現していけるのか、という課題が、本章で取り上げる内容にはある。連帯や共生^{きょうせい}といった琴線に触れる課題が、いまこそ問われようとしている。障がい者スポーツ政策に関する先行研究が、2013年のこんにち、多くは見当たらず、ましてや障がい者福祉政策との関連から論じた前例も皆無に等しいことも、本研究をいま行なう意義の深さを感じる。

　厚生省／厚生労働省⁽¹⁾による社会福祉政策⁽²⁾の一環として進められてきた障がい者のスポーツと、一方で、文部省／文部科学省による文教政策のひとつとして、国民のスポーツ施策のなかで進められた障がい者のスポーツとの関係を基軸に据え、これらが、戦後からこんにちに至るまでたどった経緯を概観しながら、「障がい者の（ための）スポーツ」から「障がい者スポーツ」へと変化する道程を考察することに、本章では主眼を置く。

　以下では、障がい者への社会福祉政策の基本的理念の変遷を、戦後からこんにちまで、次のような時代区分に沿って考える。それは、①職業更生期（1945-1964）、②リハビリテーション期（1965-1973）、③施設収容から在宅サービスへの移行期（1974-1980）、④地域における自立生活移行期（1981-1988）、⑤自立生

活や平等な社会づくり期（1989-1996）、⑥自立支援期（1997-現在）である。また、文部省／文部科学省による文教政策の一環として進められたスポーツ施策に関する考察では、その時代的移り変わりを、① 1958-1988、② 1989-2000、③ 2000-2010、④ 2011-現在、として考察した。本章では、こうした障がい者への社会福祉政策理念の変遷が、障がい者スポーツの発展とどのような関係にあったのかを考察すると同時に、文教政策の一環としても進められてきた、国民のスポーツ施策の一面を持つ障がい者のスポーツについてあわせ考えることを通し、これからの障がい者スポーツ理解の一資料となることを願うものである。

第1節　障がい者への社会福祉政策理念と障がい者のスポーツ

　ここからは、戦後からこんにちまでの障がい者政策理念の変遷過程を念頭に置き、そこで行なわれた障がい者施策と障がい者のスポーツ施策について考える。

1. 職業更生期（1945-1964）における障がい者施策と障がい者のスポーツ

　第二次世界大戦後、GHQ（General Headquarters ＝連合国最高司令官総司令部）占領下で進められたわが国の社会福祉政策は、救貧施策[3]を下地に始められることとなった。その具体的な、国家による障がい者への支援は、1949年の身体障害者福祉法の制定である。しかし、終戦直後の、この時期の、障がい者政策のおもな対象は、障がい程度が中度・軽度といった、身体的機能訓練を行なうことで比較的短期で就労に結びつきやすい障がい状態（そのおもな対象は傷痍軍人）の人々が中心であった。こうした傾向は、1947年から開始された障がい児への特殊教育においても同様であり、その前提になる障がい児は、基本的には、将来の労働力として経済的に自立可能性を持っているという条件がつけられていた。わが国では、障がい者（児）への社会福祉政策は、資本主義社会における経済的自立を念頭に置いた労働的・人的資源対策の色彩が当初から濃厚であった。

　「救貧＝経済的自立」を大前提とした終戦直後からの社会福祉政策は、意図

的に「強い人」「自立能力の備わった人」が対象となり、その当然の結果とし
て、重度の障がい者（児）は、国の政策からは遠いところに置かれることと
なった。

　障がい者への具体的な職業更生施策が明確に示された1947年の身体障害者
収容授産施設設置（当時、全国で12ヵ所設置）や1952年の身体障害者職業更生
援護対策要綱策定（ここでは、障がい者の職業安定所への任意登録による職業斡旋促
進や職業補導訓練の強化等が定められていた）、あるいは、1957年の国立身体障害
者更生指導所（神奈川県相模原市に全国で初めて設置された）設置法成立等といっ
た動向は、いずれも「職業更生」をおもな内容とするものであった。

　当時、国が示した障がい者のスポーツに関する最初の福祉施策は、1963年
の「身体障害者スポーツの振興について」（厚生省社会局長通知、1963年5月20
日）がある。ここでは、障がい者のスポーツを「身体障がい者」に限定し、そ
の目的を「更生援護の一環」として捉えていた。この「更生援護」とは、「体
力の維持、増強、残存能力の向上及び心理的更生」を意味し、その念頭には、
社会的・経済的自立が置かれていたものと考えられる。折しも文部省は、その
2年前の1961年、「国民の心身の健全な発達と明るく豊かな国民生活の形成に
寄与する」ことを目的としたスポーツ振興法を公布し、1958年に同省内に設
置された体育局[4]が具体的に始動し始めていた。戦後一度廃止された体育局は、
オリンピック大会の招致促進や学校保健、学校給食の充実を目的として再度設
置されたものである。1964年には「体育施設五か年計画」も策定されている。

2. リハビリテーション期（1965-1973）における障がい者施策と障がい者
　　のスポーツ

　1950年代なかばから始まった日本の高度経済成長は、1960年代後期に入る
と日常生活のなかに負の側面を見せ始めた。この時期、地方や都市における人
口の過疎・過密化、公害の発生、モータリゼーション化の拡大に伴う交通事故
の増加、非行化や犯罪率の上昇、高齢化等といった生活問題が、日常の生活に
蔓延し始めていた。こんにちでは、いつでも、どこでも、誰もが遭遇するこう
した状態が、この頃から社会福祉の課題として取り上げられ始めたのである。
　さらには、経済成長による物質的恩恵の裏で、もの余り状態や人間関係の希

薄化・崩壊によって、社会的に弱い人々がその影響を被る事態が多発していた。特に地方社会では、それまで地域や家庭内の高齢者や障がい者（児）への介護は、家族や地域の互助機能によって担われてきていたが、それを担う人々が都市への出稼ぎや人口流出によって減少し、機能崩壊してきた。一方、都市社会でも、核家族の増大や女性の社会進出によって、家族の機能が弱まり、少子化や家族の絆が脆くなり始めていた。そして、こうした波紋は、当然のこととして、介護や支援の絶対的に必要な障がい者（児）や高齢者に直接的に及ぶことになった。しかし、それは同時に、こうした問題にたいする市民の目を覚醒させることにも繋がり、様々な意味で、思わぬ影響を社会に及ぼし始める契機にもなった。1956年には、森永ミルクを飲んだ乳児がヒ素による中毒症状を起こし、それが社会問題になったことで、その被害者を守るための森永ミルク中毒の子供を守る会が発足した。また1963年にはサリドマイド児を支援する子供たちの未来をひらく父母の会、1973年には未熟児網膜症から子供を守る会、1974年には水俣病患者同盟、1975年には先天性四肢障害児父母の会等といった、親やその周辺の支援者たちを活動母体とする告発型運動体の組織化が進んだ（一番ヶ瀬・佐藤 1987：134）。こうした組織的な活動は、地域に住む一般市民を、その周辺で起きている障がい（者）問題のなかに広域的に取り込む効果をもたらし、社会福祉の課題を市民から遠い事柄ではなく、身近な課題として生活のなかに浸透させる働きをした。

　この時期の障がい者にたいする福祉諸施策を見ると、リハビリテーション理念の動向が注目できる。1965年の『厚生白書』には、心身障害者福祉の課題として、リハビリテーションの体系化や医学的リハビリテーションの強化等が記されている。この傾向は、当時の障がい者施策が、それまでの福祉施設入所一辺倒の取り組みから在宅生活を進める方向へと舵取りを変えてきた背景があった。そしてこのことは、障がい者のスポーツ振興にも影響を与えていた。

　この時期の障がい者のスポーツに関して示された福祉施策の動きとしては、1965年の厚生省社会局長通知「全国身体障害者スポーツ大会について」がある。ここでは、「身体障害者福祉施策の一環として、今後より一層、身体障害者のスポーツの振興を積極的に推進することとし、その具体的方策として、昭和40年度より全国身体障害者スポーツ大会を開催する」として、身体障

い者のスポーツが社会福祉政策の一環として始められる旨が示された[5]。また1966年の『厚生白書』のなかでは、在宅障がい者への支援策のひとつとして、身体障がい者のスポーツの普及開発の必要性が示されていた[6]。さらに、1972年の中央心身障害者対策協議会による「総合的な心身障害者対策の推進について」では、「障害者が自主的かつ積極的にレクリエーション活動やスポーツ活動を行えるように、国、地方公共団体等が積極的に必要な措置を講じる必要がある」とした記述も見られるように、国の関わり方にも変化が表れ始めていた。

3. 施設収容から在宅サービスへの移行期（1974-1980）における障がい者施策と障がい者のスポーツ

　1973年の国際的な経済変動（第一次石油危機を契機とする世界不況、インフレ等）は、日本国内でも社会福祉の領域に大きな影響を及ぼした。1960年代なかばから始まった国内におけるコミュニティを重視する福祉施策への移行は、それまで社会福祉施設内に偏って完結していた障がい者等の生活スタイルを、地域社会における生活へと変化させることを目的としていた。それは、経済成長力に大きく依存していた社会福祉を含めた多くの国内諸施策が、経済力だけに頼るのではなく、自力（助）に大きくシフトする必要性のあることを意味するものであると理解することができる。この時期、福祉施策には、障がい者のスポーツに関する施策はほとんど見られない[7]。社会経済状況がそれを許さなかったのであろう。

　福祉施策のみを見ると、仙台市では「福祉のまちづくり」運動の展開や、知的障がい児を抱える多くの親たちによる共同作業所全国連絡会の結成、養護学校（こんにちの特別支援学校）の義務化といった施策が実施されている。また、国の諸施策においても、1974年の「社会福祉施設整備計画の改訂について」（社会保障長期計画懇談会）のなかで、施設収容偏重から脱皮し在宅福祉対策重視への見直しの必要性が指摘されたり、1976年の「これからの社会福祉」（全国社会福祉協議会）では、社会福祉と家族との関わりという視点から、福祉諸施策の見直しが検討されたりした。こうした動向から、社会福祉の当事者の生活の場が、地域社会やコミュニティのなかで、家族や一般市民とともに営まれる

ことへの再認識といった、これまでの障がい者の生活の場にたいする意識が大きく変わろうとしていたことを知ることができる。

4. 地域での自立生活移行期（1981-1988）における障がい者施策と障がい者のスポーツ

　1980年代は、行財政主導による社会福祉改革の時期として考えることができる。その内容は、1960年代なかばから続く、経済力にはもはや依存しない、国民一人ひとりの自力に基づく社会福祉形成を意味し、1990年の「老人福祉法等の一部を改正する等の法律」（福祉八法改正）は、そのための環境条件を整える役割を担っていた。この時期の社会福祉政策の理念は、地域における自立生活への移行と定着という点にある。具体的には、1981年の第二次臨時行政調査会答申を契機とする社会福祉領域における費用引き締め政策や、そのための制度改革、そして、福祉八法改正への流れのなかに見ることができる。そこに一貫して示されていた方向は、「施設から地域（在宅）自立生活への移行」という潮流であった。

　この時期、社会福祉政策に表れている障がい者のスポーツへの対応は、1981年の国際障害者年がひとつの前進の契機となった。それは、行政レベルにおける意識の変化のなかに表れていた。国際障害者年に続く「国連障害者の10年」（1983-1992）、「アジア太平洋障害者の10年」（1993-2002）等を背景としながら、日本国内では、1982年の「障害者対策に関する長期計画」（国際障害者年推進本部）において、「障害者のスポーツ、レクリエーション等の諸活動への参加のための諸条件を整備する」ことの必要性が指摘されたり、また、1987年の「『障害者対策に関する長期計画』の実施状況の評価及び今後の重点施策」（中央心身障害者対策協議会）では、「各国の障害者が、国際会議、スポーツ等を通じてコミュニケーションできる機会を拡大することにより、国際交流の推進に努めること」が指摘されたりした。同年6月には、障害者対策推進本部による「『障害者対策に関する長期計画』後期重点施策」（以下、「後期重点施策」と言う）のなかでも、「スポーツ、レクリエーション及び文化施策の推進」について、かなりの分量をさいた指摘が見られる等、障がい者のスポーツにたいする緩慢ながらも前向きな対応の展開が見られた。特に「後期重点施策」における

スポーツやレクリエーションにたいする重点的な取り組みの姿勢は、翌1988年に文部省内に設置された生涯スポーツ課・競技スポーツ課の動向も見越しての取り組みと考えられる。そして同年には、同じく文部省所管による内閣総理大臣の懇談会による「スポーツ振興に関する懇談会」も発表されている。こうした、障がい者のスポーツにたいする厚生省と文部省の協調は、これまでにない行政サイドの姿勢の変化と理解することができる。

5. 自立生活や平等な社会づくり期 (1989-1996) における障がい者施策と障がい者のスポーツ

　この時期から、社会福祉政策の動向は、来るべき21世紀を見据えた新しい政策転換への兆しを見せ始める。それは1990年に実施された福祉八法改正による在宅福祉のための法的整備の流れを基本とした二つの大きな方向であった。一つは、1995年に発表された「社会保障体制の再構築（勧告）」（以下、「1995年勧告」と言う）の流れである。そのなかで、「21世紀の社会に向けた改革」の理念として「自立と社会連帯」が示された。21世紀のわが国は、この理念に基づいて、広くは国民の、そして高齢者や障がい者の生活は支えられていく必要があると考えられたのである。そしてこの視点は、こんにちのわが国でも喫緊の課題である、国民全体の健康増進や国家あげての健康推進体制を支えている理念上の原動力にもなっていると考えられる。

　二つ目の方向は、同じく1995年の「障害者プラン―ノーマライゼーション七か年戦略―」（以下、「障害者プラン」と言う）のなかで示されたノーマライゼーションの理念を具体化する向きである。この作業を通して、障がい者を含めた社会福祉の利用者は、地域社会の一般市民に近づくための施策が展開され始めたと考えられる。つまりノーマライゼーションの理念である「市民権をも含む生活のあらゆる場面において、（対象となる人々が）ほかの人々と同等な立場におかれるべきである」[8]、ということを意味する社会づくりが始まったということである。

　この頃の福祉諸施策のなかに見られる障がい者のスポーツに関する動向としては、1993年の「障害者対策に関する新長期計画―全員参加の社会づくりを目指して―」（障害者対策推進本部）がある。このなかで、「スポーツ、レク

リエーション及び文化」項目において、「スポーツについては、障害者の健康増進という視点からも有意義である」という指摘や、「障害者のスポーツ、レクリエーション……を適切に指導できる指導員、審判員等の人材育成を図る」等、障がい者とスポーツ、あるいは障がい者のスポーツ推進に向けたさらなる取り組みが見られる。また、1995年の「障害者保健福祉施策推進本部中間報告」（厚生省）（以下、「障害者中間報告」と言う）では、「障害者スポーツの振興」に関して、「障害者スポーツ」という言葉を使用し、その内容に触れ、「障害者のスポーツ活動は、従来よりリハビリテーションの一環としての意味を持つと同時に、社会参加の促進という大きな意義を有する。各種スポーツ大会等の開催を通じた障害者スポーツの振興を図る」とし、1981年の国際障害者年で示された「完全参加と平等」の理念が国内で具体化し始めた。そして前記した「障害者プラン」でも、「障害者スポーツ、芸術・文化活動の振興等」の項目で、「長野パラリンピック冬季競技大会を始め、各種スポーツ大会の開催、スポーツ・レクリエーション教室の開催、スポーツのできる施設の整備等を通じた障害者スポーツの振興を図る」と、障がい者スポーツについての一歩踏み込んだ前向きな姿勢が見て取れる。

6. 自立支援期（1997-現在）における障がい者施策と障がい者のスポーツ

　この時期は、1998年から始まった一連の社会福祉基礎構造改革[9]によって、21世紀からの新しい社会福祉の土台となる社会福祉法（2000）を誕生させることとなった。その理念は、社会連帯と自立支援に基づく社会の実現であった。ここに描かれた社会福祉の対象は、障がい者や高齢者といった限られた人々ではなく、すべての国民である（1995年勧告の具体化）。この国民が、21世紀の社会福祉像のなかでは主体者であり、社会福祉の作成者として位置づけられている。「対等な関係の確立」「地域での総合的な支援」「多様な主体の参入促進」「質と効率性の向上」「透明性の確保」「公平かつ公正な負担」「福祉の文化の創造」といった改革理念が、新しい世紀の新しい社会福祉の基軸に据えられ、かつ原動力として明記された。

　福祉施策に見られる障がい者スポーツの動向を見ると、1998年の「障害者

スポーツに関する懇談会報告」（障害者スポーツに関する懇談会）がある。これは障がい者スポーツに関し、社会福祉諸施策上、初めて見られた独立したかたちでの公式な報告書である。ここでは「障害者スポーツの意義」「今後の障害者スポーツの推進方策」について触れ、「おわりに」では、「障害者スポーツ支援基金」の設置や、1998 年 5 月に創設された「スポーツ振興投票制度」（スポーツ振興くじ）等によって、今後の障がい者スポーツ振興が進められていくことへの期待が述べられている。また同報告書では、それまで別々に行なわれてきた全国障害者スポーツ大会と全国知的障害者スポーツ大会（ゆうあいピック）を、21 世紀初頭を目処に、統合実施することへの意欲も示されていた。厚生省はこの報告を受けて、「2001 年に開催される宮城大会より全国身体障害者スポーツ大会とゆうあいピックを統合して実施する旨」[10] の障害保健福祉部会通知「全国障害者スポーツ大会について」（1998 年 7 月 16 日）を通達している。

　1999 年には「障害者スポーツ支援基金」が創設された。同年の 1 月には「今後の身体障害者施策の在り方について」（身体障害者福祉審議会）のなかで、「障害者スポーツ及び文化・芸術活動の支援」の項目に触れ、「障害者スポーツについては、重度障害者の参加にも配慮しつつ、生活の中で楽しむことができるスポーツ、さらには競技としてのスポーツを積極的に推進すべきである」と、障がい者スポーツの競技スポーツとしての側面が強調されている。続く 2001 年の社会・援護局から出された「障害者スポーツの振興について」（2001 年 11 月 21 日）でも、障がい者スポーツをこれまでのリハビリテーションの意識から日常生活のなかで楽しむスポーツ、競技するスポーツとして位置づけ、身体障がい者に限定されない障がい者全体のスポーツ振興を進める必要があることや、公益財団法人日本障がい者スポーツ協会（以下、「協会」と言う）との連携強化、障がい者スポーツ指導者の養成の必要性等が指摘された。それを受けるかたちで 2002 年、内閣府による「障害者基本計画」では、協会を中心とした障がい者スポーツの振興や精神障がい者のスポーツ振興についての記述が見られた。

　その後、2007 年には「重点施策実施五か年計画―障害の有無にかかわらず国民誰もが互いに支え合い共に生きる社会へのさらなる取組―」（障害者施策推進本部）、2010 年には「障害者制度改革の推進のための第二次意見」（障がい者制度改革推進会議）（以下、「第二次意見」と言う）等において、引き続き障がい者

スポーツの振興に関する記述が見られる。特に「第二次意見」では、「(障がい者)スポーツ」(カッコは筆者による)について、文部科学省と厚生労働省との連名による記載が見られ、障がい者スポーツにたいする監督官庁の縦割り施策がより一歩、横並びに近づいている様子が見られた。

第2節　文教政策から見た障がい者のスポーツ

　戦後、わが国では、文部省／文部科学省による文教政策上、障がい者のスポーツにたいし、どのような取り組みが見られたのであろうか。以下、この点について考察するに際し、諸施策の変遷過程を踏まえ、スポーツにたいする文部省／文部科学省の文教政策の展開を次のような時代区分に沿って検討してみたい。それは、①わが国で戦後、国家体制として、文部行政機関のなかに体育局が設置された1958年から同局内に生涯スポーツ課と競技スポーツ課が併置された1988年までの時期(1958-1988)、②21世紀を見据えた指針「21世紀に向けたスポーツの振興方策について(答申)」が発表された1989年から「スポーツ振興基本計画」が作成された2000年までの時期(1989-2000)、③同年から「スポーツ立国戦略」が策定された2010年までの時期(2000-2010)、そして、④スポーツ基本法が成立した2011年以降(2011-現在)である。

1. 1958〜1988年

　戦後の文部省／文部科学省によるスポーツにたいする取り組みは、1958年、同省内における体育局の復活設置から始まる。このときの設置理由は、「学校保健法の制定、アジア競技大会開催を契機に、またオリンピック大会招致促進等の事情により学校体育および社会体育を強力に推進するとともに、新たに学校保健、学校給食の充実」[11]を図るという点に置かれていた。以後、この部署設置を契機として、1961年の「スポーツ振興法」公布、1964年の東京オリンピック開催、体育施設五ヵ年計画の作成等、国内的な体育環境の整備が進められる。

　スポーツ振興法(1961)は、「国民の心身の健全な発達と明るく豊かな国民生活の形成」(第1条)を目的とし、スポーツの定義を「運動競技及び身体運

動」（第2条）と定めた。また国や地方公共団体の義務として、国民間における
スポーツへの自発的な取り組みへの協力や、スポーツが行なえる諸条件の環境
整備の必要性についても規定した。

　敗戦という経験を経て、戦後初めて定められた全国民を対象としたスポーツ
振興法ではあったが、戦中に行なわれた、健康や運動施策が目指した戦争遂行
という非倫理的目的を達成するための道具的利用の仕方を完全に払拭したとは
言えない部分も残った。法の理念が、新しい日本の健全な発展であり、何より
も産業に基づく国力の増大に置かれ、したがって、この法律の対象は、あくま
で日本国民全般であった。しかし、それにもかかわらず、労働力とは直接結び
つきにくい障がい者（特に重度の障がい者）は、その対象から外れ、戦後復興と
いう目標に沿わない人々として残されたのである。

　1972年になると、「生涯体育」を掲げた「体育・スポーツの普及振興に関す
る基本方策について」（保健体育審議会答申）が、文部省によってまとめられた。
「生涯体育（スポーツ）」の定義については、山口（1989：1-14）は、「生涯にわ
たる各ライフステージにおいて、生活の質（QOL）が向上するために自分自身
のライフスタイルに適した運動・スポーツを継続して楽しむこと」としてい
る。わが国では、以後、臨時教育審議会の生涯学習[12]体系への移行傾向とも
あいまって、「生涯体育（スポーツ）」[13]という標語は、体育行政を進める上で
の重要な概念になっていく。

　1988年には、文部省の機構改革によって、体育局内が生涯スポーツ課と競
技スポーツ課に分課された。こうした組織改革は、スポーツにたいする社会の
側が求める役割意識の変化を反映しているとともに、国民のスポーツにたいす
る意識の変化・向上にも繋がる重要な意味を持っていると考えられる。この年
には、内閣総理大臣の私的懇談会である「スポーツの振興に関する懇談会」が
報告書をまとめているが、ここでも、スポーツに関する社会的評価の向上、ス
ポーツ指導者の養成確保、スポーツ施設の充実、スポーツ振興のための財源確
保等が提言されている。文部省は、生涯スポーツの振興対象として「国民」を
掲げ、その推進を唱えるものの、ここでも、その国民のなかに障がい者は含ま
れていない。この改革においても、障がい者のスポーツについては何ら触れら
れることはなかった。

2. 1989～2000年

　こうした動向を踏まえ、1989年には「21世紀に向けたスポーツの振興方策について（答申）」（以下、「21世紀振興方策」と言う）が、保健体育審議会によってまとめられている。本答申では、スポーツを「人類の文化の中でも極めて重要なものの一つ」とした上で、スポーツと文化の関係や「見るスポーツ」「楽しめるスポーツ」の推進、アマチュアスポーツの意義やプロスポーツの発展助長が指摘されていた。これらは、文部省によるスポーツにたいする新しい動向、すなわち、スポーツをわが国のひとつの文化として、その振興に向けた体育施策の多様化、高度化、計画化の表れとも見ることができる。このような「21世紀振興方策」のなかで示された中・長期的なスポーツ振興策の計画的な実施の必要性[14]は、その背景に、スポーツに向けられた文教政策の課題として、少なからず当時、わが国の抱えていた高齢社会への備えに向けた体制づくりも見え隠れしている。それは「21世紀振興方策」のなかでも触れられている「社会の複雑・高度化、高齢化、経済的・物質的な豊かさの追求など社会環境や価値観が変化する」ことへの対応策として、スポーツ文化の意義が問われていくという側面である。これは1989年以降の明らかな方向転化と考えてよいのではないだろうか。

　1990年には、「21世紀振興方策」を踏まえたスポーツ振興基金[15]が、日本体育・学校健康センター内に創設された。この取り組みによって、競技水準の向上および国民のスポーツ振興のための財政基盤の整備の役割が担われることとなった。また、1986年にWHOのオタワ憲章[16]で表されたヘルスプロモーション（健康増進）の理念に刺激されて、1997年には、保健体育審議会が「生涯にわたる心身の健康の保持増進のための今後の健康に関する教育及びスポーツの振興の在り方について（答申）」（以下、「健康に関する教育及びスポーツの在り方」と言う）をまとめた。ここでは「生活習慣の乱れ、ストレスの増大、体力・運動能力の低下傾向などの現状を踏まえ、心と体をより一体に捉えて健全な成長を促すことが重要であるという考え方に立ち、健康に関する学習と体育・スポーツとの十分な連携を図る必要」について指摘されていた[17][18]。そこに見られるキーワードは、「健康に関する学習とスポーツ」であり、基本的な視点は、社会経済状況を踏まえた、こころと体の一体的な健康の保持増進とそのた

めの学習や体育・スポーツとの連携にあった。

　スポーツ振興に向けた計画的な対応は、「21世紀振興方策」以降のわが国の基本的なスタンスになっているが、文部省はその趣旨に沿って、1999年、スポーツ振興法第4条（第1項　文部大臣は、スポーツの振興に関する基本的計画を定めるものとする）に基づく、スポーツ振興基本計画に関する諮問（「スポーツ振興基本計画の在り方について」）を保健体育審議会に行なっている。その結果、翌2000年には、「スポーツ振興基本計画」が2001年から2010年を対象期間（5年ごとに見直す）として作成された。この計画の主要な課題は、①生涯スポーツ社会の実現に向けた、地域におけるスポーツ環境の整備充実方策、②わが国の国際競技力の総合的な向上方策、③生涯スポーツおよび競技スポーツと学校体育・スポーツとの連携を推進するための方策、等である。ここでのポイントは、青少年の体力・運動能力の低下を懸念した取り組みである。可能な限り早期からのスポーツ実施率の向上に主眼が置かれていた。

3.　2000〜2010年

　2000年の「スポーツ振興基本計画」は、翌年から始められるその具体的な実施計画の土台となる内容を持っていた。2001年には、わが国の国際競技力向上に向けた組織的・計画的な取り組みの中心的な役割を担う国立スポーツ科学センター（JISS）が開所した。この機関は、2001年の「我が国の文教施策」によると、「我が国のトップレベル競技者の強化、優れた素質を有する競技者の発掘、一貫指導システムによるトップレベルの競技者の育成」[19]を主眼としている（2001年「我が国の文教施策」第2部第8章第4節2）。

　「スポーツ振興基本計画」で掲げられた生涯スポーツ社会の実現に向けた取り組みは、国民誰もが一生涯スポーツに親しみ、豊かなスポーツライフを実現することにその眼目が置かれていた。こうした、スポーツを生活のなかに置いたライフスタイルの推進のためには、国としてもあらゆる側面からの努力を惜しまない体制づくりが求められる。2004年、スポーツの国民への普及・振興を果たすために、国民スポーツ担当大臣が設置されたのもその表れであろう。この段階でスポーツは、国民の誰もが生涯取り組むことのできる、あるいは取り組むことが望ましい、国家レベルの事業として位置づけられることとなっ

た、と言っても過言ではない。国家あげての取り組みには、かつての歴史認識を回顧させる感もないわけではないが、こんにちのそれは、より健全な国際的動向も踏まえた内容である点で、多くの人々に共感をもって受け入れられたと言えよう。

　また、2004年6月には、ナショナルトレーニングセンター（NTC）[20]の整備の在り方に関する報告書（『ナショナルトレーニングセンターの設置等の在り方に関する調査研究』）がとりまとめられ、このなかで当該センターを、JISSが所在する東京都北区西が丘区内に設置する中核拠点とすること、中核拠点で対応できない冬季、海洋・水辺系および屋外系の競技、高地トレーニングについては既存の施設を活用し、中核拠点との連携を図ること等の考え方が示された。NTCは2007年12月に完成し、2008年1月より使用され始めている。

　2010年になると文部科学省は、今後の10年間を見据えた「スポーツ立国戦略」[21]を策定し、「新たなスポーツ文化の確立」に向けた二つの基本を立てた。それは、①「人（する人、観る人、支える〔育てる〕人）の重視」、②「（スポーツ界全体の）連携・協働の推進」である。ちょうど同じ時期、2007年からその検討が超党派の国会議員によって始められていた「スポーツ基本法案」が2011年5月にまとめられ、同年の6月9日に衆議院を通過し、6月17日に参議院において可決・成立するに至っていた。国家政策としてのスポーツ立国戦略と議員立法化されたスポーツ基本法とは、基本的にはその性格は異なるものの、「スポーツ」を主軸に据えたこんにちの生活の有り様、国家政策の方向は、その段階で出揃ったように思われる。

4. 2011年以降

　本節の目的である「障がい者のスポーツ」に関しては、「スポーツ基本法」[22]が作成されたことで、文教政策上、初めてその姿を見せる。2010年までの文部省／文部科学省による文教諸施策には、障がい者のスポーツに関する記載はほとんど見ることができない。障がい者のスポーツについて「スポーツ基本法」に見られる具体的な内容には、第2条第5項で「スポーツは、障害者が自主的かつ積極的にスポーツを行うことができるよう、障害の種類及び程度に応じ必要な配慮をしつつ推進されなければならない」と規定し、また同条第6項

では、スポーツ選手が優秀な成績を収められるようにするための諸施策の有機的な連携の必要性について触れ、そのスポーツ選手のなかに障がい者も含めた記載内容になっている。こうした文教政策側からの障がい者のスポーツに向けた姿勢は、文部科学省が「国民」の構成員として「障がい者」を認識したことの証であることはもちろんのこと、国際的なオリンピック、特にパラリンピックの盛り上がりにも大きく影響を受けていると思われる。そして同時に、国内の様々な障がい者スポーツ団体の動向（競技大会の実施や協会の設立等）も無視できない[23]。

　また同法では、スポーツ基本計画を国の義務として、また地方公共団体には、地方スポーツ推進計画策定を努力義務として定めている（スポーツ基本法第9条第1項、第10条第1項）。これを受けて千葉県は、2012年3月に「千葉県体育・スポーツ推進計画」を、また東京都は、2013年3月に「東京都スポーツ推進計画」を作成している[24]。

　「千葉県体育・スポーツ推進計画」のなかで立案された障がい者スポーツに関する施策では、「障害のある人のスポーツ推進」を掲げ、「障害の特性等に応じたスポーツへの参加環境づくり」の方向性を示し、具体的には、障がい者スポーツ教室や障がい者スポーツ大会開催事業を行なおうとしている。また高齢者のスポーツ推進にも前向きである。

　「東京都スポーツ推進計画」では、障がい者スポーツに関し、「障害者スポーツの場の開拓」を推進するとして、具体的には、「区市町村や地域スポーツクラブを訪問し、ニーズを掘り起こすとともに、障がい者スポーツ教室等の取組を提案」するとしている。そして、障がい者以外にも、シニアスポーツの振興や高齢者スポーツ大会への参加促進等も揚げ、国民全体のスポーツ推進を視野に入れている。

第3節　社会福祉政策と文教政策と障がい者のスポーツ

　障がい者のスポーツは、これまでの考察からもわかるように、戦後の社会福祉政策によって始められている。そして、その背景には、障がい者の社会的・経済的な自立を念頭に置いた職業更生観があった。しかし、その反面、同じ時

期の文部省内に設置された体育局やスポーツ振興法は、国民全体を目した包括施策的な内容であるにもかかわらず、その「国民」のなかに、障がい者は見ることはできなかった。その理由は、当時、国家をあげて目指した戦後復興策の一環として、アジア地域初となる東京オリンピック誘致であったり、まだ緒についたばかりの高度経済成長の成功が国家レベルの目標となっていたからであろう。その多くが復興の原動力にはなりにくい人々は、文教政策の下では期待されていなかったのである。そこには、本来、個人的な問題であるはずの運動や健康を国益と結びつけて捉えようとする、かつての国家による健康増進政策（建民建兵政策）と同じ手法を色濃く垣間見ることもできる。

　高度経済成長も後期になると、社会福祉政策の側面から、障がい者のスポーツ振興は大きく進み、厚生省社会局は1965年の「全国身体障害者スポーツ大会について」（通知）によって、地域におけるスポーツの振興を国家レベルで後押しする姿勢を示す。同じ時期、財団法人身体障害者スポーツ協会も設立され、民間レベルでの障がい者のスポーツ発展基盤が用意された。そして、これ以降、全国的に障がい者のスポーツ大会等が実施され広がっていく。しかし、この時点でも、文教政策の側からは、障がい者へのスポーツ支援は始まってはいない。折しもわが国は、1970年以降、「高齢化社会」（総人口の7％以上を高齢者が占める社会）に突入し、社会保障費との関係から、高齢者問題が経済政策の課題に取り上げられ、また、世界に類を見ないわが国の平均寿命の伸長という側面からも、経済力の拡大と高齢者問題は焦眉の急の様相を見せ始めていた。わが国の総人口は、この時期まだ増加していたこともあり、文部省の文教政策としては、老化による体力減退の予防対策をとることで、1994年以降の高齢社会（総人口の14％以上を高齢者が占める社会）という困難に対処する方法を模索し始めていたと考えられる。その具体策のひとつが、いわゆる1972年の保健体育審議会答申による生涯スポーツの標語である。

　ところが1973年以降、地球規模による経済成長力の減退は、社会福祉政策、文教政策を含めたあらゆる行政政策に大きな影響を及ぼした。それはスポーツ施策面においても同様であった。この時期は、これといったスポーツ全般の施策動向が、少なくとも行政レベルではほとんど見られない。経済成長と社会福祉政策や文教政策における障がい者のスポーツ振興が、いかに深く関連してい

るかが、こうした時期の無施策に象徴的に表れていた。そしてこの傾向は、その後1970年代全般にわたって続くこととなる。

しかし、1980年代になると、社会福祉政策の面で、国外から注目すべき動きがあった。それは第31回国連総会で決議された「完全参加と平等」を謳った国際障害者年が、1981年から始まったことである。これを受けた国内の障がい者諸施策は大きな前進を示し始め、国際障害者年の具体的計画である「障害者対策に関する長期計画」(1982)では、スポーツを通した障がい者の社会参加が推進され、そのための環境整備の必要性が指摘された。また、文部省内でも、生涯スポーツ課や競技スポーツ課の設置(1988)によって、生活のなかのスポーツ（楽しむスポーツ）と選ばれた人のスポーツ（スポーツ選手）の二つの側面が認識された。こうした1973年以前とは明らかに異なる動向は、例えば福祉諸施策の面では、「地域における自立」が強調され始め、それまでの福祉施設を中心とした支援の在り方に変化を見せた。また、文教政策上の1988年の生涯スポーツ課の設置は、それまで標語でしかなかった生涯スポーツが、生活のなかで語られるスポーツを表現する言葉として、文教政策の俎上に載ったことを意味する。

1990年前後の動向は、社会福祉政策や文教政策にとって重要である。まず社会福祉政策では、それまでの福祉施設中心の施策から在宅（地域）施策への転換という、支援の場所に大きな移動があった。また文教政策では、1988年の文部科学省内の機構改革によって、スポーツにたいする振興方策が大衆化していくと同時に、スポーツ施策が社会的政策に昇華した。

文部省／文部科学省によるスポーツ施策が社会的政策に転じ（それはつまり、社会政策のひとつである「健康政策」として位置づけられたことを意味する）、多様化、高度化、計画化といったかたちで進められるようになる傾向は「21世紀振興方策」(1989)に顕著に見られる[25][26]。例えばそれは、1990年のスポーツ振興基金の創設によるスポーツに関する独立した財源の確保へ向けた動向であったり、2000年のスポーツ振興基本計画の作成等に見られる。一方で、この時期の障がい者のスポーツに関する取り組みは、これまでと同様に、社会福祉政策を中心に進められており、それは1981年の国際障害者年以降から特に顕著であった。しかし、前にも触れたように、1995年の「障害者中間報告」では、

「障害者スポーツの振興」が個別の重点施策として位置づけられ、リハビリテーションや社会参加の促進等が重要視され始めていた。また、同年の「障害者プラン」でも、それまでの「障がい者のスポーツ」という表記から転じて、「障がい者スポーツ」としてその振興が強調された。こうしたポイント的な施策対応や表記の仕方は、厚生行政上の障がい者スポーツにたいする明らかな認識の変化と考えることができよう。

　文教政策が、障がい者のスポーツと真正面から向き合い始めたのは、2010年のスポーツ立国戦略が策定されてからである。ここでは、スポーツを文化のひとつとして位置づけ、「人」重視の面が強調されている。すなわちその基本は、「すべての人々にスポーツを」である。このなかで「障がい者スポーツ」は、スポーツを万人に広げるための戦略のひとつとして位置づけられている。そして、この戦略に沿った法制度、税制、組織、財源等の側面から、この時期、文教政策として障がい者スポーツが動き始めたと考えられる。その第一弾が、翌年の「スポーツ基本法」である。ここでは表立って「障がい者スポーツ」が取り上げられ（同法第2条第5項）、「障がい者のスポーツ」から「障がい者スポーツ」へと、その取り組む姿勢や認識の変化を確認することができる。

　社会福祉政策や文教政策上に見る「障がい者のスポーツ」から「障がい者スポーツ」への意識や表記上の変化は、そのまま国民や行政機関全般の認識の変化であると前向きに捉えたい[27]。「障がい者スポーツ」は、21世紀初頭になり、やっと真の意味ですべての国民を対象とした国の事業として本格化した。しかし、これはまだ感触でしかない。この感触を実感できるまでになるためには、まだまだ多くの時間と努力が求められる。障がい者スポーツが、わが国で、広く長く行なわれるようになれるか否かは、わが国が、スポーツを真の意味で、文化として定着させることができるかどうか、を知る、ひとつの試金石になると考える。

第4節　ハイブリッド現象としての障がい者スポーツ

　以下では、21世紀初頭、こんにちの社会福祉の動向から障がい者スポーツを考える。

　われわれの認識する昨今の社会福祉は、その守備範囲を明らかに広げつつある。人によっては、社会福祉のいまの事態に、その存続の危惧を抱く場合すらあるようである。社会福祉という言葉が、ただ福祉という言葉で表現されることの多くなったこんにちの状況にも、そうした一種の危機感を抱かせる遠因があるのかもしれない。しかし、古川孝順の学説によると、われわれがこんにち直面している状況は、社会福祉の存在の危機ではなく、社会福祉の拡大であり、この現象は、「社会福祉と一般社会サービスとの接点や協働の拡大を前提に、社会福祉と社会政策、そして一般社会サービスとの関係を再構築し、そのことを通じて社会福祉のレーゾンデートルやその基本的な性格をより一層明確なものにしようとする試み」（古川 2009：59）である、と説明している。その試みを古川は「社会福祉のL字型構造」という枠組みで論じている。

　社会福祉のL字型構造論とは、「社会福祉は社会政策を構成する多様な社会的施策の一つであり、同様に社会政策を構成するほかの社会的政策と共通する性質と異なる性質を同時的に持っている、それが社会福祉の独自性であり、固有性である、ということを示すもの」（古川 2012：34）であり、「社会福祉は、ほかの社会的施策にたいして、それらを先導したり、それらと互いに補完しあうという性質をもっている」（古川 2012：34）といった内容を持つものである。そして、社会政策を構成する多様な社会的政策には、例えば、人権擁護・後見制度、消費者保護、健康政策[28]、教育、雇用・労働政策、所得保障、保健サービス、医療サービス、保護観察、住宅政策、まちづくり等をあげている。

　こうした社会福祉のL字型構造論に沿って障がい者スポーツの施策理念を考えてみる。障がい者スポーツが、戦後、厚生労働省主体によるリバビリテーションの一環として始められたことは、これまでの記述からも理解できる点である。それは何よりも、障がい者の社会的・経済的な自立を目指しての支援であり、今後も続けられていくであろう。一方で、文部科学省による文教政策では、東京オリンピックをひとつのロイター板として、国民生活の健全な発展をスポーツや運動を通して支援し、ひいては国力の増大を図る、それは同時に国民一人ひとりの健康志向とも重なり広く普及し、21世紀のこんにちでは、国による社会的政策のひとつにもなってきている。本章でもこれまで、障がい者は当初、その政策の対象には含まれていなかったが、近年、その様相は大きく

変わりつつあり、同省のスポーツ施策の範囲に含められることになった、と述べてきたところである。

　しかし、文教政策として進められたこうした運動・スポーツ施策は、別の観点から見るとやや色合いが異なる。運動やスポーツを国家がなぜ、これほどまでに声高に推奨するかを考えた場合、国民の健康、不老、長寿、病気知らず等といった、国民、さらには国家全体の壮健な理想的姿がそこには思い浮かぶ。国民が健康でかつ寝たきりにならない姿は、国民がいつまでも、元気で、いきいきと活動できる姿である。医療や福祉の支援の無用な、自立した国民の姿を国家は目指している、と考えることができる。介護保険制度で実施している高齢者への介護予防支援が、まさにその取り組みを象徴している[29]。こうした、こんにちの施策動向は、福祉政策と健康政策（本章では、スポーツや運動をひとつの重要な構成要素として捉える）のコラボレーションであり、そして、本章の眼目である障がい者スポーツは、それに文教政策が加味されたかたちでの、これら諸政策によるハイブリッド現象として、より進化した内容を持つ施策と考えることができよう。

　障がい者スポーツは、障がい者へのリハビリテーションを手段とした福祉政策のひとつの施策として進められ、障がい者の社会的自立や社会参加を促してきた。同時にスポーツを通した健康政策の側面からは、障がい者の体力維持・増強や障がいの進行予防といった効果をあげてきた。そしてさらに、障がい者スポーツのより大きな波及効果は、スポーツに向けられた国民の目線にも影響を及ぼしている。それは国民の意識のなかにスポーツを広く万人のものとして浸透させる（ユニバーサルスポーツの構築）という側面である。健康社会の建設を目指し、スポーツ立国として、今後わが国が存続していく上で、スポーツが万人のものとして存在する意義はとても大きくかつ重要である。幼児、高齢者、障がい者等といった、これまでスポーツや運動とは距離のあった人々が、日常的にスポーツに親しむ姿は、もはや理想の域ではない。スポーツや運動の場が、生活のなかにあり、ADL（日常生活動作）の一部として成り立つ社会環境や意識づくりは、これからは国民の側からの努力にかかっている。そうした健康生活を常態化するためにも、これからの障がい者スポーツの存続、拡大に期待したい[30]。

おわりに

　「障がい」という言葉やその意味する内容と「スポーツ」という言葉やその意味する中身は、ある種、噛み合わないものとして捉えられることも少なくないようである。それは、例えば、「障がい者の就労」や「障がい者の教育」等といった言葉にも共通して指摘されてきた事態である。しかし、われわれはここに、われわれの無自覚な、ある意識を自覚しなければならない。理念や哲学は単なる畳の上の水練であってはならない。心身に弱さを持つ人間が、あらゆる知識や工夫、経験の蓄積によって、スポーツや労働に励み、教育を受けられるようになることは、本来、人間としての当然の業であろう。環境によって大きく影響を受けやすい人間の弱さや短所は、人間の英知によって強さにも転化するし、また環境によっては強さや長所にも変化する。「障がい者スポーツ」という言葉やその言葉が持っている哲学は、まさにそのことをわれわれに示していると言えよう。

　昨今の障がい者スポーツを取り巻く状況は、こんにちの社会福祉政策を考える上でも大きな論点を含んでいる。そう考える理由は、健康社会を目指しているこんにちのわが国の時代を背景に、スポーツや運動のもたらす効果とその意義、そして社会福祉の哲学とが、これからの社会や福祉の動向とどのように影響し合うのか、共存し合うのかを模索することが、社会福祉を研究する者にとっても、また社会福祉の存亡という点でも、ひとつの生命線になるかもしれない、と考えるからである。

註

(1) 厚生省および文部省は、中央省庁等改革基本法（平成 10 年法律第 103 号）に基づいて、2001（平成 13）年 1 月 6 日（第 2 次森内閣）時に施行された中央省庁の再編統合によって、それぞれ厚生労働省および文部科学省と名称が変更された。本章では、名称変更前後にわたる場合は「厚生省／厚生労働省」および「文部省／文部科学省」という表記を使用する。

(2)「社会福祉政策」「福祉施策」「福祉諸施策」「社会的政策」「社会政策」等の言葉について、若干の説明を行なっておく必要がある。われわれ国民は、日常生活に生じる様々な問題を解決するためには、国家によって策定・実施される諸施策の下で生活を送ることが必

要になってくる。けだし、われわれは、自己の努力では解決困難な問題（失業、老化、疾病、事故、犯罪、公害等）にたいしては、最終的に、国家にその対応を求めざるをえない場合が多いからである。こうした諸問題に対応するべく、国家によって予防的に（あるいは事後的に）策定されるものが様々な社会的政策であり、わが国では健康政策、所得政策、医療政策、社会福祉政策等がこれにあたる。そして、これらの政策の下で直接的・具体的に実施されるものが「施策」と呼ばれるものであり、それは例えば、福祉施策、健康施策、医療施策等の諸施策である。国家は、こうした多くの「政策」とそれらが具体的に行なわれる段の諸「施策」等によって、われわれの生活全般に生じる政治的・経済的・社会的・文化的な諸問題（社会問題）を解決へと導いているのである。こうした広範な社会問題にたいする政策を「社会政策」と呼び、わが国では、社会問題のなかでも特に歴史的に重要と考えられてきた労働問題が、その中心的政策の対象とみなされてきた。孝橋正一は、労働問題を社会問題として位置づけ、福祉問題を社会的問題として区別している（孝橋 1972：34）。

(3) 戦後、わが国で進められた貧困対策は、GHQ によって 1946 年に発令された「SCAPIN 775」（連合国軍最高司令官指令）における公的扶助三原則（あるいは四原則）に基づいて始められた。その中身は、①無差別平等の原則、②国家責任の原則（公私分離の原則）、③救済費非制限の原則、であり、これらに共通する性格は、国民すべてを対象とした「救貧」という点にある。

(4) 体育局は、戦時下の児童や生徒の保健・体育を強化するために 1941 年に設置されたものであるが、終戦よって解体されていた。しかし、終戦直後に再び設置され、文部省の所管となった。ところが 1949 年の文部省の機構改革に伴い再び廃止されていた。これは、占領下にあって CIE（Civil Information and Education Section ＝民間情報教育局）からの指導によるものであり、体育行政が戦時下の健兵健民施策に繋がりかねないという虞（おそれ）から出たものである。

(5) 1964 年、わが国で初めてのパラリンピックである第 13 回ストーク・マンデビル競技大会（東京大会）が 11 月 8 日から 12 日までの 5 日間にわたって行なわれた。この国際身体障害者スポーツ大会の日本運営委員会は、大会終了後の 1965 年 5 月 24 日に設立された、財団法人日本身体障害者スポーツ協会に引き継がれた。同協会の初代会長は、日本運営委員会会長であった葛西嘉資（初代日本社会事業大学学長）である。

(6) 身体障害者福祉審議会「『身体障害者福祉法の改正その他身体障害者福祉行政推進のための総合的方策』について」（答申）を受けての対応である。このなかで同審議会は、スポーツの振興として「身体障害者のスポーツを本格的にとりあげたのは、脊髄損傷者の治療を行っている英国のスントーク・マンデビル病院が最初とされ、本病院においては、……大きな成果を収めている、……わが国において、……その振興をはからなければならない。第 1 に、居宅の身体障害者のスポーツの振興をはかることである。第 2 に、……身体障害の種類、程度等に応じたスポーツの種目、競技方法等を確立する必要があるので、これらについての研究を行うことも大切である」としている。また、同審議会では、「身

体障害者の肉体的、精神的、社会的機能を向上させるための狭義のリハビリテーション」の必要性を強調している。

(7) 1975 年、社会教育主事（スポーツ担当）派遣制度が開始された。

(8) 河東田博「ノーマライゼーション」（仲村・一番ヶ瀬・右田 2007：296）。また花村春樹が『「ノーマリゼーションの父」N・E・バンク - ミケルセン―その生涯と思想―』（1994）のなかで、ノーマライゼーションについて「障害者は、その国の人たちがしている普通の生活と全く同様な生活をする権利をもつことを意味する」（花村 1994：166）と、ミケルセンの言葉を紹介している。

(9) 社会福祉基礎構造改革とは、「社会福祉の基礎構造改革について（主要な論点）」（社会福祉事業等の在り方に関する検討会）（1997 年 11 月 25 日）、「社会福祉基礎構造改革について（中間まとめ）」（中央社会福祉審議会・社会福祉基礎構造改革分科会）（1998 年 6 月 17 日）、「社会福祉基礎構造改革を進めるに当たって（追加意見）」（中央社会福祉審議会・社会福祉基礎構造改革分科会）（1998 年 12 月 8 日）の一連の改革を言う。これらの改革を経て 2000 年 6 月 7 日、「社会福祉の増進のための社会福祉事業法等の一部を改正する等の法律」（社会福祉法）が成立した。この法律によって 1951 年につくられた社会福祉事業法が改正・改称され社会福祉法となり、戦後まもなくつくられた社会福祉の旧構造は、社会の変化に対応するため「新構造」へと転換された。

(10) 日本障がい者スポーツ協会（2011）『障がい者スポーツの歴史と現状』11 頁を参照。

(11) 文部科学省ホームページ「学制百年史」「第二編　第二章　新教育制度の整備・充実（昭和二十七年～昭和四十七年）　第十節　教育行財政　五　中央における教育行政制度の改革」。原本は文部省編『学制百年史』（帝国地方行政学会、1972 年）。

(12) 「生涯学習」という用語は、1965 年にパリで行なわれた「第 3 回成人教育促進国際委員会」においてユネスコから提案されたものである。Lengrand Paul（1970）Introduction a l'education permanente（＝1971、波多野完治訳『生涯教育入門』）参照。

(13) 黒川國児は、「生涯スポーツ」の概念が広がりを見せ始めたのは、1966 年のヨーロッパ評議会で「Sports for ALL」運動として公式に提唱されて以来であるとしている（黒川 1971：11-26）。

(14) 保健体育審議会（1989）「21 世紀に向けたスポーツの振興方策について（答申）」では、Ⅰ．スポーツ振興の意義、Ⅱ．我が国スポーツの現状と課題、Ⅲ．21 世紀に向けたスポーツの振興の基本的方向、Ⅳ．スポーツ振興策の計画的な推進、を大きな柱としてまとめられている。ここでは、多様化、高度化するスポーツニーズへの対応と競技力の向上への国民からの期待、計画的なスポーツ振興策の推進の必要性が指摘されている。

(15) スポーツ振興基金は、政府出資金 250 億円と民間からの寄付金を基金として運用されている。助成の対象は、①スポーツ団体が行なう強化合宿などの選手強化活動、②国際的・全国的な規模の競技会などの開催、③選手・指導者の日常的なスポーツ活動、④未踏峰の登頂などの国際的に卓越したスポーツ活動、等である（1997 年『我が国の文教施策』「第

Ⅱ部　文教施策の動向と展開　第7章　スポーツの振興　第1節　スポーツの振興の在り方　2　スポーツ振興の基本的な方向」参照)。

(16) 1986年WHOオタワ憲章では、「人々が自らの健康をコントロールし、改善することができるようにするプロセス」として、ヘルスプロモーションの考え方が提言された。ここでは、急速に変化する社会のなかで、各人が自己の健康について主体的に取り組み、解決していくことの必要性が指摘されていた。1997年の保健体育審議会がまとめた答申で「健康に関する教育及びスポーツの振興」が指摘されたのは、「自分の健康は自分で守る」、いわゆる自助の自覚が健康分野にも求められた、ということである。

(17) 1998年『我が国の文教施策』「第Ⅰ部　心と体の健康とスポーツ　第1章　これからの健康とスポーツ　第1節　基本的な考え方　2　現代の社会状況と健康に関する学習、スポーツ　(3)　今後の健康に関する学習、スポーツの在り方」参照。

(18) 「健康に関する教育及びスポーツの在り方」は、①生涯にわたる心身の健康に関する学習の充実、②生涯にわたるスポーツライフの実現、③競技スポーツの振興等、をおもな内容としており、今後、国、地方公共団体は、A. 国民が生涯にわたる心身の健康の保持増進に必要な知識、能力、態度および習慣を身につけることができる適切な教育・学習の機会・場の提供、B. 国民が日常生活の中にスポーツを豊かに取り入れることができる生涯スポーツ社会の実現に向けた環境の整備、C. スポーツについての関心を喚起し、国民に夢と活力を与える競技スポーツの振興、等を柱として施策を展開することの必要性も盛り込まれた。

(19) JISSは、スポーツ科学研究部、スポーツ医学研究部、スポーツ情報研究部、運営部の四つの部門より構成され、トータルスポーツクリニック事業、スポーツ医・科学研究事業、スポーツ診療事業、スポーツ情報サービス事業、スポーツアカデミー支援事業、トレーニングキャンプ事業、サービス事業等の七つの事業が実施されている。

(20) 「ナショナルトレーニングセンター」(NTC) は、トップレベルの競技者の育成や強化を目的として、各競技種目の専用練習場や合宿宿泊施設等を備え、集中的・継続的にトレーニングを行なうことのできる拠点施設である。アメリカ、ロシア、中国、オーストラリア、ドイツ、フランス、韓国等、オリンピックのメダル獲得上位国のほとんどに備わっている。

(21) 「スポーツ立国戦略」では、「新たなスポーツ文化の確立」を目標として、(1)「人(する人、観る人、支える〔育てる〕人)の重視」、(2)「(スポーツ界全体の)連携・協働の推進」を基本的な考え方として、①ライフステージに応じたスポーツ機会の創造、②世界で競い合うトップアスリートの育成・強化、③スポーツ界の連携・協働による「好循環」の創出、④スポーツ界における透明性や公平・公正性の向上、⑤社会全体でスポーツを支える基盤の整備、等を重点戦略に据えた。

(22) 「スポーツ基本法」では、その目的を、「スポーツに関し、……国及び地方公共団体の責務並びにスポーツ団体の努力等を明らかにする」(第1条)ことに置き、基本的な理念

を、以下の8項目と定めている。

①自主的かつ自律的にその適性および健康状態に応じて行なうことができるようにする。

②学校、スポーツ団体、家庭および地域における活動の相互の連携。

③地域におけるすべての世代の人々の交流の促進と、地域間の交流の基盤の形成。

④心身の健康の保持増進および安全の確保。

⑤障害者が自主的かつ積極的にスポーツが行なうことができるよう、障害の種類および程度に応じ必要な配慮を行なう。

⑥スポーツに関する競技水準の向上に資する諸施策相互の連携。

⑦スポーツに係る国際的な交流および貢献の推進。

⑧スポーツを行なう者への差別的取り扱いをせず、スポーツに関するあらゆる活動を公正・適切に実施する。

(23) 日本国内の障がい者のスポーツ活動は、1933年の京阪神聾唖陸上競技大会から始まり、2011年現在、山口県で行なわれた第11回全国障がい者スポーツ大会に至るまで、数限りない催し物が全国で実施されてきた（日本障がい者スポーツ協会編（2011）『障がい者スポーツの歴史と現状』55-63頁参照）。

(24) 大分県では、2009年4月に、すでに「大分県スポーツ推進計画—チャレンジ！おおいたスポーツプラン2009—」が作成され（スポーツ基本法は2011年5月策定）、そのなかで、プロスポーツ・企業スポーツの振興や障がい者スポーツの振興について触れられている。2009年の「大分県のスポーツ推進計画—チャレンジ！おおいたスポーツプラン2009—」は、1993年に策定された「大分県スポーツ推進計画—ネオ・スポルコロス21—」が、15年先を見据えた大分県のスポーツ振興に一定の成果を収めたことを踏まえ、それを引き継ぐかたちで策定されたものである。

(25) われわれはかつて、2000年から厚生省／厚生労働省によって進められている「健康日本21」は、厚生行政の面から見ると、それまでの国家による健康支援から健康政策へシフトした象徴的な施策であると指摘したことがある（島田2010：107）。

(26) この時期、厚労行政の面から見てみると、1978年から進められてきた国民健康づくり運動「第一次国民健康づくり対策」は、1988年の「アクティブ80ヘルスプラン」や「第二次国民健康づくり対策」に繋がり、さらに2000年の「健康日本21」（21世紀における国民健康づくり運動）へと引き継がれている。これらはおもに生活習慣病対策に主眼を置いた疾病対策として大きな意味を持っていた。

(27) 障がい者スポーツ関連の2013（平成25）年度予算（案）計上金額を見ると、文部科学省では、「スポーツ立国の実現」のために「ライフステージに応じたスポーツ活動の推進」として「健常者と障害者のスポーツ・レクリエーション活動連携推進事業」に約7300万円の予算が、また、厚生労働省の障害保健福祉関連予算として「障害者の自立及び社会参加の支援等」のなかで、「障害者スポーツに対する総合的な取組」として約8億5000万円の予算が予定されている。文部科学省予算（案）では、「健常者と障害者のスポーツ・レ

クリエーション活動連携推進事業」の目的として「各種マニュアル、新しい種目、用具等の開発や実践研究の実施、地域における障害者のスポーツ・レクリエーション環境の実態把握等により、健常者と障害者が一緒に楽しめるスポーツ・レクリエーション活動の推進」を掲げ、前年度比 2.27％増になっている。また、厚生労働省の障がい者スポーツ関連予算では、2014 年のソチ・パラリンピック冬季競技大会やその他の世界大会への日本選手団派遣を見越した内容や、障がい者スポーツの地域振興事業の実施拡大等を図るための予算内容になっている。

(28) 小野寺伸夫は、わが国における健康政策の歴史的発展は、明治維新以降の近代衛生行政の発展過程と第二次世界大戦後の GHQ 占領下における公衆衛生施策にその特徴を見ることができる（小野寺 1987：20-22）、と指摘している。

(29) 小野寺は、健康が、本来、個人個人の問題に帰属するのに、なぜ、「行動を支配する諸原理」である政策が必要なのか、という疑問にたいする回答として、以下のような点を指摘している（小野寺 1987：16）。

①疾病−失業−貧困−無知−疾病の悪循環を断つという古典的衛生学を基調とした発想は、こんにちにおいてもなお重視すべきである。

②社会全体による対策を必要とされることから政策的位置づけが求められる。

③健康政策の発展にあたり、科学的方策を必要とすることから、研究・開発・応用には長期の戦略と人材の確保・育成が考慮されねばならない。

④健康を守り育てるには、国民的な健康問題の要請の把握および合意の形成を必要とし、さらに膨大な保健医療や生活環境の社会資本の整備・充実についても計画として進めることが求められる。

⑤国民の健康問題は国際環境の変化と不可分であり、これらの関係調整と国際協調の路線重視が望まれる。

(30) 国際オリンピック委員会（IOC）は、2013 年 9 月 7 日、2020 年夏期オリンピック開催を東京で行うことを発表した。この決定を受け日本政府は、2020 年東京オリンピック開催に向けて、スポーツ庁設置に向けた検討に入ることを公表した（『朝日新聞』2013 年 9 月10 日夕刊）。さらに日本政府は、これより少し前の 8 月 22 日、厚生労働省が所管するパラリンピックを文部科学省に移管する方針を決めたことを報じていた（『朝日新聞』2013 年8 月 23 日朝刊）。国内で行なわれる国際的な行事とそれに向けた国内の法整備やインフラ整備が整えられていくという行程は、特別めずらしいことではない。しかし、今回の決定は、障がい者スポーツに関しては、これまでの行政政策上の歴史的経緯や国民的気運の高まり、そして何よりもこんにちの社会が、共生社会や連帯社会を目指しているという時代的背景にあって、その歴史的な点では、大きな、そして意味のある記念的瞬間だったのではないだろうか。

あとがき

　かつて、大河内一男は、社会科学を次のように説明した。「社会科学の立場は、市民社会の内的矛盾に対する自覚から生まれるものであるから、社会現象のすべての分野にわたって、事物の歴史的把握、それを史的な生成発展の過程において、従ってまた同時に事物をその行き詰まりと不可避的な没落、そして一層合理的なものへの推移の必然的過程において、把握することを本質とする」（大河内 1952：36）と。

　社会福祉という仕組みも、社会の矛盾から生じた諸課題にたいするひとつの生活支援機構という社会装置である限り、社会現象のそれとしての性格はぬぐいきれない。

　わが国の社会福祉は、その求められる社会的守備範囲の拡大のせいもあって、ひとつの必然的な社会的現象システムとしての歴史的役割の検証と評価の継続が必要であるが、こんにち、それが忘れられようとしているのではないか、と感ぜざるをえない。「社会福祉」が「福祉」と、その言葉の使われ方が変化したが、この変化は単なるうわべだけのものではなく、中身にも大きな変革を強いているのではないか。昨今の早い状況変化の下、改めてその歴史性や哲学を見つめ直してみる必要性があるのではないだろうか。しかし、一方で、「福祉」という言葉が日常化し、われわれの生活のなかであたりまえに使われているこんにちの状況は、これまでの社会福祉学の研究に携わってきた多くの先人たちの目には、理想的なかたちとして映っているに違いないのである。「本気でそう思っているのか？」と、自問自答してみるが、やはりどうしてもそうしたおもいにたどり着いてしまう。

　本書は、私にとり二冊目の出版物である。私が今回、本書を出版することにした動機を揚げると次の三点になる。

　第一に、社会福祉の制度とその要素とも言うべき哲学（本書では 情 と呼んだ）、特に「日本的な（あるいは日本式）社会福祉（そんなものが存在するのであれば）の

哲学」を探りたいと考えた点。

　こんにちの社会福祉は、その対象（者）の拡大やその社会的機能の一般化等のために、制度や仕組みが緻密かつ高度化し、われわれの誰もが、いつでも、どこでも、利用できる社会福祉環境になってきている。わが国の現在のこうした状況は、ある意味では、理想的で、あるべき姿なのかもしれないが、制度の一人歩きも目につく。ある事象にたいして仕組みを機械的に出動させ、そこでは、生きた人間の抱える問題にたいする丁寧な処方が行なわれていないのではないのか、という事態もある。社会福祉の支援が必要な生活状況の下、そこに生きる人間を支援する上で大切なことは何かについて、改めて見つめてみたいと考えた。

　第二に、わが国の社会福祉は、その模範を西洋に求め、学習・研究し実践してきたが、そろそろ、日本独自の社会福祉のかたち、を考えてもよい時期に来ているのではないか、と考えた点、である。

　日本独自の、と言うと、どこか大風呂敷を広げたように感じるが、本書で私が取り上げたそれを考えるひとつの拠り所が、社会福祉の 情 の問題である。わが国が古の時代から育み、生活のなかに根付かせているであろう弱さやそのなかにいる人々にたいする関わり方から、わが国の社会福祉の仕組みの一端を再構築し直してもよいのではないか、といった問題提起を行ないたかったのである。

　われわれの知る社会福祉の仕組みは、いまや先進国レベルに達し、それを維持・発展させ、他の国の参考にもなる程度に達していることは、多くの人が認めていることである。「本気でそう思っているのか？」と、ここでも自らに問うてみるが、それを疑いもなく肯定することをわずかにためらう感情の原因を考えることが、二つ目の動機である。その意味も込めて、本書のサブタイトルを据えた。

　第三に、私は、現在所属する職場（東海学園大学スポーツ健康科学部）では、一般教養科目としての社会福祉学を教えているが、その際、学部の性格上、健康と社会福祉をあわせ考える機会が多々あった。その結果ではあるが、社会福祉を至極客観的に見ることができたことで、社会福祉のこんにちの役割とその重要性を再認識することができた点、がある。

　わが国が、国をあげて健康社会を目指し始めて久しいものがある。最近では、2020 年の国際的イベントのブームの影響も後押しして、強さや強化といった側面だけが目立つ社会づくりになってきてしまった。健康な社会や人間は、世界で役に立つ人材や国際競争に勝つための国づくりには必要な要因なのかもしれないが、この景色にはどこか見慣れた記憶があり、一抹の不安もつきまとう。

　高齢社会に伴う社会の深化と柔軟性、そして、少子化がもたらす個々人の強化や個世帯の増大からくる人間の孤立化は、世代をますます分断させることにはならないか。こうした社会には何かが欠如し、その事態はますます深刻化していると考える。

　これらの点から、本書で、重点的に考えたかった事柄は、「社会福祉にとって大切なものは何か」といった漠然とした疑問であった。そして、このことを考える拠り所になったのが、「制度」と「こころ」という二つの言葉である。われわれがこんにち知っている社会福祉は、社会を構成している様々な仕組みのひとつ、しかもわれわれの生活にとってなくてはならない重要なそれとして存在し、日々、われわれの日常を支えている。これほどに、そしてこれからも、より分化し緻密になる社会福祉の仕組みは、その対象の拡大と内容の複雑化があまりにも早いため、研究面でも実践面でも、ついて行くことに躍起にならなければならない。これでは、もし社会福祉に原則などというものがあり、それを探すのであれば、とても静止的なものでは対応しきれず、流動的なそれにならざるをえないであろう。そんななか、歴史的視点から過去を振り返る機会に、ふと思うことは、その哲学や実践者たちの生き様であった。こんにちほどに科学的ではなく、一般的でもなく、まして制度としても十分なものではない環境下で行なわれてきた社会福祉の実際を支えていたものは何か、その何かが、こんにちのわれわれの知る社会福祉にはあるのか、ないのか。その疑問点が、本書で特に考えたかった部分である。

　私は、こんにちのわが国の社会福祉の状態を、「行き詰まりと不可避的な没落」へ向けた事態とは考えていない。むしろ、「一層合理的なものへの推移の必然的過程」にあると考えたい。しかし、制度だけの拡大や構築は、われわれの国、日本の風土に合ったその日本的な有り様を見失うのではないか。わが国

の社会福祉の研究は、わが国が本来持っていた社会的・文化的・生活史的視点から、その原動力とも言うべき要素を見出し、哲学として再構築し、そして実践に移すための方法を考える、そうした時期にそろそろ来ているのではないだろうか。そのひとつの要素として考えられる哲学を本書では「情<ruby>こころ</ruby>」と呼び、若干の考察を試みてみた。

　最後に、本書の内容は、初出一覧を見ていただけるとおわかりのように、時間的にはかなりの期間（2005-2016）にわたっている。この間の社会福祉制度の進展にはめざましいものがあった。が、よく見ると、その中身は、回帰的な自助強化策が目につく。私は、還暦も過ぎ、能力や体力の問題もあり、研究テーマは今も継続中であるが、いったんここで切り上げることにした。

　なお、本書を構成する各章の内容は、すでに研究紀要等に掲載されているものが多くある。今回、その内容を加筆・修正して本書に別掲するにあったては、東海学園大学研究紀要委員会にご理解をいただいた。また、本書の刊行にあたっては、前回と同様、福村出版の宮下基幸社長にご協力いただいた。この場を借りて感謝したい。さらに、編集・校正においては、小山光氏に多くのアドバイスとご指摘をいただいた。重ねて感謝申し上げたい。

2019（令和元）年　水無月

家族との思い出の場所、北軽井沢大学村にて

島 田　　肇

参考文献

青木虹二（1966）『百姓一揆の年次的研究』新生社

青木虹二（1968）「揆助」『日本庶民生活史料集成』6、三一書房

阿部志郎『福祉のこころ』（ビデオライブ講義）トロワモンジュ

阿部志郎（1997）『福祉の哲学』誠信書房

粟屋憲太郎（1995）『十五年戦争期の政治と社会』大月書店

安藤和彦（2000）「渡辺海旭と浄土宗労働共済会——社会的実践活動の形態」『京都文教短期大学研究紀要』39、138-148

飯田洋介（2015）『ビスマルク』中央公論新社

池田敬正（1983）「明治絶対主義と天皇制的慈恵について」『社会事業史研究』11、社会事業史研究会

池田敬正（1987）「明治国家における救貧行政の特質」『社会事業史研究』15、社会事業史研究会

石田一良編（1970）『神道思想集』（日本の思想14）筑摩書房

市井三郎（1967）「中村敬宇の内面」『明治文学全集（3）月報』24、筑摩書房

一番ヶ瀬康子・佐藤　進編著（1987）『障害者の福祉と人権』（講座障害者の福祉1）光生館

犬丸義一校訂（1998）『職工事情（上・中・下）』岩波書店

井上　清ほか編（1976）『岩波講座 日本歴史20（近代7）』岩波書店

井上友一（1953）『救済制度要義』社会事業会館（非売品）　※初版は1909年

井上光貞ほか（1994）『日本書紀（一）』岩波書店

江口圭一（1991）『十五年戦争小史』青木書店

江村栄一（1976）「自由民権運動とその思想」『岩波講座 日本歴史15（近代2）』岩波書店

江村栄一（1989）「幕末明治前期の憲法構想」『憲法構想』日本近代思想大系9、岩波書店

大石嘉一郎（1998）『日本資本主義の構造と展開』東京大学出版会

大石嘉一郎（1999）『日本資本主義史論』東京大学出版会

大石嘉一郎（2005）『日本資本主義百年の歩み―安政の開国から戦後改革まで―』東京大学出版会

大口勇次郎（1976）「天保期の性格」『岩波講座日本歴史12（近世4）』岩波書店

大河内一男（1944）「我国に於ける社会事業の現在及び将来」『社会政策の基本問題』日本評論社所収　※執筆は1938年

大河内一男（1952）『社会科学入門』要書房

小笠原祐次（1998）「福祉サービスと措置制度」『社会福祉研究』73、鉄道弘済会

小笠原浩一・平野方紹（2004）『社会福祉政策研究の課題―三浦理論の検証』中央法規出版

小川政亮（2007）『社会保障法の史的展開』（小川政亮著作集 2）、大月書店

荻原雲来（1933）「獨逸遊學時代の渡邊教授」『大正大學學報』16、80-83.

荻原　隆（1977）「明治啓蒙思想と理想主義―中村敬宇の場合―」『早稲田政治公法研究』6、早稲田政治公法研究会

荻原　隆（1984）『中村敬宇と明治啓蒙思想』早稲田大学出版部

小澤榮一（1970）「文明史と福澤諭吉」『福澤諭吉全集附録』13、岩波書店

小野寺伸夫（1987）『健康づくりへの政策』メヂカルフレンド社

Carr, E. H.（1961）*What is history?*, Macmillan.（＝ 1962、清水幾太郎訳『歴史とは何か』岩波書店）

風早八十二（1952）『日本社会政策史（下）』青木文庫

片岡寛光（1978）『行政の設計』早稲田大学出版部

嘉戸一将（2010）「身体としての一国家明治憲法体制と国家有機体説―」『相愛大学人文科学研究所研究年報』4、9-20、相愛大学

加藤周一ほか編（1989）『憲法構想』日本近代思想大系、岩波書店

金子みすゞ（2004）『空のかあさま・上』（金子みすゞ童謡全集 3）JULA 出版局

菊池　結（2009）「渡辺海旭の社会事業と仏教」『千葉・関東地域社会福祉史研究』34、31-50

木下秀雄（1997）『ビスマルク労働者保険法成立史』有斐閣

木村靖二編（2001）『ドイツ史』山川出版社

『教育白書』（1964）（1980）（1988）（1989）（1990）（1991）（1992）（1993）（1995）（1996）（1997）（1998）（1999）（2000）文部省（http://www.mext.go.jp/b_menu/hakusho/html/hpad196401/index.html）　※ 1980 年以降の HP アドレスは省略

京極高宣（1986）「社会福祉マンパワー需要の将来展望―保健福祉士構想について―」『社会福祉の現代的展開』日本社会事業大学

京極高宣（1990）『現代福祉学の構図』中央法規出版

京極高宣（1993）「社会保障と福祉コミュニティ」『高齢化社会と社会福祉』中央法規出版

京極高宣（1995）『社会福祉学とは何か』全国社会福祉協議会

京極高宣（2002）『京極高宣著作集（全 10 巻）』中央法規出版

倉澤憲司校注（1963）『古事記』岩波文庫

黒川國児（1971）「生涯スポーツと健康」、黒川國児・浅沼道成・清水茂幸編著『改訂　生涯スポーツ概論』中央法規出版

桑田熊藏（1908）「救済の意義」『感化救済事業講演集（上巻）』（戦前期社会事業史料集成）18、日本図書センター

厚生省監修『昭和 31 年版 厚生白書』ぎょうせい

厚生省監修『昭和 53 年版 厚生白書』ぎょうせい

厚生省監修『昭和 62 年版 厚生白書』ぎょうせい

厚生省 50 年史編集委員会編（1988）『厚生省 50 年史』厚生問題研究会

厚生省社会・援護局企画課監修（1998）『社会福祉の基礎構造改革を考える（検討会報告・資料集）』中央法規出版

厚生労働省編『平成 12 年版 厚生労働白書』ぎょうせい

厚生労働省編『平成 19 年版 厚生労働白書』ぎょうせい

厚生労働省編『平成 20 年版 厚生労働白書』ぎょうせい

幸田成友（1942）『大塩平八郎』（日本文化名著選）創元社

幸田成友（1977）『大塩平八郎』中央公論社

孝橋正一（1962）『全訂社会事業の基本問題』ミネルヴァ書房

孝橋正一（1972）『全訂社会事業の基本問題』ミネルヴァ書房

黒正　巌（1928）『百姓一揆の研究』思文閣

黒正　巌（1959）『百姓一揆の研究（続編）』思文閣

國府犀東（1896）『大塩平八郎』（偉人史叢）裳華書房

小林孝輔（1958）「国家有機体説小論―J・K・ブルンチェリの理論を中心として―」『青山経済論集』10（1/2）、青山学院大学経済学会

子安宣邦（2003）「（解説）宣長における『物のあはれ』歌論の成立」『排蘆小船・石上私淑言』岩波書店

子安宣邦（2010）「（解説）物の哀れをしるより外なし―物語享受者の文学論―」『紫文要領』岩波書店

近藤康信（1961）『伝習録』（新釈漢文大系 13）明治書院

佐伯有弘（1983）「福沢諭吉の儒教批判に関する一考察」『鳥取大学教育学部研究報告』25、275-291、鳥取大学教育学部

坂本太郎・家永三郎ほか校注（1994）『日本書紀』1、岩波書店

相良　亨（1966）『近世の儒教思想』（塙選書 54）塙書房

相良　亨（1980）「『言志四録』と『洗心洞箚記』」『佐藤一斎・大塩中斎』（日本思想大系 46）岩波書店

相良　亨（2011）『本居宣長』講談社

佐藤貢悦（2004）「『脱亜論』の思想的地平―福沢諭吉の儒教観再考―」『倫理学』51-60、筑波大学倫理学原論研究会

佐藤　進（1989）「社会福祉行政における措置制度の意義と今日的役割」『社会福祉研究』45、鉄道弘済会

Samuel Smiles（1858）*Self-Help, with Illustrations of Character and Conduct.*, John Murray.（= 1981、中村正直訳『西国立志編』講談社）

重田信一（1971）『アドミニストレーション』誠信書房

島田　肇（2003）「社会福祉基礎構造改革における市場原理の考察」『東横学園女子短期大学紀要』37、23-48

島田　肇（2010）「戦時下の厚生事業とこんにちの社会福祉の方向―パラダイム異変下における『人』的自助ファクター」（研究ノート）『東海学園大学研究紀要』15、東海学園大学

島田　肇（2012）「社会福祉の論理と倫理の考察―大塩中斎の実践倫理―」『東海学　園大学研究紀要（社会科学研究編）』17、東海学園大学、33-53

島田　肇（2013）「社会福祉の情―「他者」に向けられた「あはれをしる」こころ―」『東海学園大学研究紀要（社会科学研究編）』18、東海学園大学

島田　肇（2015）「社会福祉の論理と倫理の様相―国家（公）の成立と情（私）も管理」『東海学園大学研究紀要』20、社会科学研究編

清水　伸（1939）『獨墺に於ける伊藤博文の憲法取調と日本憲法』岩波書店

清水唯一朗（2013）『近代日本の官僚―維新官僚から学歴エリートへ―』中央公論社

庄司吉之助（1970）「菅野八郎」『民衆運動の思想』（日本思想体系58）岩波書店

新村　出編（1955）『広辞苑』（第五版）岩波書店

隅谷三喜男（2003）「日本賃労働史」『隅谷三喜男著作集（第一巻）』岩波書店

芹川博通（1978）『渡辺海旭研究』大東出版社

芹川博通（1998）『渡辺海旭（福祉に生きる17）』大空社

全国社会福祉協議会編（1986a）『社会福祉関係施策資料集1』全国社会福祉協議会

全国社会福祉協議会編（1986b）『社会福祉関係施策資料集2』全国社会福祉協議会

全国社会福祉協議会編（1988）『社会福祉関係施策資料集7』全国社会福祉協議会

全国社会福祉協議会編（1994）『社会福祉関係施策資料集12』全国社会福祉協議会

全国社会福祉協議会編（1995）『社会福祉関係施策資料集13』全国社会福祉協議会

全国社会福祉協議会編（1996）『社会福祉関係施策資料集14』全国社会福祉協議会

全国社会福祉協議会編（1999）『社会福祉関係施策資料集17』全国社会福祉協議会

全国社会福祉協議会編（2000）『社会福祉関係施策資料集18』全国社会福祉協議会

全国社会福祉協議会編（2002）『社会福祉関係施策資料集20』全国社会福祉協議会

全国社会福祉協議会編（2003）『社会福祉関係施策資料集21』全国社会福祉協議会

全国社会福祉協議会編（2008）『社会福祉関係施策資料集26』全国社会福祉協議会

全国社会福祉協議会編（2011）『社会福祉関係施策資料集29』全国社会福祉協議会

大正大学ホームページ（http://www.tais.ac.jp/）

高沢武司（2005）『福祉パラダイムの危機と転換』中央法規出版

高沢武司（2007）『孤を超えて―貧と病と学の余録』新宿書房

高瀬保編（1995）『富山藩天保の飢饉留記』桂新書

高田真治（1999）「社会福祉における『共生』の思想」嶋田啓一郎監修『社会福祉の　思想と人間観』ミネルヴァ書房

高野房太郎（1997）『明治日本労働通信』岩波書店

高橋昌郎（1966）『中村敬宇』（人物叢書）吉川弘文館

瀧井一博（1999）『ドイツ国家学と明治国制―シュタイン国家学の軌跡―』ミネルヴァ書房

瀧井一博編（2011）『伊藤博文演説集』講談社

武田祐吉訳注（1977）『新訂古事記』（中村啓信補訂・解説）角川日本古典文庫

田子一民（1922）『社会事業』帝国地方行政學會

田子一民編纂会編（1970）『田子一民』熊谷辰治郎

谷川健一編集代表（1968）『日本庶民生活史料集成』6、三一書房

杖下隆英（1970）「行動の条理としての倫理―倫理と論理―」『倫理学のすすめ』筑摩書房

津田左右吉（1948）『日本古典の研究（上）』岩波書店

津田左右吉（1977）『文学に現はれたる我が国民思想の研究』1、岩波書店

都村敦子（1975）「ソーシャル・ニードを把握するいくつかのアプローチについて」『社会保障研究』11（1）、国立社会保障・人口問題研究所、27-40

土井洋一（1977）「救済の抑制と国民の感化」『社会福祉の歴史』（有斐閣選書）有斐閣

『東京都障害者スポーツ振興計画』（2012）東京都（http://www.sporttokyo.metro.tokyo.jp/sport/council/syogaisya_plan/shougaisha_kihonkeikaku_honbun.pdf）

『東京都スポーツ振興基本計画』（2008）東京都（http://www.sporttokyo.metro.tokyo.jp/sport/publication/20vision/cover.pdf）

東洋大学ホームページ（http://www.toyo.ac.jp/）

遠山茂樹（1951）『明治維新』岩波書店

中川　清編（1994）『明治東京下層生活誌』岩波書店

中瀬寿一（1993）「大塩事件・天保改革当時の"構造汚職"―"大塩中斎生誕200年"によせて」『大阪産業大学論集・社会科学編』90、大阪産業大学学会、61-76

仲野武志（2007）『公権力の行使概念の研究』有斐閣

中村敬宇（1868）「敬天愛人説」『明治啓蒙思想集』（明治文学全集3）筑摩書房、281.

仲村優一・一番ヶ瀬康子・右田紀久恵監修（2007）『エンサイクロペディア社会福祉学』中央法規出版

仲村優一・岡村重夫・阿部志郎ほか（1982）『現代社会福祉事典』全国社会福祉協議会

楢林忠男（1968）「浪華騒擾記事 解題」『日本庶民生活史料集成』6、三一書房

成瀬　治・山田欣吾・木村靖二（1997）『世界歴史大系　ドイツ史3―1890年〜現在―』山川出版社

西村実則（2012）『荻原雲来と渡辺海旭』大法輪閣

日本社会事業研究会編（1940）『日本社会事業新体制要綱―国民厚生事業大綱―』東京常磐書房

日本障がい者スポーツ協会（2011）『障がい者スポーツの歴史と現状』

野呂栄太郎（1983）『初版日本資本主義発達史（上）』岩波書店

花村春樹訳・著（1994）『「ノーマリゼーションの父」N・E・バンク‐ミケルセン―その生涯と思想―』ミネルヴァ書房

廣澤孝之（2005）『フランス「福祉国家」体制の形成』法律文化社

深谷克己（1979）『百姓一揆の歴史的構造』校倉書房

福沢諭吉（1931）『文明論之概略』岩波書店

福沢諭吉（1942）『学問のすゝめ』岩波書店

福沢諭吉（1954）『福翁自伝』岩波書店

福沢諭吉（1958）「西洋事情二編巻之一」『福澤諭吉全集』1、岩波書店、522

福沢諭吉（1959）「福翁百話」『福澤諭吉全集』6、岩波書店、262

福永光司校注（1980）『洗心洞箚記』（日本思想体系 46）岩波書店

仏教徒社会事業研究会編（1920）『仏教徒社会事業大観』仏教徒社会事業研究会（『戦前期仏教社会事業資料集成』第 1 巻、不二出版、収蔵）

古川孝順（2002）『社会福祉学』誠信書房

古川孝順（2003）『社会福祉原論』誠信書房

古川孝順（2009）「施策コラボレーションとしての福祉施策」『現代社会と福祉（第 2 版）』（新・社会福祉士養成講座）中央法規出版

古川孝順（2009）『社会福祉の拡大と限定―社会福祉学は双頭の要請にどう応えるか―』中央法規出版

古川孝順（2012）『社会福祉の新たな展望―現代社会と福祉―』ドメス出版

Born, Karl Erich（1957）Staat und Sozialpolitik seit Bismarcks Sturz., Franz Steiner verlag（＝1973，鎌田武治訳 『ビスマルク後の国家と社会政策』法政大学出版局）

朴　英珠（1999）「渡辺海旭の共済理論から見る社会事業思想」『仏教大学大学院紀要』27、225-238.

保健体育審議会（1989）「スポーツ振興の意義」(2)「21 世紀に向けたスポーツの振興方策について（答申)」

細井平洲（1783）「平洲先生諸民江教諭書取」『近世後期儒家集（日本思想大系 47）』岩波書店

細井和喜蔵（1954）『女工哀史』岩波書店

堀勝洋（1994）「措置制度の意義と今後の在り方」『月刊福祉』77 (5)、全国社会福祉協議会、12-17

前田和男（2011）『紫雲の人、渡辺海旭―壺中に月を求めて―』ポット出版

松本征二（1940）「新体制問題に関する覚書」『社会事業』

丸山真男（1986）『「文明論之概略」を読む（下)』岩波書店

丸山真男（1995）『丸山眞男集（1946-1948)』3、岩波書店

丸山真男（1996a）「福沢諭吉の儒教批判」『丸山真男集』2、岩波書店

丸山真男（1996b）「日本思想史における『古層』の問題」『丸山真男集』11、岩波書店

丸山真男（1996c）「原型・古層・執拗低音―日本思想史方法論についての私の歩み―」『丸山真男集』12、東京大学出版会

丸山真男（1998a）『丸山真男講義録（第一冊）』東京大学出版会

丸山真男（1998b）『丸山真男講義録（第七冊）』東京大学出版会

丸山真男（1998c）『丸山真男講義録（第四冊）』東京大学出版会

三浦文夫（1985）『〈増補改訂〉社会福祉政策研究』全国社会福祉協議会

源　了圓（1973）『徳川思想小史』中央公論社

宮城公子（1978）「大塩中斎の思想」『大塩中斎』（日本の名著27）中央公論社

明治神宮編（1980）『大日本帝国憲法制定史』サンケイ新聞社

本居宣長（1934）『うひ山ふみ・鈴屋答問録』岩波書店

本居宣長（1968a）「古事記伝」『本居宣長全集』9、岩波書店

本居宣長（1968b）「古事記伝」『本居宣長全集』10、岩波書店

本居宣長（1969）「安波禮辨」『本居宣長全集』4、岩波書店

本居宣長（2003）『排蘆小船・石上私淑言』（子安宣邦校注）岩波書店

本居宣長（2010）『紫文要領』（子安宣邦校注）岩波書店

文部科学省（2001）「第2部第8章第4節2　我が国の国際競技力の向上に向けて」「我が国の文教施策」http://www.mext.go.jp/b_menu/hakusho/html/hpab200101/index.html（2013年8月1日　アクセス）

『文部科学白書』（2001）（2002）（2003）（2004）（2005）（2006）（2007）（2008）（2009）（2010）文部科学省（http://www.mext.go.jp/b_menu/hakusho/html/hpab200101/index.html）※2002年以降のHPアドレスは省略

文部科学省編『学制百年史』「第二章第十節五　中央における教育行政制度の改革」http://www.mext.go.jp/b_menu/hakusho/html/others/detail/1317552.htm（2013年8月1日アクセス）

安丸良夫（1970）「民衆運動の思想」『民衆運動の思想』（日本思想体系58）岩波書店

矢部洋三編（2012）『現代日本経済史年表1868～2010』日本経済評論社

山縣明人（1994）「『洗心洞箚記』における大塩中斎の変革思想―創造的破壊を預言する思想の誕生―」『季刊日本思想史』43、日本思想史懇話会、43-60

山口泰雄（1989）『生涯スポーツの理論とプログラム』鹿屋体育大学

山田高生（1997）『ドイツ社会政策史研究―ビスマルク失脚後の労働者参加政策―』千倉書房

山室信一・中野目徹校注（1999）『明六雑誌（上）』岩波書店

横山源之助（1949）『日本の下層社会』岩波書店　※初版は1899年

吉田久一（1960）『日本の救貧制度』勁草書房

吉田久一（1967）「社会事業思想における『近代化』と『国民化』―占領期及び独立講和期を中心に―」『戦後日本の社会事業』日本社会事業大学

吉田久一（1974）『社会事業理論の歴史』一粒社

吉田久一（1979）『現代社会事業史研究』勁草書房

吉田久一（1981）「社会福祉『形成』のための覚書―思想史的視点から―」吉田久一編『社
　会福祉の形成と課題』川島書店

吉田久一（1989）『日本社会福祉思想史』（吉田久一著作集1）川島書店

吉田久一（1990）『改訂増補版現代社会事業史研究』（吉田久一著作集3）川島書店

吉田久一（1991）『増補版改訂日本近代仏教社会史研究（下）』（吉田久一著作集6）川島書
　店

吉田久一（1992）『日本近代仏教史研究』（吉田久一著作集4）川島書店

吉田久一（1993）『改訂版 日本貧困史』（吉田久一著作集2）川島書店

吉田久一（1994）『日本の社会福祉思想』勁草書房

吉田久一（2003）『社会福祉と日本の宗教思想―仏教・儒教・キリスト教の福祉思想―』勁
　草書房

吉田久一（2004）『新・日本社会事業の歴史』勁草書房

Lengrand Paul（1970）*Introduction a l'education permanente.* Unesco.（= 1971、波多野
　完治訳『生涯教育入門』日本社会教育連合会）

渡辺海旭（1911）「慈善事業の要義」『新仏教』第12巻第12号、永田文昌堂、1387-1389

渡辺海旭（1916）「現代感化救済事業の五大方針（下）」『労働共済』第2巻第2号

渡辺海旭（1918a）「国民的社会事業の勃興を促す」『労働共済』第4巻第3号、2-3

渡辺海旭（1918b）「社会問題の趨勢及其中心点」『労働共済』第4巻第11号、2-4

渡辺海旭（1920）『仏教徒社会事業大観』（戦前期仏教社会事業資料集成〔編集復刻版〕第1
　巻）不二出版

渡辺海旭（1921）「大乗仏教の精神」『壺月全集（下）』壺月全集刊行会、79-95

渡辺海旭（1933）『壺月全集（下）』壺月全集刊行会

渡部正一（1955）「道徳と教育」『道徳』有斐閣

人名索引

事項索引

初出一覧

第1章 「社会福祉の論理と倫理の課題─福澤諭吉の被治者観と儒教─」
『東海学園大学研究紀要：社会科学研究編』第 16 号（2011 年 3 月）、69-84 頁

第2章 「社会福祉の論理と倫理の考察─大塩中齋の実践倫理─」
『東海学園大学研究紀要：社会科学研究編』第 17 号（2012 年 3 月）、33-53 頁

第3章 「社会福祉の情（こころ）─「他者」に向けられた「あはれをしる」こころ─」
『東海学園大学研究紀要：社会科学研究編』第 18 号（2013 年 3 月）、69-81 頁

第4章 「社会福祉の論理と倫理の様相─国家（公）の成立と情（こころ）（私）の管理─」
『東海学園大学研究紀要：社会科学研究編』第 20 号（2015 年 3 月）、13-28 頁

第5章 「渡辺海旭の『共済』思想─全体的・国民的事業としての社会事業─」
東海大学共生文化研究所『共生文化研究』創刊号（2016 年 3 月）、91-115 頁

第6章 「戦時下の厚生事業とこんにちの社会福祉の方向─パラダイム異変下における『人』
的自助ファクター─」
『東海学園大学研究紀要：経営・経済学研究編』第 15 号（2010 年 3 月）、99-107 頁

第7章 「契約型社会福祉におけるニーズの考察─社会福祉政策研究の課題─」
『名古屋経営短期大学紀要』第 46 号（2005 年 3 月）、35-48 頁

第8章 「福祉経営学の考察─京極理論の研究展開枠組みからの検討─」
『東海学園大学研究紀要：経営・経済学研究編』第 11 号（2006 年 3 月）、17-42 頁

第9章 「『障がい者のスポーツ』から『障がい者スポーツ』へ─社会福祉政策と文教政策の
下における『障がい者スポーツ』理解のための一資料─」
『東海学園大学研究紀要：社会科学研究編』第 19 号（2014 年 3 月）、71-92 頁

【著者略歴】

島田　肇（しまだ・はじめ）
社会福祉学博士（中部学院大学）
1958 年、埼玉県飯能市生まれ
國學院大學法学部法律学科卒業
東洋大学大学院社会学研究科修士課程修了
中部学院大学大学院人間福祉学研究科博士課程修了
職場、東海学園大学スポーツ健康科学部

〔著書〕
『最新介護福祉全書』第 3 巻（分担執筆、メヂカルフレンド社、1997 年〔第 3 版、2005 年〕）
『ともに学ぶ障害者福祉─ハンディをもつ人の自立支援に向けて─』（分担執筆、みらい、2001 年）
『福祉社会を創る─社会人学生たちの挑戦─』（分担執筆、学文社、2002 年）
『行政苦情救済論』（分担執筆、全国行政相談委員連合協議会、2005 年）
『社会福祉─福祉系国家資格の取得を志す人のために─』（分担執筆、家政教育社、2007 年）
『福祉オンブズパーソンの研究─新しい社会福祉の実現に向けて─』（福村出版、2011 年）
『改訂　はじめて学ぶ社会福祉』（分担執筆、建帛社、2020 年）

※本書の出版にあたっては、「東海学園大学出版助成規程」の適用により
　出版費の一部が助成されている。

しゃかいふくし こころ
社会福祉の情
——日本式福祉の「こころ」と倫理の探求

2020年5月30日　初版第1刷発行

著　者	島　田　　　肇
発行者	宮　下　基　幸
発行所	福村出版株式会社

〒113-0034　東京都文京区湯島2-14-11
電　話　03（5812）9702
ＦＡＸ　03（5812）9705
https://www.fukumura.co.jp

印　刷	株式会社文化カラー印刷
製　本	本間製本株式会社

福村出版◆好評図書

島田 肇 著
福祉オンブズパーソンの研究
●新しい社会福祉の実現に向けて

◎6,800円　　ISBN978-4-571-42036-8　C3036

社会福祉新時代を迎え，福祉オンブズパーソンへの期待はますます高まっている。その現状と将来を探る。

狭間直樹 著
準 市 場 の 条 件 整 備
●社会福祉法人制度をめぐる政府民間関係論

◎3,300円　　ISBN978-4-571-42065-8　C3036

日本の社会福祉サービスの市場化改革における公平性確保の課題を，政府・民間関係に焦点を当てて考察する。

柏女霊峰 編著
子ども家庭福祉における
地域包括的・継続的支援の可能性
●社会福祉のニーズと実践からの示唆

◎2,700円　　ISBN978-4-571-42073-3　C3036

地域・領域ごとに分断されてきた施策・実践を統合し，切れ目のない継続的な支援を構築するための考察と提言。

今井芳昭 著
影 響 力 の 解 剖
●パワーの心理学

◎2,300円　　ISBN978-4-571-25054-5　C3011

依頼や説得など人が他者に影響を与える背景にはどんな要因があるのか。不当な影響を受けないための心理学。

E. シャフィール 編著／白岩祐子・荒川 歩 監訳
行動政策学ハンドブック
●応用行動科学による公共政策のデザイン

◎11,000円　　ISBN978-4-571-41063-5　C3536

投票行動や健康運動など多くの分野の政策策定において，心理学は人々の行動にいかに影響を与えうるか。

石山恒貴 著
越境的学習のメカニズム
●実践共同体を往還しキャリア構築する
　ナレッジ・ブローカーの実像

◎2,600円　　ISBN978-4-571-24064-5　C3011

会社等の枠を越境して学びの場を求める越境的学習が個人と組織にもたらす効果について事例研究をもとに検証。

伊坂裕子 著
日本人の認知的特徴と
人格的成長に関する文化心理学
●相互協調的自己観と包括的思考

◎3,300円　　ISBN978-4-571-25051-4　C3011

従来の日本人論とは異なる実証的な立場から，文化心理学の理論をもとに日本の文化と日本人について考える。

◎価格は本体価格です。